데이터베이스
관리 시스템

데이터베이스 관리 시스템

초판 1쇄 인쇄 | 2024년 5월 1일
초판 1쇄 발행 | 2024년 5월 10일

지 은 이 | 조민호
발 행 인 | 이상만
발 행 처 | 정보문화사

책 임 편 집 | 노미라
편 집 진 행 | 명은별
교정 · 교열 | 윤모린

주   소 | 서울시 종로구 동숭길 113 (정보빌딩)
전   화 | (02)3673-0037(편집부) / (02)3673-0114(代)
팩   스 | (02)3673-0260
등   록 | 1990년 2월 14일 제1-1013호
홈 페 이 지 | www.infopub.co.kr

I S B N | 978-89-5674-977-8

DATABASE MANAGEMENT SYSTEM

데이터베이스 관리 시스템

조민호 지음

정보문화사
Information Publishing Group

머리말

먼저, 서점에 있는 수많은 책 중에서 이 책을 선택하고, 머리말을 읽는 독자와의 인연에 감사합니다. 저는 1987년 이후로 계속 컴퓨터와 함께 살아오고 있는 저자 조민호입니다.

이 책은 제가 컴퓨터를 업으로 살아온 세월 동안 메모하고 강의했던 자료를 바탕으로 만들었습니다. 컴퓨터에서 가장 중요한 분야가 데이터베이스이기에 언젠가는 꼭 데이터베이스에 대한 나의 경험을 정리하여 책으로 쓰겠다고 결심하였습니다. 제가 아는 모든 것을 이 책에 풀어냈으며, 지루한 미국 책을 번역하거나 답습하지 않고 한국 스타일(^^;)로 서술하고자 노력하였습니다.

기존 데이터베이스 관련 서적은 '기본 개념과 SQL', '데이터베이스 디자인', '데이터베이스 성능 튜닝' 그리고 '데이터베이스 프로그래밍', 'Mybatis 프로그래밍'의 다섯 가지로 나뉘어 출판되어 있어서, 처음 데이터베이스를 접하는 독자는 데이터베이스의 전체 모습을 파악하는 것이 거의 불가능합니다. 하지만 실무를 수행하려면 SQL, 디자인, 튜닝 및 프로그래밍에 대한 내용을 모두 어느 정도 깊이까지는 알아야 하므로 데이터베이스에 대한 막연한 두려움이 큰 것은 피할 수 없습니다.

25년 전의 저를 포함한 독자들의 이런 고민을 덜어 주고자 다음과 같은 목표로 이 책을 집필했습니다.

- 데이터베이스의 기본 개념과 SQL, 데이터베이스 디자인 및 성능 튜닝 요령, 그리고 데이터베이스 프로그래밍을 통합적으로 다루어 데이터베이스에 대한 전체 모습을 파악할 수 있도록 한다.
- 실습으로 원리를 익힐 수 있도록 실습 중심으로 구성한다.
- 설명은 간단명료하게, 설명한 내용은 그림으로 정리하여 이해를 높인다.
- 불필요한 내용을 설명하기보다는 실무에서 필요로 하는 내용을 명확하게 설명한다.

여기까지 머리말을 읽었다면, 책을 펴서 내용을 확인해 보기 바랍니다. 간략하고 명확한 설명과 그림, 실습을 통해 이해를 돕고자 한 노력을 한눈에 확인할 수 있을 것입니다. 하지만 책이 쉽지만은 않습니다. 기존의 방대한 내용을 요약하여 다루었기 때문에 페이지마다 다루는 내용이 다르며 암기가 아닌 이해, 그리고 실습을 요구하는 많은 사례가 있기 때문입니다.

이 책은 데이터베이스를 처음 접하는 분들을 대상으로 기술하였습니다. 평생 엔지니어로 일하면서 이 책에 서술한 내용으로도 충분히 능력 있는 엔지니어로 잘 지내왔습니다. 독자 여러분에게 약속합니다. 이 책에서 서술한 내용을 제대로 이해한다면 실무에서 상대의 말을 이해하거나 어떤 상황도 스스로 극복할 수 있습니다.

아무쪼록 이 책이 데이터베이스에 대한 두려움을 없애고 멋진 엔지니어로 발전하기 위한 초석이 되기를 진심으로 바랍니다.

저자 조민호

이 책의 구성

데이터베이스(이하 DataBase, DB)나 데이터베이스 관리 시스템(이하 DataBase Management System, DBMS) 전문가로 만들고자 하는 것은 아니지만 DB 또는 DBMS의 전체적인 시각과 관련 용어를 이해할 수 있도록 기획되었다. 이 책에서 다루는 내용을 이해한다면 DB나 DBMS에 관련된 공부의 방향을 잡을 수 있을 것이고, 몇 년의 실무 경험을 쌓은 후에는 전문가로 성장할 수 있을 것이다. 이 책에서 다루는 내용을 정리하면 다음과 같다.

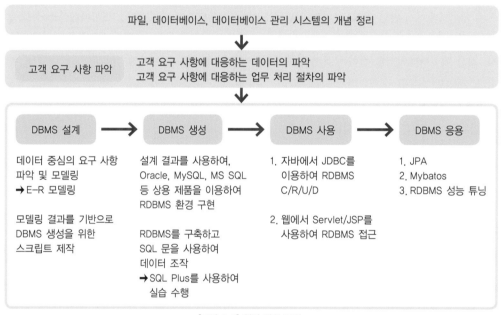

[그림 0-1] 책의 전체 구성

DB, DBMS에 대한 개념 정리, 데이터에 관련된 고객의 요구 사항 파악, 그리고 DBMS의 설계와 응용까지 실무에서 사용되는 대부분 분야를 다루고 있다. 지루하거나 핵심을 파악하기 어려운 설명은 핵심 내용과 예제를 중심으로 간단하고 명확하게 설명하였다. 아쉬운 점은 JDBC, Servlet, JPA, Mybatis와 같은 DBMS 관련 프로그램 제작에 대한 부분은 개념을 중심으로 설명하기 때문에 다양한 사례를 보여줄 수 없다는 점이다. 이는 저자의 역량 부족이라기보단 독자들이 현 시점에서 프로그래밍 기술보다는 DBMS의 필요성과 사용되는 관련 기술의 정확한 개념이 중요하다고 판단하였고, 책이 너무 두꺼워질까 염려한 결과다.

전체 내용 요약

DBMS를 만들고 활용하는 4단계의 과정을 통해 수행된다.

- 1단계 : 현실 세계의 요구 사항을 파악하는 것
- 2단계 : 요구 사항을 데이터를 기반으로 모델링하는 것(E-R 모델링)
- 3단계 : 모델링 결과를 기반으로 실제 DBMS를 구축하는 것
- 4단계 : 구축된 DBMS를 사용하는 것(SQL, Mybatis, JPA, JDBC, Servlet)

4단계를 제외하고 1, 2, 3단계에 대한 정확한 이해를 위해 구체적인 사례를 제시하면 다음과 같다.

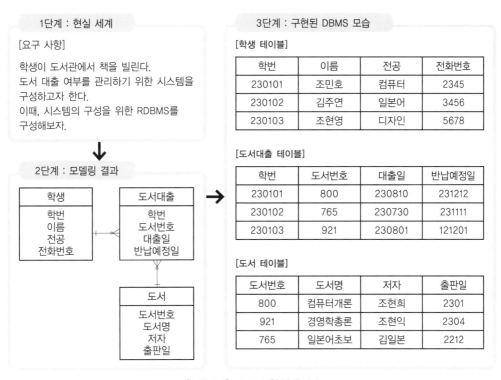

[그림 0-2] DBMS 구현 단계 정리

여기서 설명하는 각 단계는 이 책의 각 부분에서 설명할 것이다. 추가로 구현된 DBMS의 사용을 위해 필요한 SQL, Mybatis, JDBC, JPA, Servlet 등에 대한 정확한 개념과 용도, 목적을 설명하여 독자들의 궁금증을 해결할 것이다. 이 책으로 DBMS에 관련된 다양한 개념을 익혀 멋진 DBMS 전문가로 발전하기를 기원한다. 이제 시작해보자.

데이터베이스 관리 시스템에 관한 개념 정리

PART 02 데이터베이스 관리 시스템의 설계

PART 03 SQL을 이용한 관계 데이터베이스 관리 시스템의 사용

PART 01

데이터베이스 관리 시스템에 관한 개념 정리

[핵심 내용]

- 데이터 관리 기술의 발전
- 파일 시스템의 필요성과 부족한 점
- 데이터베이스의 도입 및 발전
- 데이터베이스 관리 시스템을 활용한 데이터 처리 모델
- 데이터베이스 관리 시스템의 새로운 흐름
- 관계형 데이터베이스 관리 시스템의 소개
- 관계형 데이터베이스 관리 시스템이 많이 사용되는 이유와 원리
- 데이터베이스 관리 시스템의 확장 : 정보 시스템 개발 방법론
- 몽고 데이터베이스 관리 시스템의 소개

01 데이터 관리 기술의 발전

데이터베이스를 정확하게 이해하기 위해서는 '컴퓨터 시스템의 발전 역사'와 '데이터 관리 기술의 발전사', 그리고 '데이터 관리 기술 개발의 구체적인 사례'를 이해하는 것이 중요하다. 즉, **컴퓨터가 발전한 방향을 이해하고, 데이터 관리 기술이 왜 필요했는지를 이해해야 한다.** 그다음 어떤 데이터 관리 기술 종류가 있으며, 어떤 곳에 사용되는지를 알아야 한다.

1.1 컴퓨터 시스템 발전의 역사

컴퓨터 기술이 처음부터 대단한 것은 아니었다. 컴퓨터 기술의 발전 역사를 요약하면 [그림 1-1]과 같다.

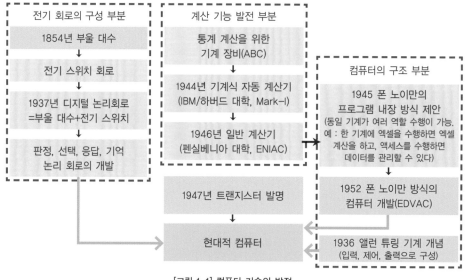

[그림 1-1] 컴퓨터 기술의 발전

[그림 1-1]에 대하여 설명하면 다음과 같다.

- 처음에는 단순한 계산기 역할을 하는 기계였다. 컴퓨터는 주어진 기능을 수행하는 계산기와 같은 것이었다(계산 기능 발전 부분).

- 컴퓨터에 프로그램의 개념이 도입되고, 프로그램 저장 방식(=폰 노이만 방식)이 사용되면서 **같은 하드웨어에서 여러 가지 기능을 수행하게 되었다.** 이때부터 컴퓨터의 가치가 새롭게 주목받았다. 컴퓨터가 지니게 된 이러한 특징은 인간이 만든 다른 기계(예: 자동차, 도끼)가 가지는 특징인 '한 가지 기계는 한 가지 역할을 하는 것'과 다른 특징을 지닌다(컴퓨터의 구조 부분).

그렇기에 컴퓨터를 유니버설 머신(Univeral Machine)이라고도 한다.

- 트랜지스터의 발명으로 컴퓨터의 크기가 작아졌다.
- 컴퓨터를 구성하는 전기 회로는 클로드 섀넌이 디지털 논리 회로를 발명함으로써 만들어졌다. **컴퓨터를 위해 개발된 회로는 판정, 선택, 응답, 기억의 4가지로 나뉘며, 프로그램은 컴퓨터를 구성하는 4가지 회로를 구동시키는 기능을 제공한다.** 그렇기에 대부분의 프로그램 언어는 거의 비슷한 모습을 가진다(전기 회로의 구성 부분).
- 이후 입출력 장비(=키보드, 모니터, 마우스 등)가 도입되면서 컴퓨터의 사용이 쉬워지고 컴퓨터를 사용하는 사람이 늘어남으로써, 다양한 곳에서 컴퓨터를 사용하게 되었다. 예로 **데스크탑(DeskTop) PC는 가정에 컴퓨터를 설치하는 환경을 만들었고, 스마트폰(SmartPhone)은 개인이 컴퓨터를 가지는 환경을 만들었다.**
- 네트워크 기능이 추가되면서 여러 컴퓨터가 연결되고 상호 데이터의 송수신이 가능해지면서 컴퓨터를 기반으로 하는 유비쿼터스 환경이 도입되었다. 대표적인 사례가 **인터넷(Inter-Connect Network, Internet)**이며, 컴퓨터 활용의 궁극적인 환경을 제공하고 있다.

[그림 1-1]에서 컴퓨터의 하드웨어 분야의 발전 역사를 살펴보았다. 요약하면 컴퓨터는 다음의 5가지 기술이 모여서 만들어진 유니버설 머신이다.

- 디지털 논리회로 기반의 전기 회로 구성 기술
- 계산기 기술
- 폰 노이만의 프로그램 내장 방식
- 앨런 튜닝의 입력, 제어, 출력 기반의 계산 기계 구성 아이디어(튜링 기계)
- 트랜지스터 기술로 인한 크기 축소

이제 컴퓨터를 '유니버설 머신'으로 등극하게 한 프로그램 기술의 발전 역사에 대하여 살펴보자.

컴퓨터가 수행하는 작업은 프로그램으로 표현된다. 프로그램은 단순히 숫자만을 다루던 초기 환경을 벗어나서 문자, 이미지, 영상을 포함하는 다양한 데이터를 거의 무한대로 저장하고, 찾고, 조작하고 있다.

이것을 가능케 하는 것이 바로 데이터베이스다. [그림 1-2]는 컴퓨터 프로그램 기술의 발전 역사와 데이터베이스 기술의 도입 및 활용에 대한 내용을 정리한 것이다.

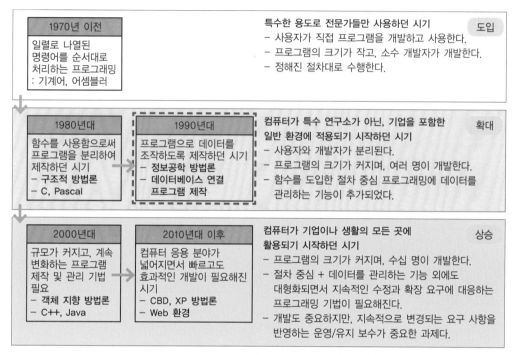

[그림 1-2] 프로그램 기술의 발전 역사와 데이터베이스의 중요성

[그림 1-2]에서 프로그래밍 기술의 발전 역사를 순서대로 볼 수 있다.

초기의 컴퓨터는 수행해야 하는 명령어를 순서대로 나열해서 처리했으나 이 경우 나열된 명령어가 나열 너무 길어지면 읽기 어려워진다. 그래서 나열된 명령어 중에서 단위 기능(예: 이자율 계산, 사칙연산)을 하는 부분을 분리한 후 이에 이름을 붙인 것을 개발했으며, 이를 함수라 한다. 이처럼 함수를 단위로 생각함으로써 수행이 필요한 명령어가 짧아지고 읽기 쉬워지는 장점이 있다.

이것을 구조적 프로그래밍이라 하고, **함수를 이용하여 프로그램을 제작하는 기법을 체계화한 것이 구조적 방법론이다. 함수는 개발자의 기본 단위이고, 모듈은 사용자의 기본 단위다.** 예로 '사용자 인증' 모듈은 ID/PWD를 입력받는 함수와 ID/PWD가 올바른지 여부를 확인하는 함수로 이루어진다.

[그림 1-3]에 함수를 이용한 프로그램과 함수를 적용하지 않은 프로그램의 가독성을 비교하였다.

```
public void print(int times) {

    //print border
    System.out.print("+");
    for(int i=0; i<_fontent.length(); i++) {
        System.out.print("-");
    }

    System.out.println("+");

    //print contents
    for(int i=0; i<times; i++) {
        System.out.print("|"+_content+"|");
    }

    //print border
    System.out.print("+");
    for( int i=0; i<_content.length(); i++) {
        System.out.print("-");
    }

    System.out.println("+");
}
```

print가 하는
기능이
무엇인지
파악해 보자.

```
public void print(int times)
{

    printBorder();
    printContent(times);
    printBorder();

}

private void printBorder() {
    System.out.print("+");
    for(int i=0; i<_
fontent.length(); i++) {
        System.out.
print("-");
    }
}

private void
printContent(int times) {
    for(int i=0; i<times; i++) {
        System.out.
print("|"+_content+"|");
    }
}
```

[그림 1-3] 함수 적용 여부에 따른 프로그램의 가독성 비교

[그림 1-3]을 보면 함수를 적용하지 않은 경우 print가 무슨 기능을 하는지 확인하려면 모든 소스를 다 읽어야 한다. 하지만 함수를 적용한 프로그램을 보면 print는 경계선을 출력하고 (printBorder), 내용을 출력한 다음(printContent), 경계선을 출력(printBorder)하는 역할임을 한 눈에 파악할 수 있다. 프로그램의 소스가 길어지면 함수를 사용하는 프로그램의 장점이 더욱 두 드러질 것이다.

1980년대에 함수와 모듈을 중심으로 하는 구조적 프로그래밍 기법이 도입된 이후, 1990년도에 는 숫자 외에도 문자, 영상 데이터를 저장/조회/생성할 수 있는 기능이 보편적으로 사용되었다. 컴퓨터가 숫자 이외의 다양한 데이터를 다룰 수 있게 되면서 드디어(^^;) 특수한 사람이나 조직 이 아닌, 일반 기업이 업무에 컴퓨터를 사용하게 되었다. 이때 **기업에서 컴퓨터를 사용하기 위한 다양한 방법들이 개발되었는데 그중에서 가장 중요한 것이 데이터베이스 관리 시스템(DBMS) 이다. 기업에서 이 DBMS를 사용하기 위한 과정과 절차 및 운영 과정을 체계적으로 정리한 것이 정보공학 방법론이다.**

정보공학 방법론이 도입된 이후, 기업은 점점 컴퓨터를 많이 사용하게 되었다. 이로써 **제작되는 프로그램의 규모도 커지고, 여러 명이 개발해야 하며, 개발된 프로그램은 업무의 변화에 맞추어 지속해서 수정/보완해야 했다.** 이런 환경을 고려하여, 대규모이며 지속해서 변경되는 프로그램의 제작을 위해 개발된 방법이 클래스를 활용하는 객체 지향 프로그래밍 기법이다. 객체 지향 프로그래밍 기법을 적용 및 활용할 수 있도록 체계적으로 정리한 것이 객체 지향 방법론이다.

정리하면, 클래스나 객체는 객체 지향 프로그램을 제작하기 위한 도구이지 목적이 아니다. 객체 지향 프로그램은 지속적인 변경이나 기능 추가 등의 요청에 대처할 수 있도록 제작하기 위한 프로그램 기법이다.

객체 지향 프로그램으로 제작된 프로그램은 기능 변경이나 추가 개발을 위하여 다른 사람이 제작한 프로그램을 참고하지 않아도 되며, 내가 개발한 것이 다른 사람이 개발한 프로그램에 영향을 미치지 않는다.

이후, 개발의 편리성을 위하여 개발된 것이 컴포넌트 기반의 CBD(Component Based Development) 방법론이다. 여기에서 컴포넌트는 개발자가 개발에 사용하는 재사용 단위를 말하며, 예로는 화면을 구성하는 버튼, 리스트 박스 등이 있다. 즉, 컴포넌트를 정의 및 관리하며, 이를 기반으로 프로그램을 개발하는 것을 말한다.

XP 또는 애자일 방법론은 구조적 방법론이나 정보공학 방법론이 가지는 과도한 문서 작업이나 절차를 간소화하고, 개발에 집중하자는 취지에서 개발된 것이다.

앞서 설명한 내용을 기준으로 보면, 컴퓨터는 프로그램을 통해서 데이터를 관리할 수 있는 능력을 갖추게 되면서 일반 업무에서 사용하게 되었고, 이것이 컴퓨터의 확산에 중요한 역할을 한다. **즉, 일반 업무에서 컴퓨터를 사용하는 데 중심이 되는 기능은 데이터 관리 기술이다.** 정확하면서도 빠른 데이터 관리 기술이 컴퓨터의 가치를 결정하며, 활용 범위를 확대하는 기반이다.

이제, 컴퓨터의 가치를 높여준 데이터 관리 기술의 발전 과정을 정리해 보자.

1.2 데이터 관리 기술의 발전

오늘날 모든 사람, 조직, 회사가 컴퓨터를 사용하고 있다. 일상에서 접하는 모든 작업을 컴퓨터로 수행하고, 생활의 모든 자료가 컴퓨터에 저장, 관리되고 있다. 이런 상황을 가능케 하는 것은 컴퓨터가 관련된 데이터를 수집 및 저장하고, 필요한 데이터를 적절한 시기에 제공할 수 있도록 관련 기술이 발달했기 때문이다.

컴퓨터에서 데이터를 관리하기 위하여 컴퓨터 과학자들은 오랜 세월 노력하였다.

[그림 1-4]에 데이터 관리 기술의 발전 과정을 정리하였다.

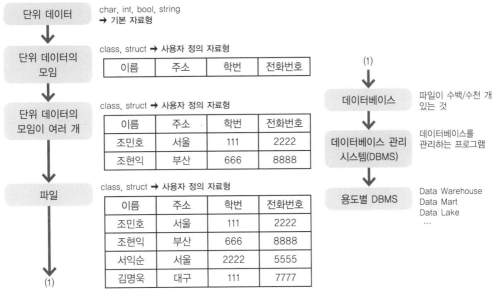

[그림 1-4] 데이터 관리 기술의 발전 과정

컴퓨터는 처음에는 숫자만 다룰 수 있었지만 이후 T/F로 구성되는 부울형과 ASCII로 표현되는 문자를 다룰 수 있게 되었다. 이를 '기본 자료형'이라 한다.

이후에 프로그램이 다루어야 하는 데이터가 커지고 많아지면서, 연관이 있는 데이터를 모아서 한 번에 처리하는 기능이 추가되었다. 이를 프로그램 언어에서는 **구조체(struct)** 또는 **클래스**라 하며 이를 정의한 것을 '사용자 정의 자료형'이라 한다.

이후 같은 형(예: 숫자, 문자, 구조체, 클래스 중의 하나)의 데이터를 여러 개 다룰 수 있는 배열 기술이 추가됨으로써 대용량의 데이터를 다룰 수 있는 기반 기술이 완성되었다.

컴퓨터가 배열과 클래스/구조체를 사용하여 데이터를 다룰 수 있게 되면서 데이터를 다루기 쉬워지고, 데이터가 널리 사용되기 시작했다. 이로써 당연히 컴퓨터가 다루어야 하는 데이터의 양이 증가하였는데, 구체적으로는 같은 구조체 모양을 가지는 데이터를 수백만 개 저장하는 경우가 발생하기 시작했다. 이를 **파일**이라 부른다.

이후, 다루어야 하는 데이터가 점점 늘어나면서 파일의 크기와 숫자도 늘어나기 시작했다. 파일의 숫자와 크기가 수백/수천으로 늘어나면서 이를 위한 새로운 이름이 필요했다. 그래서 만들어진 새로운 용어가 **데이터베이스**이며, 수백/수천 개의 파일로 구성된다.

수백/수천 개의 파일로 구성된 데이터베이스는 구조가 복잡해서 인간의 머리로 이것을 기억하고 관리하기란 불가능했다. 그렇기에 **데이터베이스를 관리하기 위한 프로그램을 제작하여 사용하기 시작했는데, 이것이 데이터베이스 관리 시스템(이하 DBMS)**이자 이 책의 주제이며, DBMS를 만들고 사용하는 방법을 익히는 것이 이 책의 목적이다.

DBMS는 아주 유용한 기능을 제공하기에 회사를 포함한 모든 곳에서 사용하고 있다. 그런데 DBMS가 적용되는 업무나 용도마다 원하는 성능과 기능이 다르기에 업무 및 용도별로 DBMS를 분리하였다. 대표적인 것이 기업의 데이터 중에서 임원이나 직원이 필요로 하는 데이터를 모아서 만든 통합 DBMS인 **데이터 웨어하우스(Data Warehouse)**다. 또, 인사나 생산과 같이 특수 부서나 분야에 대한 통합 DBMS도 만들었는데, 이것이 **데이터 마트(Data Mart)**다. 최근에는 IoT(Internet on Things)에서 생성되는 데이터인 빅데이터를 관리하기 위한 DBMS를 구성하고 운영하기 위한 개념으로 **데이터 레이크(Data Lake)**가 도입되었다.

1.3 데이터베이스 관리 시스템 개발의 역사

데이터 관리 기술의 발전 중에서, 데이터베이스 관리 시스템(이하 DBMS) 개발의 역사를 정리해 보자.

- 1960년 GE의 찰스 바크만은 프로그램 로직과 분리된 데이터 관리 시스템인 IDS(Integrated Data Store)를 만들었다. 즉, **프로그램에서 데이터 관리 부분을 분리하는 최초의 시도였으며, 이를 최초의 DBMS라고 평가한다.**
- 1964년 IBM이 System 360을 발표하면서 데이터 관리를 위해 인덱스 개념이 도입된 ISAM을 제공하였다. **이는 데이터를 최초로 구조화한 것으로 평가된다.**
- 1968년 IBM은 System 360에 DBMS인 IMS/DB를 탑재하였다. **이것이 DBMS의 개념을 정립한 사건으로 기록되었다.**
- 1970년에 IBM에 근무하는 커드Codd 박사가 RDBMS를 설계하고 만들었다. 이때 SQL도 제작되었으며, 이때 개발한 DBMS가 SQL/DS와 DB2이다.
- 커드Codd 박사의 연구를 기반으로 버클리 대학에서 RDBMS 연구가 수행되었고, 이러한 노력이 RDBMS의 탄생에 크게 이바지하였다.
- 1970년 RDBMS를 제품화한 Oracle이 개발되었다. 이후 지속적인 연구 및 개발을 통해 1992년 Oracle 7에서 RDBMS의 아키텍처가 거의 완성되었다.
- 1984년 사이베이스에서 클라이언트/서버 환경에 최적화된 RDBMS를 시장에 출시하였다.

- 1990년대에는 오라클, 잉글리스, 사이베이스, 인포믹스와 같은 RDBMS 제품이 개발 및 적용되기 시작하였다. 이 중 잉글리스는 Visual Basic 스타일의 프로그램 개발 개념을 최초로 제안하였고, 사이베이스는 클라이언트/서버 환경에 최적화된 RDBMS를 출시하였다.
- 1996년 MySQL이 DBMS의 오픈소스 시대를 열었다. PostgreSQL은 1974년 이후로 버클리에서 개발되었고, 1996년에 완전한 모습으로 오픈소스에 참여하였다.
- 2000년 이후로, RDBMS의 시장 독점에 항의하는 NoSQL 운동이 일어났다. NoSQL은 "Not only SQL"의 약자로, "DBMS에 SQL만 있는 것은 아니다"라는 뜻을 가진다.
- DBMS 환경에서 대용량 배치 작업을 분할하여 수행한 후 결과를 취합하는 개념이 도입되었다. HDFS 분산처리용 데이터 저장 플랫폼과 맵리듀스라는 분할 처리 프레임워크를 합쳐 하둡(Hadoop)이라는 이름으로 공개되었고, IoT에서 생성되는 데이터인 빅데이터의 기본 처리 플랫폼이 되었다.
- 이후 데이터의 성격에 따라 다양한 DBMS가 개발 및 운용되고 있다. 페이스북이나 X(트위터), 또는 구글과 같은 회사는 자체 데이터 형식을 지원하는 별도의 DBMS를 개발하여 운영하고 있다.

02 파일 시스템의 필요성과 부족한 점

초기 컴퓨터 환경에서는 하나의 프로그램에서 계산, 자료 분류, 자료 저장, 입출력과 같은 기능을 각 개발자가 각기 구현하였다. 즉, 프로그램 제작자가 파일에 대한 생성 및 관리, 입출력 기능 등을 제작해야 했기에 개발 속도도 늦어지고, 효과적인 개발이 이루어지지 못했다.

이후에 효과적인 컴퓨터 활용을 위하여 다음의 3가지 요소가 도입되었으며, 개발자의 개발 난이도 및 개발 분량이 대폭 감소함으로써 기업 및 개인이 프로그램을 제작하고 사용할 수 있게 되었다.

- **운영체제** : 입/출력, 프로세스, 네트워크, 사용자 인터페이스, 파일 시스템을 포함하여 개발자가 공통으로 개발하는 기능을 제공한다.
- **컴파일러** : C, C++, Python과 같은 고급 언어(사람이 읽을 수 있는 언어)로 프로그램 제작을 가능케 한다.
- **파일 시스템** : 프로그램이 다루는 데이터의 관리 기능을 제공한다.

특히, **파일 시스템의 도입으로 자료를 관리하는 기능이 프로그램과 분리되어 독립적으로 제공됨으로써 데이터 관리 프로그램을 제작하기 쉬워지게 되었다.** 이를 계기로 특정 업무에서, 일부 사용자만 사용하던 컴퓨터의 사용 범위가 일반 업무와 일반 사용자에 이르기까지 확장되었다. 이는 컴퓨터 사용량이 폭발적으로 증가함으로써 관리해야 하는 데이터 역시 증가했음을 의미한다 [그림 1-5].

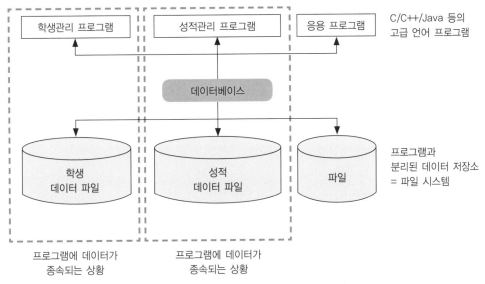

[그림 1-5] 파일 시스템을 활용한 데이터 처리 모델

[그림 1-5]의 환경은 '파일 시스템을 활용한 데이터 처리 모델'로서 고급 언어, 운영체제, 파일 시스템이 도입됨으로써 만들어진 데이터 처리 모델을 보여주고 있다.

응용 프로그램과 데이터 저장 작업을 분리하고, 파일 관리에 대한 부분을 운영체제가 대신함으로써 응용 프로그램을 쉽게 개발할 수 있게 되었으며, 확장성도 좋아졌다는 사실을 [그림 1-5]의 모델에서 확인할 수 있다.

지금의 관점에서 보면 당연하지만, 당시 파일 시스템을 포함하는 운영체제의 도입은 혁신적인 개념이었다. 예로 '학생 관리 프로그램'은 '학생 데이터 파일'을, '성적 관리 프로그램'은 '성적 데이터 파일'을 사용하도록 개발된다. 이때 각 응용 프로그램 개발자는 파일 관리(생성/수정/삭제)를 위하여 추가적인 개발을 하기보다는, 운영체제가 제공하는 라이브러리를 이용하여 개발한다.

하지만 시간이 지나면서 데이터가 점점 많아지고, 프로그램의 길이와 종류도 늘어나면서 몇 가지 문제가 발생하였다. 이런 문제로 인하여 [그림 1-5]의 모델은 큰 변화를 하게 된다. 그러면 발생한 문제가 무엇인지 알아보자.

▌파일 시스템을 활용한 데이터 처리 모델의 문제점

- **데이터 종속성(Data dependency)** : 데이터를 다루는 응용 프로그램의 구조가 파일 구조와 일치하도록 구성되어 있기에 프로그램이 변경되면 파일이 변경되어야 하고, 파일이 변경되면 프로그램이 변경되어야 한다.

- **데이터 무결성(Data integrity)** : 응용 프로그램별로 여러 파일을 다루기 때문에, 파일에 있는 특정 데이터는 여러 응용 프로그램과 연관될 수 있다. 이때, 특정 응용 프로그램의 잘못된 데이터 조작이 해당 데이터와 연관된 다른 응용 프로그램의 수행에 영향을 미친다.
  추가로 **입력된 데이터에 대한 형식 확인 작업**이 응용 프로그램 개발자에 의해 수행되는데 이를 강제로 조정할 방법이 없다.
- **데이터 중복성(Data redundancy)** : 응용 프로그램별로 데이터를 저장 및 관리하므로, 같은 데이터가 여러 파일에 존재할 수 있다. 데이터 중복성으로 인하여 데이터의 불일치 여부가 발생할 가능성이 높다.
- **데이터 표준화(Data standard)** : 응용 프로그램 개발자가 파일을 직접 만들고 조작하므로 파일을 구성하는 데이터를 표준화하기 어렵다.
  (예) 한 개발자는 이름을 'name'으로, 다른 개발자는 'student_name'으로 정한 경우 같은 데이터임에도 다르게 취급되고, 개발자가 다르기에 표준화가 어렵다.
- **데이터 보안성(Data security)** : 파일에 저장된 데이터는 저장 형식이 프로그램에 포함되어 있기에 외부 사람들이 쉽게 데이터의 내용을 확인할 수 있다. 이런 문제는 기업 데이터의 외부 유출을 막기 어렵게 한다.

설명한 내용을 그림으로 정리한 것이 [그림 1-6]이다.

[그림 1-6] 파일 시스템의 문제점 정리

03 데이터베이스 관리 시스템의 도입 및 발전

파일 시스템의 도입은 프로그램이 단순한 숫자 및 간단한 정보를 처리하는 수준을 넘어서 보다 크고 복잡한 데이터(=정보)를 다룰 수 있도록 해주었다. 컴퓨터로 다양한 데이터를 다루는 장점에 대한 인식이 확장되면서 컴퓨터를 일반 업무에도 적용하게 되었으며, 다루어야 하는 데이터가 엄청나게 증가하였다. 이로써 2절의 '파일 시스템을 활용한 데이터 처리 모델의 문제점'에서 설명한 문제점이 발생하게 되었다.

즉, 파일 시스템의 단점을 극복하고, 다수의 사용자가 더 많은 파일 정보를 공유 및 활용 가능한 환경이 필요하게 되었다. 그래서 개발된 것이 데이터베이스 관리 시스템(이하 DBMS)으로, DBMS의 도입 이후 DBMS가 담당하는 수많은 파일의 모임을 데이터베이스(DataBase)라고 부른다.

DBMS는 파일 형태로 관리되는 수많은 데이터(데이터베이스)를 통합해서 관리하고, 데이터와 사용자, 응용 프로그램 사이에 연결을 지원하는 역할을 제공하고자 개발되었다. 초기의 DBMS에는 여러 종류의 데이터베이스가 사용되었으나 대부분 사라지고 현 시점에는 관계형 데이터베이스가 주로 사용된다.

과거에 사용되었던 DBMS의 종류는 다음과 같다. 웬만해선 앞으로 사용할 일이 없는 DBMS이므로 개념을 중심으로 간단하게 설명한다.

▌ 개발되었던 DBMS 모델

- **계층형 데이터베이스 모델**(Hierarchical DataBase Model, **계층형 DBMS**) : 데이터를 저장하는 테이블(=파일)이 Top-Down 형태로 관계를 맺어서 구성된다. 부모는 여러 자식 테이블을 가질 수 있지만, 자식은 오직 하나의 부모 테이블만 연결되는 구조를 가진다[그림 1-7].
데이터는 레코드와 링크로 구성되며 트리 형태의 모습을 가진다.

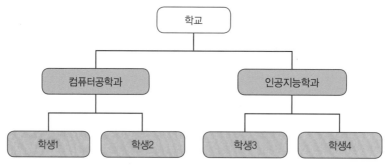

[그림 1-7] 계층형 데이터베이스 모델

[그림 1-7]을 보면 학교에는 학교에 대한 정보(주소, 이름, 연혁)가 관리되고, 컴퓨터공학과에는 컴퓨터공학과에 대한 정보(학과이름, 소속교수, 전화번호, 학과위치)가 관리된다. 학교와 컴퓨터공학과는 연결되어 있기에 주소와 학과 위치 정보를 확인할 수 있지만, 서로 연결되지 않은 인공지능학과 소속인 학생3과 컴퓨터공학과의 정보는 동시에 확인할 수 없다.

- **망형 데이터베이스 모델(Network Database Model, 망형 DBMS)** : 계층형 데이터베이스에서는 테이블 간의 복잡한 관계를 지원하지 못하고, 특정 데이터의 경우에는 조회를 위해 중복해서 선언하여 사용해야 하는 문제가 발생한다. 이 점을 개선하기 위하여 테이블(=파일) 간에 자유로운 관계 설정이 가능하도록 만든 것이 망형 데이터베이스 모델이다[그림 1-8].

망형 모델은 1971년 CODASYL(COnference on DAta SYstems Language)에서 DBTG (DataBase Task Group)의 보고서에 의해 제안되었으며, 개발 당시에 많이 사용된 데이터베이스다.

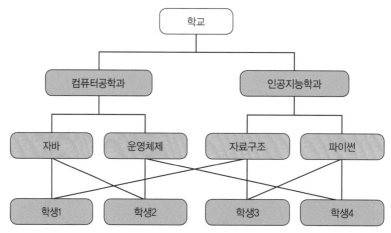

[그림 1-8] 망형 데이터베이스 모델

[그림 1-8]에서 학교, 컴퓨터공학과, 자바 정보는 연계하여 확인할 수 있다. 하지만 학교, 컴퓨터공학과, 자료구조에 속하는 정보는 합쳐서 확인할 수 없다.

다만, 과목(자바, 운영체제, 자료구조, 파이썬)과 학생(학생1, 학생2, 학생3, 학생4)이 서로 연계된 자료는 연계만 설정되어 있으면 확인 및 조회할 수 있다. 즉, 사용자의 상황에 따라 말단 테이블 간에 연결을 맺어서 정보를 조회하는 기능을 제공한다.

망형 데이터베이스 모델을 간략화한 것이 관계형 데이터베이스 모델이다.

- **관계형 데이터베이스 모델(Relational Database Model, 관계형 DBMS)** : 관계형 데이터베이스는 망형 데이터베이스 모델에서 '학교', '컴퓨터공학과'와 같은 계층을 구성하는 테이블(파일)을 제거하고, **테이블과 관계로만 구성하는 모델이다**[그림 1-9].

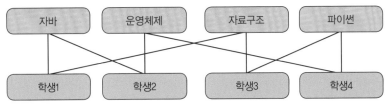

[그림 1-9] 관계형 데이터베이스 모델

관계형 데이터베이스 모델은 이 책에서 다루는 대상이며, 현재 대부분의 기업에서 사용하고 있다. 다양한 데이터의 관리가 가능하며, 복잡한 조건에 맞는 데이터 처리가 가능한 모델이다. 다만, 단순하고 반복적인 작업 수행에는 구조상 성능이 좋지 않고, 25시간 운영에 적합하지 않아서 구글이나 X(트위터)와 같은 곳은 별도로 개발한 데이터베이스를 사용한다.

04 데이터베이스 관리 시스템을 활용한 데이터 처리 모델

파일 시스템은 컴퓨터의 활용 가치를 높였지만 늘어나는 데이터를 처리하기 위해 필요한 기능을 제공하지는 못했다. 그렇기에 추가적인 관련 기능을 제공하고, 데이터 처리 시 발생하는 문제를 해결하기 위하여 데이터베이스 관리 시스템(이하 DBMS) 개념이 도입되었다. DBMS 개념을 계층형/네트워크 데이터베이스로 제품화했으며, 이후 관계형 데이터베이스가 주류를 이루게 되었다.

DBMS를 기반으로 데이터를 처리하는 개념을 정리하였다. 중요한 구성 요소는 데이터베이스와 데이터베이스 관리 시스템이다[그림 1-10].

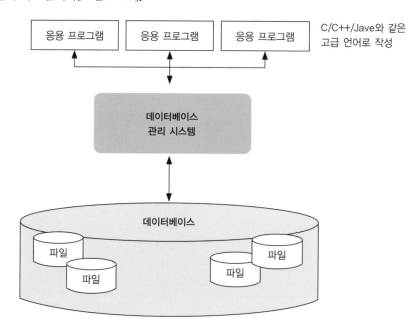

✓ 모아 놓은 데이터의 집합 : 데이터베이스(database)
✓ 데이터를 관리하는 S/W : 데이터베이스 관리 시스템
　(DBMS; Database Management System)

[그림 1-10] 데이터베이스를 활용한 데이터 처리 모델

파일 시스템과 비교한 데이터베이스 모델의 장점

- 전체 시스템은 파일을 모아서 관리하는 데이터베이스와, 데이터베이스를 추상화해서 제공하는 데이터베이스 관리 시스템(이하 DBMS)으로 분리된다.
- 데이터베이스와 DBMS를 분리함으로써 모든 응용 프로그램은 데이터베이스와 분리되기에 상호 연관성이 없으므로 파일 시스템에서 일어나던 문제가 발생하지 않는다(=데이터 독립성). **(예)** 파일이 변하면 응용 프로그램이 변경되어야 한다.
- 응용 프로그램에서 데이터의 무결성을 위반하는 데이터가 입력되는 경우, 이를 확인하고 처리를 거절할 수 있다(=데이터 무결성).
- 데이터베이스의 데이터는 전체 관점에서 관리되므로 중복되거나 일치하지 않는 데이터를 방지할 수 있다(=데이터의 중복성 및 불일치 최소화).
- DBMS를 기준으로 응용 프로그램 개발자와 데이터베이스가 연결되므로 데이터의 표준화가 쉽다(=데이터 표준화).
- 모든 응용 프로그램 제작자는 DBMS가 제공하는 표준 API를 통하여 데이터를 조작해야 하므로 데이터의 보안성이 확보된다. 추가로 DBMS는 사용자에 대한 권한을 조정할 수 있다(=높은 데이터 보안성).
- 데이터베이스는 DBMS에 의해 통합 관리되므로 여러 부서 및 사용자가 공유하기 쉬우며, 여러 사용자의 요구를 동시에 정확하게 처리하는 기능을 제공한다(=데이터 공유의 용이성).
- 데이터베이스 모델은 사용자를 '응용 프로그래머', '데이터 사용자', '데이터베이스 관리자'로 구분하여 각자 별도의 권한으로 사용할 수 있는 환경을 제공한다.

앞의 설명을 요약하면 [그림 1-11]과 같다.

데이터 중복성 방지
및 불일치 최소화

데이터 무결성

데이터 표준화

데이터 독립성

데이터 보안성

데이터베이스와
관리 시스템 분리

데이터 공유

사용자 분류 및
개별 관리

[그림 1-11] 데이터베이스의 장점

데이터베이스는 파일들의 모임을 지칭하는 용어이며, 데이터베이스 관리 시스템(DBMS)은 데이터베이스를 추상화해서 응용 프로그램 개발자에게 제공하는 별도의 프로그램이다. 데이터베이스는 큰 변화가 없었지만 DBMS는 사용자들의 요구 사항에 맞추어 발전하였다.

지금까지 DBMS의 필요성과 장점(4절) 및 기술의 발전(3절)에 대하여 설명하였다. 파일과 DBMS를 통합한 개념으로, 어떤 제품들이 실제로 출시되고 사용되었는지 확인해보자.

[그림 1-12]를 보면 파일 시스템의 개념을 구현하여 업무에서 사용할 수 있는 수준으로 발전시킨 것이 ISAM, VSAM이다.

이후 파일 시스템의 한계를 극복하는 데이터베이스의 개념이 도입되면서 처음 만들어진 데이터베이스 시스템이 계층형 데이터베이스 관리 시스템(Hierarchical DBMS)이다. 계층형 DBMS가 제품으로 구현된 것이 IBM이 개발한 IMS이다.

이후, 계층형 DBMS를 보완하는 망형 DBMS 개념이 도입되었다. 이것을 제품으로 구현한 것이 IDS/IDM이다.

망형을 개선하여 개발된 DBMS가 관계형 DBMS(Relational DBMS)이며, 이것을 제품으로 구현한 것이 Oracle, DB2 MySQL 등이다. 이후, 객체 지향 프로그래밍의 흐름에 맞추어 객체 지향 DBMS도 제안되었다. 현 시점에서 DBMS 중 RDBMS가 전체 시장의 90% 이상을 차지하고 있다.

구분	모델	DBMS
1세대	파일 시스템	– ISAM – VSAM
2세대	계층형(Hierachical) HDBMS	– IMS – System2000
3세대	망형(Network) NDBMS	– IDS – TOTAL – IDMS
4세대	관계형(Relational) RDBMS	– Oracle – Infornix – DB2 – SQL Server – Sybase
5세대	객체 지향(Object Oriented) ODBMS	– Object Store – UniSQL

[그림 1–12] DBMS 개발의 역사

05 데이터베이스 관리 시스템의 새로운 흐름

데이터베이스 관리 시스템(DBMS)은 데이터 관리 면에서 혁신적인 개념을 제공하였고, 기업이나 일반 업무에서 컴퓨터가 널리 사용되는 데 크게 이바지하였다. 많은 DBMS 기술이 소개되었고, 최종적으로 RDBMS가 시장의 대부분을 차지하게 되었다.

시간이 지나 데이터에 대한 중요성이 커지게 되었고, 기업이나 업무에 따라 다양한 형태의 데이터를 관리하게 되는 시점에서 RDBMS가 지닌 한계점이 드러나게 되었다.

대표적인 사례는 다음과 같다.

- 페이스북이나 X(트위터), 구글과 같은 회사는 관리해야 하는 데이터에 특별히 보안을 요구하지 않는다. 다만, 거의 같은 형태의 데이터가 무제한으로 생성되기에 관리가 필요하며, 24시간 무정지로 운영되어야 한다.
- IoT 환경에서 생성되는 데이터(CCTV 영상, 통화 내역, 웹서핑 내역…)는 텍스트가 아닌 동영상이나 이미지 형태의 데이터인데, 이러한 데이터는 RDBMS에서 다루기 어렵다.
- 복잡하고 다양한 형태의 데이터를 원하는 업무도 있지만, 간단하고 빠르게 수행되어야 하는 업무도 있다. 이런 업무에는 RDBMS의 보안이나 권한 등에 대한 체크 기능이 필요하지 않다.
- DBMS로 관리해야 하는 자료가 고정적이지 않고, 계속 변화하는 상황이 발생한다. 이 경우 RDBMS로는 처리하기 어렵다.

이와 같은 환경적인 변화로 인하여 최근에는 RDBMS 외에도 각 업무의 특성에 맞는 DBMS를 개발하여 사용하는 흐름이 이어지고 있다. 물론 업무 대부분은 RDBMS에서 수행되지만, 특수 환경에 맞게 개발된 DBMS도 적용되고 있다. 이런 용도로 개발된 다양한 DBMS를 [그림 1-13]에 정리하였다.

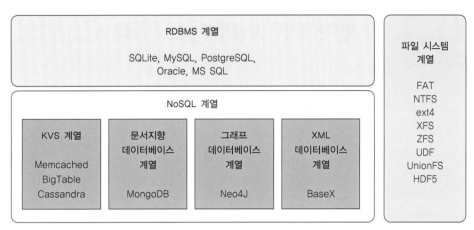

[그림 1-13] 현재 사용되는 DBMS의 종류

업무의 다양성을 반영하여 개발된 여러 DBMS는 크게 3가지로 분리하여 정리할 수 있다.

- **RDBMS 계열** : 관계형 DBMS 개념을 구현한 제품들로, 실무에서 사용되는 대다수 DBMS는 RDBMS에 속한다. 많이 사용되는 제품은 Oracle, MySQL, PostgreSQL 등이다.
- **NoSQL 계열** : Not Only SQL의 약자로, 'SQL만 있는 것이 아니다'라는 의미다. SQL은 RDBMS에서 사용되는 기술이다. 즉, RDBMS가 너무 많이 사용되는 데 반발하여 개발된 DBMS이다. Casandra, MongoDB 등이 대표적인 제품이다.

  특이한 점은 NoSQL의 DBMS는 KVS(Key Value Store), 문서 지향, 그래프, XML 등 4가지 다른 개념에 기반하여 만들어진 DBMS이다. 예로 그래프 DBMS를 구현한 Neo4J는 데이터 상태 저장이 아닌, 객체 사이의 관계 그래프에 초점을 맞추어 데이터를 관리하는 시스템이다. RDBMS에서는 SQL을 사용하지만 Neo4J는 CypherQL을 사용한다.
- **파일 시스템 계열** : 데이터가 다양하지 않고, 사용자가 제한된 환경에서 데이터의 용량이 크다면 굳이 DBMS를 사용할 이유가 없으며, 이런 점에서 기존의 파일 시스템을 보완하여 사용한다. HDF5(Hierarchical Data Format 5)가 대표적으로, 파일 안에 파일 시스템을 갖는 구조로서 파일 하나에 여러 개의 스프레드 시트를 포함한 상태를 저장할 수 있다.

현재 사용되는 DBMS를 모두 설명하기에는 분량도 많고 무의미하다. 그렇기에 대표적인 DBMS인 RDBMS와, 특이한 형태를 가지는 DBMS인 MongoDB에 관한 내용을 9장에서 설명한다.

06 관계형 데이터베이스 관리 시스템의 소개

관계형 데이터베이스 관리 시스템(RDBMS)은 사용자에게 행과 열로 구성된 테이블 형태처럼 저장된 자료를 보여주는 DBMS이다.

RDBMS는 [그림 1-14]와 같은 형태로 저장된 자료를 사용자에게 보여준다. 실제 데이터는 RDBMS가 관리하는 파일 수백 개에 흩어져 있다.

학번	이름	주소	핸드폰번호
1130022	조민호	중원대	010-111-1111
1140032	조현희	중원대	010-222-2222
1150022	조현영	방통대	010-333-3333

[그림 1-14] RDBMS가 사용자에게 보여주는 데이터의 모습

RDBMS는 [그림 1-14]와 같은 형태로 데이터를 보여주는데, 이를 다루기 위하여 자체적으로 사용하는 용어를 [그림 1-15]에 이미지로 정리하였다.

[그림 1-15] RDBMS가 사용하는 용어의 정의

- **릴레이션, 테이블** : RDBMS가 사용자에게 보여주는 데이터 모습의 단위
- **튜플, 레코드, 행** : 테이블의 행을 의미하는 단어
- **속성, 열** : 테이블의 열을 의미하는 단어

RDBMS의 동작 절차

[그림 1-16]은 RDBMS의 동작 원리를 요약한 것이다. RDBMS는 다른 DBMS와 마찬가지로 DBMS와 데이터베이스로 구성된다.

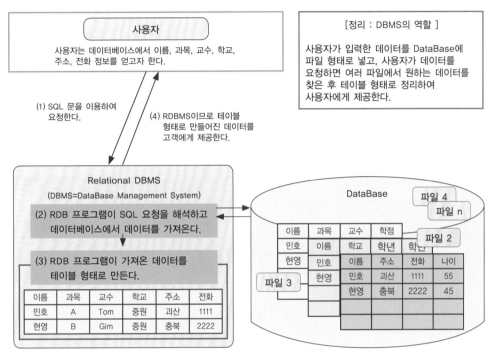

[그림 1-16] RDBMS의 동작 원리

[그림 1-16]의 내용을 설명하면 다음과 같다.

- 데이터베이스에는 많은 수의 파일이 존재한다. RDBMS는 이를 숨기고 복잡한 데이터를 테이블의 형태로 정리한다. 즉, 만들어진 테이블을 실제 데이터베이스와 연관시켜 관리한다. 예를 들어 RDBMS에서 보여주는 테이블의 데이터는 여러 개의 파일에 흩어져 있다.
- 사용자는 복잡한 데이터베이스의 모습 대신 RDBMS가 보여주는 테이블의 모습에서, 원하는 자료에 대한 요청을 SQL 형식으로 작성하여 RDBMS에 전달한다. SQL 문의 작성 요령은 Part 3에서 학습한다. SQL 문을 RDBMS에 전달하는 방법은 Part 4에서 학습한다.

- RDBMS에 전달된 SQL 문은 RDBMS에 의해 해석된 후 해당 데이터에 요청한 작업이 수행된다. 이때 수행되는 실제 데이터 조작 작업은 RDBMS가 수행한다. 즉, RDBMS가 어느 파일에서 어떤 데이터를 가져오는지에 대한 작업을 스스로 수행한다.
- RDBMS는 작업이 완료되면 결과를 정리하여 사용자에게 전달한다.

가장 중요한 점은 RDBMS가 사용자에게 데이터를 보여주는 방식이다. RDBMS는 테이블 형태로 사용자에게 데이터의 모습을 보여주며, 이러한 DBMS를 RDBMS라고 한다.

당연히 다른 DBMS는 사용자에게 다른 형태로 데이터의 모습을 보여주게 된다. 예로 NoSQL 제품 중 하나인 MongoDB는 데이터를 사용자에게 문서 형태로 보여준다. 9절을 참조한다.

▌ RDBMS의 구성 요소

RDBMS는 테이블과 관계로 구성된다. 테이블은 서로 연관이 있는 데이터를 모아 놓은 것이고, 관계는 연결된 테이블 간의 데이터를 조회할 때 필요하다.

데이터 검색을 빠르게 수행하기 위하여 테이블마다 키를 설정한다. 키를 설정하지 않아도 되지만, 설정하면 키를 기반으로 바로 읽을 수 있으므로 데이터를 조작하는 데 대한 성능이 좋아진다. 그리고 **RDBMS는 테이블과 테이블의 연관 관계로 구성되므로** 관련 내용도 같이 정리하자.

RDBMS에서 설정하는 키의 종류와 의미를 [그림 1-17]에 정리하였다.

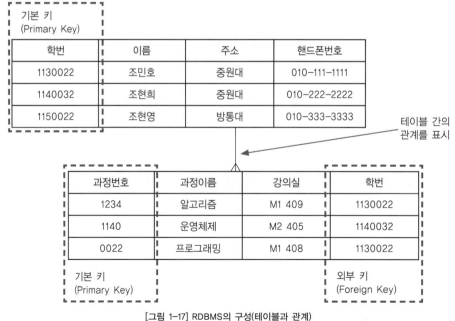

[그림 1-17] RDBMS의 구성(테이블과 관계)

관계형 데이터베이스(RDBMS)는 망형 데이터베이스 모델에서 '학교', '컴퓨터공학과'와 같은 계층을 구성하는 테이블(파일)을 제거하고, 테이블과 관계로만 구성하는 모델이므로, 테이블을 정의한 후 테이블 간의 관계를 정의하면 설계가 완료된다.

[그림 1-17]을 설명하면 다음과 같다.

- 필요한 데이터를 조사하고, 조사한 데이터 중에서 같이 다루어야 하는 데이터를 모아서 테이블을 구성한다. [그림 1-17]에서는 2개의 테이블로 구성되었는데, 이를 다른 말로 하면 수집한 데이터 중 연관된 것을 묶었더니, 2개의 그룹으로 나누어졌다는 의미다.
- 테이블은 빠른 데이터 접근을 위하여 키를 설정하며, 이를 기본 키라고 한다. 여러 종류의 키가 있으며 상세한 내용은 2-5-2에서 자세하게 설명한다.
- 두 개의 테이블은 서로 관계가 있기에, 즉 사용자가 학번과 과정 번호를 함께 알고 싶어 해서 연관을 지어 놓았다(연관을 구현하는 상세한 방법은 5절에서 배운다).

▌관계형 대수

RDBMS는 DBMS 중에서 수학적으로 완전한 이론을 갖춘 DBMS이다. RDBMS에 입력한 데이터를 검색, 수정, 삭제하는 작업을 수행하는 데 관계형 대수라는 이론적인 기반을 갖추고 있다. 관계형 대수는 다음 연산으로 구성된다.

- 선택 연산
- 추출 연산
- 합집합 연산
- 교집합 연산
- 차집합 연산
- 카티션 곱(Cartesian Product) 연산
- 조인 연산
- 나누기 연산

관계형 대수를 이해하는 것이 RDBMS를 잘 사용하기 위한 기반이 되는 것은 아니다. 하지만 RDBMS에서 SQL을 이용하여 데이터를 조작하기 위한 기본 개념을 이루는 것이므로 예를 통해 간단하게 배워보자.

설명을 위하여 예제로 직원(Employee) 테이블과 부서(Department) 테이블을 이용한다[그림 1-18].

[직원 테이블]

사원번호	이름	부서번호	직위	성별
1000	조민호	D01	과장	남자
1002	김주연	D02	과장	여자
1003	조현희	D02	사원	여자
1004	조상원	D03	대리	남자
1005	조현익	D01	대리	남자

[부서 테이블]

부서번호	부서명	위치
D01	지원부	압구정
D02	기술부	구로동
D03	영업부	강남역

[그림 1-18] 직원과 부서 테이블의 모습

- **선택 연산** : 주어진 테이블(릴레이션)에서 특정 조건을 만족하는 튜플(행)을 구하는 연산

  (예) 직원 테이블에서 직위가 과장인 튜플을 선택하는 연산

  [그림 1-18]의 직원 테이블에 적용하면 결과는 [그림 1-19]와 같다.

사원번호	이름	부서번호	직위	성별
1000	조민호	D01	과장	남자
1002	김주연	D02	과장	여자

[그림 1-19] 선택 연산의 결과

- **추출 연산** : 주어진 테이블(릴레이션)에서 원하는 속성만 구하는 연산

  (예) 직원 테이블에서 '직위' 속성만 추출하는 연산

  [그림 1-18]의 직원 테이블에 적용하면 결과는 [그림 1-20]과 같다.

사원번호	이름	부서번호	직위	성별		직위
1000	조민호	D01	과장	남자	→	과장
1002	김주연	D02	과장	여자		사원
1003	조현희	D02	사원	여자		대리
1004	조상원	D03	대리	남자		
1005	조현익	D01	대리	남자		

[그림 1-20] 추출 연산의 결과

- **합집합 연산** : 두 개의 테이블 중 어느 한쪽 또는 양쪽에 모두 존재하는 튜플(행)을 구하는 연산

  (예) 직원 테이블에서 직위가 '과장'인 튜플(행)의 '부서번호'와 Department 테이블에서 위치가 '구로동'인 튜플의 '부서번호'를 모두 구하는 연산

  [그림 1-18]의 직원 테이블에 적용하면 결과는 [그림 1-21]과 같다.

부서번호
D01
D02

∪

부서번호
D02

=

부서번호
D01
D02

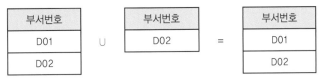

[그림 1-21] 합집합 연산의 결과

- **교집합 연산** : 두 개의 테이블에 모두 존재하는 튜플(행)을 구하는 연산

  (예) 직원 테이블에서 직위가 '과장'인 사람과 직위가 '대리'인 사람이 함께 근무하는 '부서번호'를 구하는 연산

  [그림 1-18]의 직원 테이블에 적용하면 결과는 [그림 1-22]와 같다.

부서번호
D01
D02

∩

부서번호
D01
D03

=

부서번호
D01

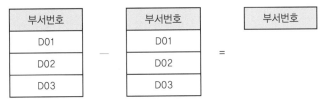

[그림 1-22] 교집합 연산의 결과

- **차집합 연산** : 한 개의 테이블에는 속하지만 다른 테이블에는 속하지 않는 튜플(행)을 구하는 연산

  (예) 소속된 직원이 한 명도 없는 부서의 '부서번호'를 구하는 연산

  [그림 1-18]의 직원 테이블에 적용하면 결과는 [그림 1-23]과 같다.

부서번호
D01
D02
D03

−

부서번호
D01
D02
D03

=

부서번호

[그림 1-23] 차집합 연산의 결과

- **카티션 곱 연산** : 두 개의 테이블에 존재하는 모든 튜플의 조합을 구하는 연산

  (예) 직원 테이블과 부서 테이블에 대한 카티션 곱을 구하는 연산

  설명을 위하여 두 개의 테이블을 추려서 결과를 정리하면 [그림 1-24]와 같다.

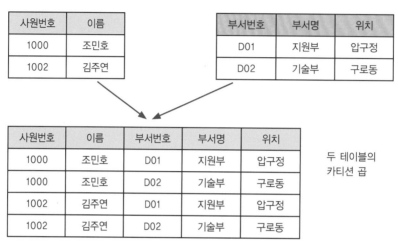

두 테이블의
카티션 곱

[그림 1-24] 카티션 곱 연산의 결과

- **조인 연산** : 두 개의 테이블에서 특정 조건을 만족하는 튜플(행)을 결합하여 하나의 튜플로 만드는 연산

  (예) Employee 테이블과 Department 테이블의 조인 연산

  두 개의 테이블을 조인 연산한 결과를 정리하면 [그림 1-25]와 같다.

사원번호	이름	부서번호	직위	성별
1000	조민호	D01	과장	남자
1002	김주연	D02	과장	여자
1003	조현희	D02	사원	여자
1004	조상원	D03	대리	남자
1005	조현익	D01	대리	남자

부서번호	부서명	위치
D01	지원부	압구정
D02	기술부	구로동
D03	영업부	강남역

조인 결과

사원번호	이름	부서번호	직위	성별	부서명	위치
1000	조민호	D01	과장	남자	지원부	압구정
1002	김주연	D02	과장	여자	기술부	구로동
1003	조현희	D02	사원	여자	기술부	구로동
1004	조상원	D03	대리	남자	영업부	강남역
1005	조현익	D01	대리	남자	지원부	압구정

[그림 1-25] 조인 연산의 결과

- **나누기 연산** : 두 개의 테이블 R(X, Y)와 S(Y)에 대한 나누기 연산은 테이블 S의 모든 Y 값에 관련된 테이블 R의 X 값을 출력하는 연산

(예) 직원 테이블과 부서 테이블의 나누기 연산

설명을 위하여 두 개의 테이블을 조인 연산한 결과를 정리하면 [그림 1-26]과 같다.

사원번호	이름	부서번호	직위	성별
1000	조민호	D01	과장	남자
1002	김주연	D02	과장	여자
1003	조현희	D02	사원	여자
1004	조상원	D03	대리	남자
1005	조현익	D01	대리	남자

부서번호	부서명	위치
D01	지원부	압구정
D02	기술부	구로동
D03	영업부	강남역

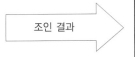
조인 결과

사원번호	이름	직위	성별
1000	조민호	과장	남자
1005	조현익	대리	남자

[그림 1-26] 나누기 연산의 결과

여기까지 RDBMS에서 데이터를 구하기 위하여 사용하는 이론적 배경인 관계형 대수의 연산 방식에 대하여 예를 중심으로 설명하였다. 실무에서 사용하는 지식이라기보다는 RDBMS의 수학적 기반을 이루는 내용이므로 처음 공부하는 시점에서 이해하고 넘어가면 좋기에 간단히 설명하였다.

07 관계형 데이터베이스 관리 시스템이 많이 사용되는 이유와 원리

사용자의 필요에 따라 개발된 다양한 DBMS 중에서 관계형 DBMS(Relational DBMS, RDBMS)가 가장 많이 사용되는 이유를 알아보자.

우리가 사용하는 프로그램 언어(예: C, C++, Java…)가 다루는 데이터의 모습에 대하여 살펴보자.

	데이터 타입	설명
기본 자료형	숫자형(Int, float…)	이진수를 숫자로 인식하는 것이다.
	문자형	이진수를 아스키 코드집에 맞추어 문자로 인식하는 것이다.
	부울형(T, F)	이진수를 T, F로 인식하는 것이다.
사용자가 정의하는 자료형	배열	동일한 기본 자료형/사용자 정의 자료형을 여러 개 모은 자료형이다.
	구조체	형이 다른 기본 자료형/사용자 정의 자료형을 여러 개 모은 자료형이다.
	enum	정해진 형태만을 받아들이는 자료형이다.
	클래스	기본 자료형, 배열, 구조체, enum 등의 모든 자료형과 메서드까지 묶어서 선언하는 사용자 정의 자료형이다.

[그림 1-27] 프로그램 언어의 데이터형 정리

[그림 1-27]은 프로그램 언어에서 다룰 수 있는 자료를 기본 자료형과 사용자 정의 자료형으로 분리하여 정리한 것이다.

기본 자료형은 이진수로 이루어진 자료를 읽는 3가지 방법을 말한다.

- **숫자형** : 이진수(예: 0000 0011) 데이터를 숫자로 읽는 것을 말한다. 예는 십진수로 3이 된다. 이때 2바이트 길이를 숫자로 읽으면 short형, 4바이트 길이를 숫자로 읽으면 integer 등으로 구분하게 된다.
- **문자형** : 이진수(예: 1100 0001)를 매핑하여 읽는 것을 말한다. 예의 이진 코드는 아스키 코드의 'a'를 의미한다. 결국 이진수로 이루어진 매핑된 자료를 읽어서 처리하는 자료형을 통칭하여 문자형이라 한다. 여기에는 영상 및 음악 표현 등을 포함한다.
- **부울형** : 이진수를 그대로 T/F로 읽는 것을 말한다.

프로그램의 앞부분에서 많이 보는 `int a;`라는 부분은 메모리의 특정 부분을 **a**라 부르고, **a**에 저장된 이진수를 숫자로 읽으라고 지시하는 것이다.

사용자가 정의하는 자료형이란 기본 자료형을 묶어서 사용자가 필요로 하는 데이터를 정의해서 사용하는 것을 말한다.

- **구조체/클래스** : 같거나 다른 자료형을 여러 개 묶어서 새로운 자료형을 선언하는 방법을 말한다. 클래스는 함수도 함께 묶을 수 있다는 점이 구조체와 다르다.
- **배열** : 같은 자료형을 여러 개 묶어서 새로운 자료형을 선언하는 방법을 말한다. 여기서 말하는 같은 자료형에는 기본 자료형, 클래스/구조체 등을 포함한다.
- **enum** : 정해진 값만을 가질 수 있도록 사용자가 선언하는 자료형을 말한다.

앞서 설명한 구조체/클래스와 배열을 이미지로 표현하면 [그림 1-28]과 같다.

이름	과목	교수	학교	주소	전화
민호	A	Tom	중원	괴산	1111
현영	B	Gim	중원	충북	2222
......					

구조체, 클래스

```
class person {
        char * name;
        char * course;
        char * prof;
        char * school;
        char * addr;
        int phone;
};
```

배열(=동일 구조체가 여러 개 있음)

(예) person insa[100];

[그림 1-28] 'insa' 데이터 관리를 위한 구조체/클래스와 배열의 활용

[그림 1-28]에서 서로 다른 자료인 '이름', '과목', '교수', '학교', '주소', '전화' 등을 하나로 묶어서 person이라는 자료형을 선언할 수 있다. 즉, person에는 '이름', '과목', '교수', '학교', '주소', '전화'가 포함된다. 이때 여러 자료형을 묶어서 person이라는 새로운 자료형을 만들기 위하여 사용하는 것이 구조체 또는 클래스다.

서로 연관이 있는(같이 다루게 되는) 데이터를 묶어서 하나의 형으로 선언하면 프로그램도 간단해지고, 읽기도 편하다. 서로 연관된 데이터를 묶기 위하여 구조체 개념이 처음 도입되었으며, 관련 있는 데이터와 함수까지 묶을 수 있도록 구조체를 확장한 것이 클래스다. 그러므로 자바 언어에는 구조체가 없는데, 클래스가 구조체를 대신하기 때문이다.

배열은 같은 자료형이 여러 개 모여서 구성된다. [그림 1-28]에서는 person 데이터형을 여러 개 모아 insa라는 사용자 정의 자료형을 구성하는 과정을 보여주며, 프로그램 언어로 표현하면 다음과 같다.

```
person insa[100]; // person형을 100개 모은 것을 insa라고 한다.
```

프로그램 언어에서 제공하는 데이터형을 모은 것, 다시 말해 클래스와 배열을 함께 사용하면 테이블형이 되는 것을 눈치 빠른 독자는 이해했을 것이다.

프로그램 제작자는 테이블 형태의 데이터를 다루는 데 익숙하다. RDBMS는 데이터를 테이블 형태로 보여주도록 설계되었으니, 프로그램 개발자는 RDBMS를 다루기 쉽게 느꼈을 것이다.

이런 이유로 RDBMS가 다른 DBMS보다 많이 사용되었으며, SQL과 같은 표준화된 조작 방법이 개발자들에게 큰 편리성을 주었다는 점도 RDBMS의 확장에 크게 영향을 미쳤다.

데이터베이스 관리 시스템의 확장 : 정보 시스템 개발 방법론

기존의 컴퓨터는 수치 계산을 위한 도구였으나, 데이터 관리 분야에서 발견된 새로운 가치의 필요성이 증가하면서 파일, 데이터베이스 순으로 기술 개발이 이루어졌다. 이 중 DBMS는 데이터 관리 면에서 큰 발전을 이루었다. 이런 발전에 기초하여 기업에서 DBMS를 활용하여 비즈니스를 수행하려는 움직임이 생겼다. DBMS를 기업에 적용하려면 기업의 업무 처리 순서나 다루어야 하는 데이터의 종류 등에서 큰 변화가 있어야 한다. 기업에서 DBMS와 컴퓨터를 사용하는 데 필요한 과정과 절차를 체계적으로 정리한 것이 정보공학 방법론이다.

정보공학 방법론의 기본 개념은 기업의 모든 업무와 컴퓨터를 통합하는 것이다. 즉, 기업이 하고자 하는 비즈니스에는 컴퓨터 기술을 동시에 고려해야 한다는 철학이 깔려 있다. 그런 점에서 정보공학 방법론은 데이터베이스의 비즈니스적 발전 형태라고 볼 수 있다. 특히 DBMS가 가지는 데이터의 통합성, 일치성, 공유성, 그리고 일관된 보안성이 기업 입장에서는 큰 장점이 된다.

정보공학 방법론의 개념은 3 slide, 4 levels로 요약할 수 있다[그림 1-29].

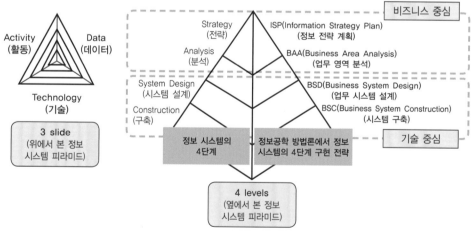

[그림 1-29] 정보공학 방법론의 개념 요약

정보공학 방법론에서는 정보 시스템을 구성할 때 데이터, 기술, 활동을 고려해야 한다고 정의하며, 이를 3 Slide라고 한다. 이런 시각은 정보 시스템을 구축하려면 데이터와 기술, 그리고 이를 이용하는 활동을 동시에 고려해야 한다는 의미에서 비롯되었다. 현재의 시점에서는 당연하지만, 80년대만 해도 이런 개념은 컴퓨터에 대한 혁신적 변화였다.

정보 시스템의 구축은 전략, 분석, 시스템 설계, 구축의 4 levels로 진행되며, 각 단계를 ISP (Information Strategy Plan), BAA(Business Area Analysis), BSD(Business System Design), BSC(Business System Construction)라 부른다. 이 역시 지금 시점에서는 너무도 당연하지만, 정보공학 방법론이 개발되던 시기에는 새로운 접근이었다.

정보공학 방법론의 구축 과정에서 중요한 ISP와 BAA 부분의 진행을 위한 상세한 단계와 절차를 규정한 것이 정보공학 방법론의 핵심이라 할 수 있다. 실제 정보공학 방법론은 수많은 그림과 표, 차트를 그리도록 가이드하고 있으며, 개발해야 하는 정보 시스템을 데이터와 프로세스의 관점에서 Top-Down 방식으로 분석하고 있다.

정보공학은 회사의 업무를, 컴퓨터를 기반으로 개발한다는 철학 자체를 시행하기 위하여 개발된 것으로 당시의 컴퓨터 기술로 볼 때 상당한 도전이라 할 수 있다. 이를 이해하기 위하여 정보공학의 ISP 수행 과정을 [그림 1-30]에 정리하였다.

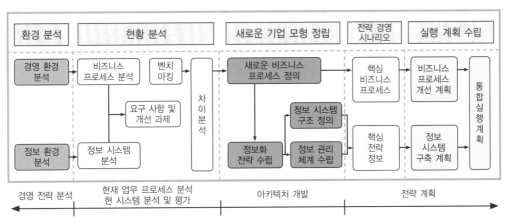

[그림 1-30] 정보공학 방법론의 ISP 과정

[그림 1-30]을 보면 ISP는 '환경 분석', '현황 분석', '새로운 기업 모형 정립', '전략 경영 시나리오', 그리고 '실행 계획 수립'의 단계로 진행된다.

이 중 첫 단계인 '환경 분석' 단계에서 '경영 환경 분석'과 '정보 환경 분석'을 동시에 수행한다. 그리고 경영과 정보 환경이 '현황 분석' 단계에서 통합되어 '새로운 기업 모형 정립'에 입력으로 투입된다.

이를 바탕으로 전략 경영 시나리오는 '비즈니스'와 '정보 전략'으로 분리되며, 상세 실행 계획을 수립하고, 최종적으로 경영과 정보를 통합하는 '통합 실행 계획'이 ISP의 최종 결과가 된다.

ISP의 수행을 위한 핵심적인 개념을 정리하면 다음과 같다.

- 환경을 분석할 때 경영 환경과 정보 환경을 같이 분석한다.
- 경영 환경에 대한 현황을 분석하는 비즈니스 분석과 정보 환경의 현황을 분석하는 정보 시스템 분석을 기반으로 요구 사항 및 개선 과제를 얻는다.
- 요구 사항 및 개선 과제를 다른 기업과 벤치마킹하여 차이를 분석한다.
- 분석 결과를 이용하여 새로운 비즈니스 프로세스를 정의한다.
- 새로 정의된 새로운 비즈니스 프로세스 중에서 핵심 비즈니스 프로세스를 선정하고, 이를 중심으로 비즈니스 프로세스 개선 계획을 수립한다. 이 과정을 BPR(Business Process Reengineering)이라 한다.
- 새로 정의된 새로운 비즈니스 프로세스를 기반으로 정보화 전략을 수립한다.
- 수립된 정보화 전략을 기반으로 정보 시스템의 구조와 관리 체계를 만든다.
- 정보 시스템의 구조와 관리 체계를 기반으로 핵심이 되는 전략 정보를 확정한다. 확정된 전략 정보를 관리하기 위한 정보 시스템 구축 계획을 수립한다.
- BPR 결과와 정보 시스템 구축 계획을 통합하여 통합 실행 계획을 만든다.

정보공학 방법론은 DBMS를 기업에 적용하기 위한 시도로, 현재의 관점에서는 당연하지만 80~90년대에는 새롭고도 어려운 분야였다. 기업이 원하거나 다루고 있는 데이터는 다양하기에 정보공학 방법론에서는 주로 RDBMS를 이용하여 구축한다.

정보공학 방법론에서 가장 중요한 단계는 RDBMS를 구축하는 과정이며, 이를 위하여 RDBMS를 구성하는 테이블과 관계를 찾아내는 것이 중요하다. Part 2에서 이에 관한 다양한 과정에 관하여 설명한다.

09 몽고 데이터베이스 관리 시스템의 소개

지금까지 DBMS를 소개했으며, 그중 RDBMS에 대한 내용을 주로 다루었다. DBMS는 크게 3가지 부류로 나눌 수 있다.

* RDBMS 계열
* 파일 시스템 계열
* NoSQL 계열

3가지 분류 중에서 파일 시스템 계열은 기존의 파일 시스템 기능을 확장해서 사용하는 것을 말하며, NoSQL 계열은 업무의 특성에 맞추어 개발한 DBMS를 사용하는 환경을 말한다.

이번에는 앞서 설명한 RDBMS와 가장 다른 성격을 지니는 NoSQL 계열의 DBMS 중 하나인 몽고 데이터베이스 관리 시스템에 대하여 설명함으로써 DBMS에 대한 시야를 확장할 기회를 제공하고자 한다. 몽고 DBMS는 특수한 경우에 사용하는 DBMS이므로 이 책에서 다루는 대상이 아니기에 이런 DBMS도 있다는 정도만 이해하기를 바란다.

▌ 몽고 데이터베이스 관리 시스템(Mongo DBMS)의 정의

몽고 데이터베이스는 NoSQL에 속하는 DBMS로서 문서(Document) 지향 데이터베이스다. 데이터를 배열하고, 중첩 문서의 형식을 이용하여 효율적으로 저장할 수 있는 JSON과 유사한 BSON(Binary JSON) 형식으로 저장한다.

▌ 몽고 데이터베이스 관리 시스템(Mongo DBMS)의 구성

몽고 데이터베이스는 데이터베이스, 컬렉션, 문서의 3가지 구성 요소를 가진다.

* **문서(Document)** : 몽고 DBMS의 가장 기본적인 데이터 단위로, RDBMS의 행과 유사하다. 문서는 BSON 형식에 저장된 필드와 값으로 구성된다.

```
db.users.insert (          // 컬렉션
   {                       // 문서의 시작
        name : "minho",
        age : 60,
        bodtype : "A"
   }                       // 문서의 끝
)
```

- **컬렉션(Collection)** : 문서의 모임이며, RDBMS의 테이블과 유사하다.
  컬렉션은 단일 데이터베이스 내에 존재하며, 스키마를 강제하지 않으므로 컬렉션 내의 문서는 다양한 필드와 구조를 가질 수 있다.
- **데이터베이스(DataBase)** : 몽고 DBMS의 인스턴스(활성화된 DBMS)는 여러 개의 데이터베이스에 연결할 수 있으며, 각 DBMS는 컬렉션의 컨테이너로 작용한다.
  데이터베이스는 디스크의 별도 파일에 저장하며 고유한 이름 공간이 있다.

▌몽고 데이터베이스 관리 시스템(Mongo DBMS)의 사용 예

몽고 데이터베이스의 사용 예를 통하여 몽고 DBMS에 대해 조금 더 알아보자.

- **생성(create)** : insertOne 또는 insertMany() 메서드를 사용해서 컬렉션에 문서를 삽입한다.

```
db.users.insertOne(
{  "name" : "Tom Cruse",
   "email" : "Tom@naver.com" } )
```

- **읽기(read)** : find() 또는 findOne() 메서드를 사용해서 컬렉션에서 문서를 찾는다.
  $eq, $gt, $lt, $regex와 같은 연산자를 사용해서 특정 기준에 맞는 문서를 찾을 수 있다.

```
 db.user.find(
{  "age" : {"$gt" : 30 }} )
```

▌몽고 데이터베이스 관리 시스템(Mongo DBMS)의 장단점

- **장점** : RDBMS는 미정의된 스키마(테이블의 구조)를 사용하지만, 몽고 DBMS는 스키마를 사용하지 않는 구조로 데이터 요구 사항이 변경될 때 최소한의 데이터 소스 또는 변경되는 데이터 모델을 지원하므로 변화가 많은 환경에 유용하다.
  몽고 DBMS는 텍스트 형태를 가지므로 확장성이 좋고, 성능이 빠르다.
- **단점** : 몽고 DBMS는 트랜잭션이 RDBMS와 같이 엄격하지 않다.
  몽고 DBMS는 BSON 형식으로, 낭비되는 디스크 용량이 많다.
  몽고 DBMS는 Join을 지원하지 않는다.

여기까지 몽고 DBMS에 대하여 간단히 알아보았다. 요약하면, 몽고 DBMS는 모든 용도에 적합한 것은 아니다. 특히, 구조화되지 않은 데이터를 처리하는 데는 우수하지만, 트랜잭션이나 조인을 지원하지 않으므로 복잡한 데이터를 처리하기는 어렵다. 텍스트 중심이므로 낭비되는 디스크 용량은 많지만 성능은 우수하다.

앞에서 설명한 대로, RDBMS는 기업 환경(인사, 생산, 재무)에 적합한 DBMS이다. 반면 NoSQL이나 파일 형식의 DBMS는 범용적인 용도가 아닌, 특수한 환경에서 적합하도록 개발된 것이다. 몽고 DBMS의 설명을 통해서 이런 점을 이해하기를 바란다.

참고로 구글은 자사의 업무 상황에 맞게 개발된 BigTable이라는 DBMS를 사용 중이며, 아마존도 업무 상황에 맞게 개발된 Dynamo를 사용하고 있다.

- 컴퓨터 데이터 관리 기술은 단위 데이터에서 사용자 정의 자료형으로, 파일, 데이터베이스, 그리고 DBMS로 발전한다.
- 파일 시스템은 컴퓨터가 널리 활용되는 데 크게 이바지하였지만, '데이터 종속성', '데이터 무결성', '데이터 중복성', '데이터 표준화'의 관점에서 한계를 가진다.
- 파일 시스템의 한계를 극복하기 위하여 개발된 DBMS는 다음 특징을 가진다.
  - 전체 시스템은 파일을 모아서 관리하는 데이터베이스와, 데이터베이스를 추상화해서 제공하는 데이터베이스 관리 시스템(이하 DBMS)으로 분리된다.
  - 데이터베이스와 DBMS를 분리함으로써 모든 응용 프로그램은 데이터베이스와 분리된다. 상호 연관성이 없기에 파일 시스템이 지닌 문제가 발생하지 않는다(=데이터 독립성).
    (예) 파일이 변하면 응용 프로그램이 변경되어야 한다.
  - 응용 프로그램에서 데이터의 무결성을 위반하는 데이터가 입력되는 경우, 이를 확인하고 처리를 거절할 수 있다(=데이터 무결성).
  - 데이터베이스의 데이터는 전체 관점에서 관리되므로 중복되거나 일치하지 않는 데이터를 방지할 수 있다(=데이터의 중복성 및 불일치 최소화).
  - DBMS를 기준으로 응용 프로그램 개발자와 데이터베이스가 연결되므로 데이터를 표준화하기 쉽다(=데이터 표준화).
  - 모든 응용 프로그램 제작자는 DBMS가 제공하는 표준 API를 통하여 데이터를 조작해야 하므로 데이터의 보안성이 확보된다. 추가로 DBMS는 사용자에 대한 권한을 조정할 수 있다(=높은 데이터 보안성).
  - 데이터베이스는 DBMS에 의해 통합 관리되므로 여러 부서 및 사용자가 공유하기 쉽고, 여러 사용자의 요구를 동시에 정확하게 처리하는 기능을 제공한다(=데이터 공유의 용이성).
- DBMS는 '계층형', '망형', '관계형'의 순서로 개발되었으며, 현 시점에서는 관계형 DBMS가 주로 사용된다. 시장에는 관계형 DBMS(RDBMS) 외에도 다양한 DBMS가 출시되어 있다.
- DBMS를 기업에서 활용하기 위하여 정보공학 방법론이 개발되었으며, 이는 DBMS의 또 다른 발전이라 할 수 있다.

IT 프레임워크

프로그램을 개발할 때, 정해진 작업을 소규모로 개발하는 경우에는 각자 개발할 수 있지만, **여러 명이 개발하고 지속적으로 변화하는 프로그램(=요즘의 업무 프로그램)을 개발하는 경우에는 모든 개발자가 동일한 형태의 프로그램을 제작하도록 공통된 환경을 제공해야 한다.** 이것이 'IT 프레임워크'로, 시스템 IT 프레임워크와 업무 IT 프레임워크가 있다.

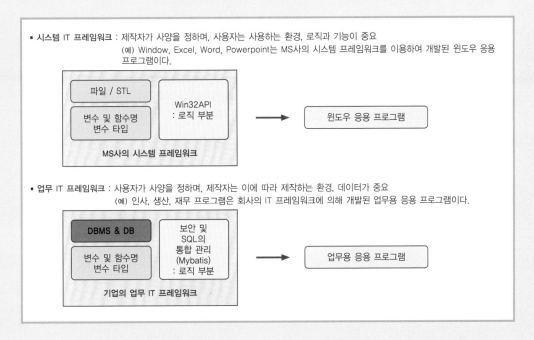

- 시스템 IT 프레임워크 : 제작자가 사양을 정하며, 사용자는 사용하는 환경, 로직과 기능이 중요
  (예) Window, Excel, Word, Powerpoint는 MS사의 시스템 프레임워크를 이용하여 개발된 윈도우 응용 프로그램이다.

파일 / STL	Win32API : 로직 부분	→	윈도우 응용 프로그램
변수 및 함수명 변수 타입			
MS사의 시스템 프레임워크			

- 업무 IT 프레임워크 : 사용자가 사양을 정하며, 제작자는 이에 따라 제작하는 환경, 데이터가 중요
  (예) 인사, 생산, 재무 프로그램은 회사의 IT 프레임워크에 의해 개발된 업무용 응용 프로그램이다.

DBMS & DB	보안 및 SQL의 통합 관리 (Mybatis) : 로직 부분	→	업무용 응용 프로그램
변수 및 함수명 변수 타입			
기업의 업무 IT 프레임워크			

이 책에서 설명하는 데이터베이스는 업무용 프로그램 개발을 위해 필요한 '업무 IT 프레임워크'의 핵심 요소다.

PART 02

데이터베이스 관리 시스템의 설계

[핵심 내용]

- 모델링의 개념
- 데이터 모델링 구축 방법 및 절차
- 데이터 모델링의 메타 데이터
- 데이터 모델링 구축 과정
- E-R 모델링
- 정규화

01 모델링의 개념

앞에서 데이터베이스 관리 시스템(이하 DBMS)이 개발된 이유와 범위, 종류에 대하여 설명하였다. 이제 본격적으로 DBMS를 공부해보자. [그림 2-1]에 DBMS를 공부하기 위한 전체 범위를 제시하였다. 이번에 공부할 내용은 DBMS의 설계다.

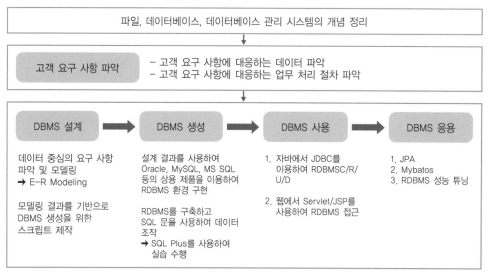

[그림 2-1] DBMS에 대해 공부할 내용 정리

DBMS를 개발할 때, 개발해야 하는 DBMS가 어떤 모습이어야 하는지를 파악하고자 고객과 개발자 간의 업무 협의가 필요하다. 이때 두 그룹 간의 의사소통 수단으로 사용되는 것이 모델(Model)이다. 그러므로 의사소통 수단으로서 모델이 가지는 기본 속성은 "관련자들이 이해할 수 있도록 **미리 정의된 규칙으로 표현되어야 한다**"는 것이다. 모델을 만드는 과정은 모델링(Modeling)이라 한다.

DBMS의 설계는 개발해야 할 DBMS의 모델링을 통하여 수행한다. 즉, 모델링 결과를 기반으로 만들어지는 것이 DBMS의 설계가 된다. 구체적으로 DBMS 모델링의 결과는 성능 보완 및 최적화 과정을 거쳐 스크립트로 정리한 후 실제 상용 DBMS에서 테이블을 생성하는 데 사용한다.

02 소프트웨어 모델링의 종류

모델링은 고객이 원하는 프로그램을 개발하기 위해 필요한 정보(데이터와 처리 순서)를 얻기 위하여 수행한다. 고객은 개발자/컨설턴트와 함께 모델링을 수행하면서 자신의 요구 사항을 구체적으로 설명하고, 개발자/컨설턴트는 요구 사항을 바탕으로 개발할 프로그램을 설계하게 된다. 그러므로 모델링은 프로그램 개발에서 가장 중요한 과정이다.

프로그램 개발을 위하여 필요한 정보는 3가지 모델링을 통하여 파악할 수 있다[그림 2-2].

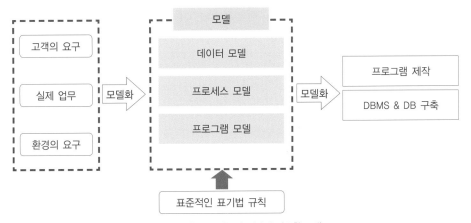

[그림 2-2] 정보 시스템 개발에 필요한 모델

- **데이터 모델** : 정보 시스템에서 다루어야 하는 데이터를 파악하고, 서로 연관이 있는 데이터를 파악하는 것

  (예) 이름과 주민번호는 일반적으로 같이 취급된다. 이때 이름과 주민번호는 서로 연관이 있다고 한다.

  데이터 모델은 이 책의 주제이며, 자세하게 설명한다.

- **프로세스 모델** : 정보 시스템이 수행되는 절차를 파악하는 것

  (예) 프로그램이 기동하면 사용자를 인증하고, 메뉴를 보여준다. 사용자가 특정 메뉴를 선택하면 그에 따른 화면을 보여주고, 작업이 끝나면 메뉴로 복귀한다.

  프로세스 모델은 이 책의 주제는 아니지만 중요한 개념이므로 3절에서 핵심 개념을 정리한다.

- **프로그램 모델** : 프로그램 제작을 위하여 연관성이 있는 자료를 모아서 사용자 정의 자료형(클래스)을 선언하고, 이를 이용하여 프로그램을 제작하는 것

(예) 동일 화면에 있는 데이터는 서로 연관성이 있다고 볼 수 있다. 이때 이들을 묶어서 클래스를 선언한 후, 프로그램 제작 시에 클래스형을 가지는 객체를 선언하고 프로그램을 제작하는 것

프로그램 모델은 객체 지향 모델링에서 사용한다. **정보 시스템 설계보다는 개발을 효과적으로 수행하는 데 필요한 것**으로, 다양한 프로그래밍 기법과 클래스의 활용 요령이 필요하다. 이 책에서는 다루지 않는다(이 부분에 대한 자세한 설명과 예는 유튜브에서 '조민호 교수'를 검색하면 나오는 '기업 IT 프레임워크' 동영상을 보면 확인할 수 있다).

[그림 2-2]에서 설명하는 3가지 모델이 정보 시스템(=프로그램) 개발을 위해 수행하는 대표적인 모델링이다. [그림 2-2]를 보면 '고객의 요구', '실제 업무', '환경의 요구'를 기반으로 개발해야 하는 프로그램을 모델링하게 된다. 이때 만들게 되는 '데이터 모델'과 '프로세스 모델'이 고객의 **'기업 IT 프레임워크'를 구성하게 된다.** 사전에 작성한 'IT 개발을 위한 프레임워크'를 기반으로 '프로그램 모델'을 이용하여 일반 업무를 개발하게 된다. 모든 모델은 의사소통의 도구이므로, 당연히 표준화된 표기법 규칙이 필요하다.

데이터 모델과 프로세스 모델을 이용하여 다루어야 하는 DBMS를 구축하고, 이를 기반으로 고객이 원하는 프로그램을 제작하는 것이 정보 시스템 개발(프로그램)의 중요 단계다. 이때 데이터 모델과 프로세스 모델 결과와, 이를 이용하여 구성하는 클래스 및 DBMS를 묶어서 '기업 IT 프레임워크'라 한다. 오늘날 모든 프로그램은 '기업 IT 프레임워크'에 기반하여 제작되어야 한다.

모델링은 수행하는 환경에 따라 다양한 형태로 분리하여 생각할 수 있다. 관련 개념을 간단하게 설명한다.

▌추상화 단계에 따른 모델링 분류

- **개념 모델링** : 정보 시스템을 구축할 때 가장 먼저 작성하는 것이다. 세부 사항은 생략하며, 구현할 정보 시스템에 대한 개념적인 모습을 정리한다.
- **논리 모델링** : 개념 모델링의 결과에 정보 시스템에서 필요로 하는 데이터 항목을 추가한 것이다. 구체적인 데이터 항목을 확정하기 위하여 화면을 그리거나, 사용하는 보고서 양식 등을 참고한다.
- **물리 모델링** : 논리 모델링의 결과를 기반으로 관계형 데이터베이스 관리 시스템(이하 RDBMS)에 테이블과 스키마를 구성한다. 물리적 이름, 키 설정, 성능을 고려한 테이블 통합 및 분리/변경 작업이 수행된다.

█ 정보 시스템의 범위에 따른 데이터 모델링 분류

- **CDM(Corporate Data Model) 또는 EDM(Enterprise Data Model)** : 전체 회사를 대상으로 하는 데이터 모델
- **PDM(Project Data Model)** : 프로젝트 영역만을 대상으로 하는 데이터 모델

PDM은 CDM을 염두에 두고 수행해야 한다. 그렇기에 먼저 CDM을 CRUD 분석한 후, 엔티티를 발생시키는 업무 기능이 포함된 부분을 묶어서 자세히 표현한 것이 PDM이 되는 경우가 많다. 이런 작업을 수행하는 이유는 '하나의 사실을 나타내는 것은 한곳에 위치시킨다'는 원칙을 지키기 위한 것이다.

앞에서 설명한 내용을 기반으로 전체 내용을 정리하면 다음과 같다. 그리 중요하지는 않지만 진행 과정에 대한 이해를 위해 자세히 읽어보기 바란다.

█ 정보 시스템 구축 프로세스와 모델링의 관계

1. 먼저 정보전략계획(ISP)에 기초한 CDM을 작성한다.
2. 업무 기능과 개념 CDM의 개체(entity)를 CRUD(create/read/update/delete) 분석을 수행하여 프로젝트 단위로 PDM을 작성한다.
3. 작성된 PDM에 새로운 시스템 요건을 추가하고 개체(entity)를 확정하여 논리 PDM을 작성한다.
4. 논리 PDM에 속성(attribute)을 추가하고, 필요한 경우 관계를 설정한다.
5. 테이블 이름, 속성 이름, 인덱스, 키를 추가하여 물리 PDM을 작성한다.
6. 물리 PDM을 RDBMS에 구현한다.
7. 구현된 RDBMS를 사용하는 SQL 문에 맞추어 최적화 작업을 수행한다.

여기까지 모델링에 대한 개념을 정리하였다. 이제 모델링을 구성하는 프로세스 모델링과 데이터 모델링에 대하여 알아보자. DBMS는 데이터 모델링에 대한 것이므로 프로세스 모델링에 관한 내용은 핵심 개념을 중심으로 간단하게 정리한다.

03 프로세스 모델링의 필요성 및 소개

프로세스 모델링(Process Modeling)은 개발해야 하는 정보 시스템(=프로그램)이 수행되는 순서를 중심으로 모델링하는 방법이다. 프로세스 모델링은 정보 시스템에서 데이터가 어떤 흐름으로 처리되는지를 표현하는 것으로 모듈, 데이터 저장소, 입/출력, 데이터의 흐름을 이용하여 표현한다[그림 2-3].

인터넷 고객	정보 시스템의 외부에서 시스템에 입, 출력을 제공하는 것을 말한다. (예) 고객, 다른 시스템, 직원 등이 대표적인 경우다.
도서주문 접수	정보 시스템을 구성하는 비즈니스의 기능 단위인 모듈을 의미한다. 이 부분이 실제 코딩이 수행되는 부분이다. 모듈은 한 개 또는 그 이상의 함수로 구성된다. 기능 단위는 너무 크지 않도록 한다. (예) 기능 단위에 대한 미니 스펙이 A4 2장 분량을 넘지 않도록 한다(가이드).
주문DB	정보 시스템의 데이터를 저장하는 곳을 지정한다. (예) 파일이나 데이터베이스를 지칭한다. 다른 표현: 주문DB / 1 주문DB
⟶	데이터의 흐름을 표현한다. (예) 데이터의 모습과 흐름, 형식 등을 라인 위에 서술한다.

[그림 2-3] 구조적 방법론을 위한 표현 기법

프로세스 모델링은 컴퓨터가 발전하는 과정에서, 순차적으로 처리하는 시간이 길어지면서 전체 처리 내용을 파악하기 어려워지는 문제점을 개선하기 위해 도입된 기술이다. 전체 처리 내용 중 단위 기능을 수행하는 부분을 함수를 도입하여 표현하면 소스의 길이가 줄어들고 전체 내용을 파악하거나 관리하기도 편해진다. 그렇기에 함수를 이용한 프로그램 제작 기법이 도입되었으며, 이를 **구조적 프로그래밍(Structured Programming)**이라 한다.

구조적 프로그래밍을 사용하기 위하여 사용자의 환경을 모델링하는 구조적 방법론이라는 기법이 개발되었다. 구조적 방법론은 모듈을 식별하고, 순차(Sequence), 선택(Selection), 반복(Iteration)을 이용하여 프로그램을 제작하며, 가독성 향상을 위하여 Goto 문을 사용하지 않는다.

프로세스 모델링은 구조적 프로그램 제작을 위한 사전 단계에서 제작하는 것으로, 개발해야 하는 정보 시스템이 어떤 순서로 수행되어야 하는지를 찾아내고 정리한다.

프로세스 모델링은 비즈니스를 중심으로 하며, 구조적 프로그램은 기술적 구현을 중심으로 생각한다. 그러므로 프로세스 모델링은 비즈니스의 기본 단위(더 이상 분리하면 의미가 없어지는 최소 단위, **(예)** 사용자 인증, 인사 데이터 입력 등)인 모듈(Module)을 구분한 뒤, 각 모듈에 대한 입/출력을 정의한다. 프로세스 모델링의 최소 단위인 모듈은 하나 또는 여러 개의 함수로 구성될 수 있다. 예로 '사용자 인증' 모듈은 ID/PWD를 입력받는 함수와 ID/PWD를 DBMS에서 확인하는 함수, 그리고 결과를 보여주는 함수로 구성될 수 있다.

프로세스 모델링은 DFD(Data Flow Diagram), DD(Data Dictionary), Minispec으로 구성된다. 이 3가지 요소를 사용하는 예를 [그림 2-4]에 나타내었다. [그림 2-4]는 정보 시스템 개발을 위하여 사용자가 요구한 기능 중, "직원 DB에서 가져온 데이터로 급여를 계산한 이후 급여 명세서를 출력합니다"라는 요구 사항을 모형화한 결과다.

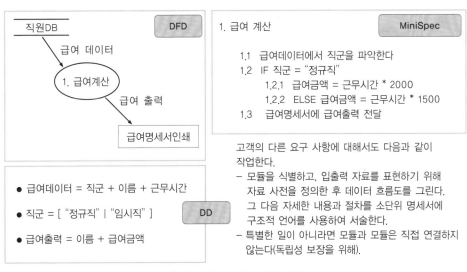

[그림 2-4] 프로세스 모델링 사례

[그림 2-4]를 만드는 과정은 다음과 같다.

1. 사용자의 요구 사항을 받는다. "직원 DB에서 가져온 데이터로 급여를 계산한 이후 급여 명세서를 출력합니다"라는, 업무 처리 절차에 해당하는 요구 사항으로 프로세스 모델링에 적용한다. 만약 "우리 백화점에서 상품을 구매하려면 회원이어야 한다"와 같은 요구 사항은 절차가 아닌 데이터가 가지는 특성이므로 E-R 모델링에서 처리한다. 5절, 6절을 참조한다.

2. 요구 사항을 기반으로 하면 '급여계산'이 최소 단위이므로 모듈로 식별한다.

3. 식별된 모듈인 '급여계산'에 대한 입력 데이터를 결정한다. 데이터가 여러 개로 구성될 경우 이를 데이터 사전에 정의하여 사용한다. 읽기 쉽고, 편하게 관리하기 위함이다.

   (예) '급여계산' 모듈의 입력 데이터는 직군, 이름, 근무시간이므로 이것을 묶어서 DD에 "급여데이터"로 정의하고 DFD 모델에 적용한다.

4. 식별된 모듈인 '급여계산'의 출력 데이터를 결정한다. 입력 데이터와 마찬가지로, 데이터가 여러 개로 구성될 경우 이를 데이터 사전에 정의하여 사용한다.

   (예) '급여계산' 모듈의 출력 데이터는 이름, 급여 금액이므로 이것을 묶어서 DD에 '급여출력'으로 정의한 후 DFD 모델에 적용한다.

5. '급여계산' 모듈에서 수행되는 작업의 상세 내용을 Minispec에 서술한다.

앞의 설명을 통하여 구조적 방법론을 구성하는 3가지 요소인 DFD, DD, Minispec의 필요성과 역할을 이해하였을 것이다. 고객이 제공하는 모든 업무에 이러한 과정을 적용하여 분석을 수행하게 된다.

[그림 2-4]는 단위 모듈의 설계 단계에 대한 설명이다. 이를 조금 더 크게 확장하면 [그림 2-5]와 같이 살펴볼 수 있다.

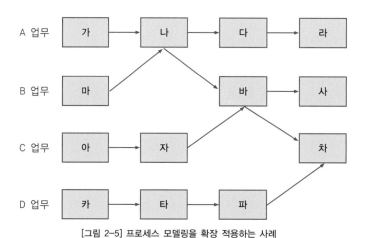

[그림 2-5] 프로세스 모델링을 확장 적용하는 사례

[그림 2-5]에 대하여 설명하면 다음과 같다.

• 업무별로 또는 사용자의 요구 사항 중 업무 처리 절차에 대한 사항을 골라서 모듈을 식별하고, 모듈 간의 관계를 정리한 것이다. A 업무 또는 A 요구 사항은 모듈 '가', '나', '다', '라'로 구성되며, 순서대로 수행한다. B 업무 또는 요구 사항은 '마', '바', '사'와 '나'로 구성되며, '나'는 A 업무와 공유한다. A, B 업무가 공유하는 '나'의 예로 '사용자 인증' 모듈을 생각할 수 있다.

- 앞의 상황을 고려하여 각 모듈의 입력과 출력 데이터를 정한다. A, B, C, D 업무 또는 요구 사항을 종합적인 관점에서 정리하는 것이 중요하다. 종합적인 정리 과정을 마치면 모듈별로 DFD와 Minispec을 작성한다.
- 입/출력 데이터가 여러 데이터가 모여서 구성될 경우 새로운 데이터형을 DD에 선언하고 사용한다. 이것이 후에 클래스를 구성하는 기본 정보가 될 것이다.

정보 시스템을 개발할 때 데이터 모델과 프로세스 모델을 고려한다. 프로그램 모델은 프로그램 제작에 사용되므로 중요하지만 DBMS를 다루는 이 책의 범위를 넘어서므로 따로 설명하지는 않는다. 데이터 모델은 E-R 모델링을 사용하고, 프로세스 모델은 구조적 방법론에서 제시하는 DFD, DD, Minispec를 사용한다.

어떤 모델을 사용할 것인지는 사용자의 요구 사항이 무엇인지에 달려 있다. 업무 처리 순서에 대한 요구 사항이라면 구조적 방법론을 적용한다. 이때 중요한 것은 구조적 방법론을 통하여 제작된 DFD는 단위 모듈을 식별하고, 단위 모듈에 입력, 출력되는 데이터를 정의한다는 것이다. 이때 단위 모듈에 입력되는 데이터의 모양은 DD에 정의되며, 모델링이 진행되면서 점차 완성되어 갈 것이다.

DD의 모양은 [그림 2-4]를 보면 '급여데이터 = 직군 + 이름 + 근무시간'으로 표현되며, 이것이 RDBMS의 개체(entity)를 구성하는 관련 있는 데이터의 모임에 해당하는 것이다. 즉, 구조적 분석이 정상적으로 이루어지면, RDBMS의 개체를 구성하는 속성에 대한 것도 어느 정도 정리된다는 것이다.

그러므로 구조적 모델링은 개발해야 하는 프로그램을 구성하는 모듈의 이름과 모듈 간 이동하는 데이터의 모습을 확인할 수 있는 기능을 제공하고, 이를 기반으로 RDBMS의 개체(entity)를 구성하는 속성(attribute)을 확인하는 기능도 제공하므로 당연히 매우 중요하다.

프로세스 모델링에 대한 설명은 여기서 줄이고, 이제 데이터 모델링에 대하여 설명한다.

04 데이터 모델링 개념

4.1 데이터 모델링

데이터 모델링(Data Modeling)은 정보 시스템에서 필요로 하는 데이터를 찾거나 조직화하여 문서로 만드는 기술이다. 데이터 모델링의 결과는 데이터베이스 관리 시스템(DBMS)에 의해 구현된다. 데이터 모델링은 데이터베이스 모델링(Database Modeling) 또는 정보 모델링(Information Modeling)이라고도 한다.

데이터 모델링은 '**논리적 데이터 모델링(Logical Data Modeling)**'과 '**물리적 데이터 모델링(Physical Data Modeling)**'의 두 가지로 분류할 수 있다. 논리적 데이터 모델링은 분석 단계를 거쳐서 나온 데이터에 대한 정보를 논리적으로 정리하는 것이다. 물리적 데이터 모델링은 논리적 데이터 모델링의 결과를 기반으로 DBMS에 생성하는 단계를 말한다.

논리적 데이터 모델링은 관계형 데이터베이스 관리 시스템(RDBMS)을 사용할 때 '개체-관계 다이어그램(Entity-Relationship Diagram, ERD)'을 사용한다. **ERD를 사용한 모델링을 'E-R 모델링'**이라 하며, E-R 모델링은 RDBMS를 사용하는 환경에서 개체(entity), 관계(relationship), 속성(attribute)을 사용해서 데이터를 조직화하는 방법을 말한다.

데이터 모델링 기법은 하향식(Top-Down)과 상향식(Bottom-Up)의 두 가지가 있다. 하향식은 대상 업무 전체에 대해 개체를 추출한 다음 속성을 정의하는 방식을 말하며, 상향식은 기존 시스템의 화면/보고서/DBMS 구조 등에서 테이블과 항목을 추출한 다음 개체로 묶어 나가는 방식이다. 예를 들어 기존 시스템을 개선할 때는 먼저 상향식을 사용하여 개체와 속성을 확인/정의한 다음, 하향식을 적용하여 새로운 속성을 추가하는 방식으로 진행한다.

RDBMS를 사용하는 경우, 데이터 모델링은 개체(entity), 속성(attribute), 관계(relationship)라는 3가지 요소로 구성된다.

- **개체(entity, 테이블)** : 개체는 연관된 데이터의 모임을 말한다.
- **속성(attribute)** : 개체를 구성하는 데이터를 말한다.
- **관계(relationship)** : 개체 간의 관계를 말한다.

개체와 속성, 관계를 이용하여 구성된 모델링 결과는 테이블 형태로 표현될 수 있으며, 테이블의 모습은 RDBMS에 그대로 구현된다. [그림 2-6]에 이런 관계를 정리하였다.

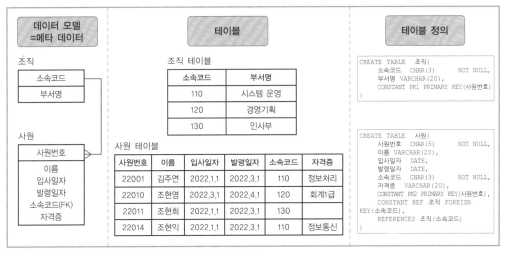

[그림 2-6] 데이터 모델링 결과

데이터 모델링 결과는 데이터 모델이다. [그림 2-6]에 데이터 모델의 예가 제시되어 있다. 데이터 모델링을 위한 논리적 데이터 모델링의 결과로 '조직'과 '사원'이 개체(Entity)로 선정되었다. 조직 개체는 '소속코드'와 '부서명' 속성으로 구성된다. 사원 개체는 '사원번호', '이름', '입사일자', '발령일자', '자격증'으로 구성된다.

역으로, 다루어야 하는 데이터를 조사했는데 '소속코드', '부서명', '사원번호', '이름', '입사일자', '발령일자', '자격증'이 나왔다. 데이터 관계를 조사해보니 '소속코드', '부서명'은 조직에 대한 정보로 묶을 수 있어 보이며, '사원번호', '이름', '입사일자', '발령일자', '자격증'은 사원에 대한 데이터로 판단하였기에 조사된 데이터를 조직과 사원의 두 묶음으로 분리하였다. 이것이 나중에 프로그램을 제작할 때 구조체나 클래스를 구성하는 기본 단위가 된다.

이때 데이터를 표현하기 위하여 도입된 '조직'은 개체(Entity)로, '소속코드', '부서명' 데이터를 대신하는 역할을 한다. '소속코드', '부서명'은 실제 데이터가 아닌 데이터를 표현하는 것으로, 이를 '메타 데이터'라 하며, 다른 말로 '데이터를 위한 데이터'라 정의한다.

조직 개체를 구성하는 메타 데이터인 '소속코드', '부서명'의 실제 데이터는 [그림 2-6]의 테이블 부분에서 확인할 수 있다. 소속 코드는 110, 120, 130이라는 데이터를 대변하는 메타 데이터이고, 부서명은 '시스템 운영', '경영기획', '인사부'를 대변하는 메타 데이터다. 같은 개념이 '사원' 개체에도 그대로 적용된다.

[그림 2-6]의 테이블 부분에서 표시된 내용을 기반으로 RDBMS에서 실제 테이블을 만들려면 '테이블 정의'에 있는 내용과 같이 만들면 된다. 이 내용을 수행하면 RDBMS에 '조직', '사원' 테이블이 만들어지고, 각 테이블은 명시된 속성을 가지게 된다. 이후에는 프로그램을 이용하여 테이블에 데이터를 넣고, 조작하는 작업을 수행하게 된다.

조직 개체와 사원 개체는 일대다 관계를 맺으며, "한 조직에는 여러 명의 사원이 있다"는 의미를 갖는다. [그림 2-6]에서 두 개체를 선으로 연결하여 표시했으며, 자세한 내용은 5절에서 다룬다.

추가로 데이터 모델 중 사원 개체를 보면 '소속코드' 옆에 FK라고 적혀 있다. 이는 조직과 사원 개체의 연결을 위하여 일부러 넣은 것으로 자세한 내용은 5절에서 다루게 된다.

4.3 데이터 모델링 표기법의 종류

데이터 모델링을 위한 다양한 표기법이 개발되었다. 어떤 표기법이 좋은지 여부는 논의 대상이 아니기에 여기서는 3가지 표기법에 대하여 간단한 예를 제시한다.

▌ IDEF1X(Integration DEFinition 1st edition eXtended)

데이터 모델링에 사용되는 제품 중 ERWin에서 사용하는 표기법이다. 표기법 개요는 [그림 2-7]에 정리하였다.

조직 개체와 사원 개체로 구성되며 두 개체는 '0 이상'의 관계를 가진다. 이는 "조직에는 사원이 0명 이상 있다"는 것을 나타낸다. 그 외에 개체(entity)를 표시하는 방법과 식별/비식별 관계를 나타내는 방법을 설명하였다.

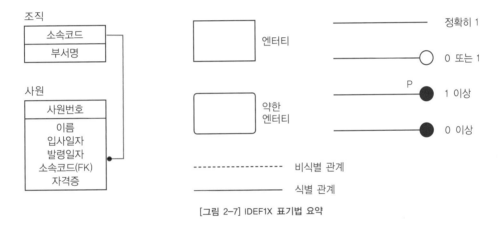

[그림 2-7] IDEF1X 표기법 요약

Peter Chen 표기법

데이터 모델링을 처음 고안한 Peter Chen이 사용한 표기법이다. 많이 사용되지 않고 투박하지만 역사적 의미가 있으므로 [그림 2-8]에 관련 내용을 정리하였다.

Peter Chen 표기법은 개체와 속성 외에도 개체 간의 관계를 별도로 명시하는 점이 특이하다. [그림 2-8]에서 '고객'과 '주문서'는 '주문'이라는 관계를 가진다는 점을 명확하게 표현하고 있다. '고객' 개체는 '고객번호', '성명', '주소' 속성을 가진다는 사실도 확인할 수 있다.

기호	기호 이름	의미
사각형	사각형	• 개체(Entity) 타입
마름모	마름모	• 관계(Relationship) 타입
타원	타원	• 속성(Attribute)
이중 타원	이중 타원	• 다중값 속성(복합 속성)
밑줄 타원	밑줄 타원	• 기본 키 속성
복수 타원	복수 타원	• 복합 속성 (예) 스타일 맞추기 성명과 성과 이름으로 구성
관계	관계	• 1:1, 1:N, N:M 등의 개체 간 관계에 대한 대응수를 선 위에 기술함
선 링크	선 링크	• 개체 타입과 속성을 연결

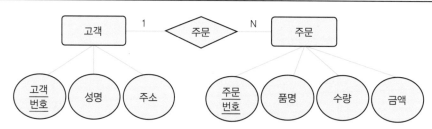

[그림 2-8] Peter Chen 표기법 요약

▌IE(Information Engineering) 표기법

IE 표기법은 정보공학 방법론에서 James Martin이 사용한 표기법으로, 관련 내용을 [그림 2-9]
에 정리하였다.

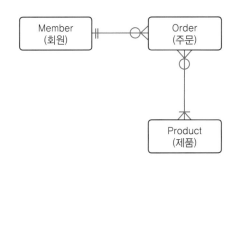

기호	의미
사각형	엔터티
타원	0개
해쉬 마크	1개
까마귀 발	2개 이상(n)
실선	Identifying 부모 테이블의 기본 키를 자식 테이블의 기본 키로 사용 A가 없으면 B가 존재할 수 없는 관계
점선	Non-Identifying A가 없어도 B가 존재할 수 있는 관계

[그림 2-9] IE 표기법 요약

[그림 2-9]의 표현은 '회원' 개체와 '주문' 개체가 있고, 두 개체는 1대다 관계를 맺는다는 의미를
지닌다. 마찬가지로 '제품' 개체도 동일하게 파악하면 된다. 관련 내용을 2-5에서 자세하게 설명
한다.

앞에서 설명한 표기법 외에도 'Baker notation', 'UML' 등의 표기법이 있지만 이 책에서는 일반
적으로 가장 많이 사용하는 'IE 표기법'을 사용할 것이다. 다른 표기법이 필요한 경우에도 전체
적인 내용은 비슷하므로 쉽게 적응할 수 있을 것이다.

05 데이터 모델링 구축 과정

5.1 모델링 과정 정리

데이터 모델링은 데이터베이스 관리 시스템(DBMS)의 구축을 위해 수행하는 첫 번째 작업이다.
이 과정을 통해 논리적 데이터 모델링 작업이 완료되면 [그림 2-6]에서 확인할 수 있듯 테이블을
생성하고 DBMS를 사용할 수 있게 된다. [그림 2-10]에 데이터 모델링을 수행하는 전체 과정을
정리하였다.

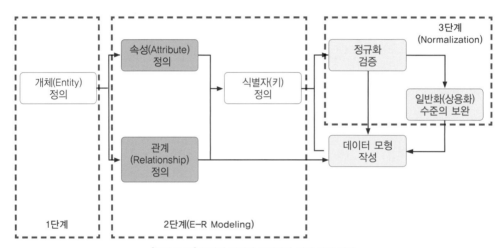

[그림 2-10] 논리적 데이터 모델링의 전체 과정 정리

[그림 2-10]에서 확인할 수 있듯, 논리적 데이터 모델링을 수행하는 과정은 3단계로 나누어서 진
행한다.

- 1단계 : 개체를 정의하는 단계다(5-2 참조).
- 2단계 : 개체 속성과 개체 간의 관계를 정의하는 단계다(5-3 참조).
  개체의 속성을 정의하면서 키가 되는 속성을 정한다(5-4 참조).
  개체 간의 관계를 정의하면서 연관을 위한 작업을 수행한다(5-5, 5-6 참조).
- 3단계 : 개체, 속성, 관계로 구성된 데이터 모형을 만든다(6절, 7절 참조).
  제작된 모형을 기반으로, 필요한 경우 정규화를 수행한다(8절 참조).

앞의 3단계를 수행하면 논리적 데이터 모델이 만들어진다. 완성된 논리적 데이터 모델은 그 자체로 RDBMS가 제공하는 스크립트 언어로 서술된다. 구체적인 모습은 [그림 2-6]의 오른쪽 이미지에서 확인할 수 있다. 서술된 스크립트 언어를 수행하면 RDBMS는 개체에 해당하는 테이블을 생성하고 해당하는 속성을 테이블에 설정하여, 사용할 수 있는 RDBMS 환경을 자동으로 구성한다.

구성된 RDBMS의 데이터는 SQL을 통하여 조작이 가능하다. 이때 RDBMS에 SQL을 전달하는 방법은 프로그램을 Java로 제작하는 경우에는 JDBC/Hybernate/Mybatis와 같은 라이브러리를 이용하여 수행한다. 프로그램 언어마다 RDBMS에 연결하기 위한 라이브러리를 제공하고 있다.

5.2 개체와 속성, 식별자의 정의

▌개체와 속성의 정의

RDBMS에서 데이터를 다루기 위한 단위는 개체와 속성이다. 개체(entity)는 관계 있는 데이터를 묶어주는 최소 단위이며, 개체를 구성하는 데이터는 속성(attribute)이라 한다. 주어진 환경에서 개체와 속성을 식별하여 [그림 2-11]과 같이 표현한 것을 E-R 모델링 중 '개체 모델링'이라 한다. 개체 모델의 예와 용어를 [그림 2-11]에 정리하였다.

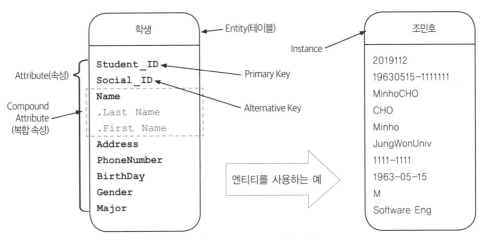

[그림 2-11] 개체, 속성, 키에 대한 정리

- RDBMS에서 다루어야 하는 데이터 중에서 서로 관련이 있는 데이터를 모아서 개체를 선언한다. [그림 2-11]에서 다루어야 하는 데이터로 Student_ID, Social_ID 등이 있다면, 이는 학생에 대한 데이터라 할 수 있으므로 이들을 하나로 묶고 이름을 '학생'이라 정의한다.
- '학생' 개체는 학생을 서술한다는 점에서 서로 연관이 있는 'Student_ID', 'Social_ID', 'Name', 'Address', 'PhoneNumber', 'BirthDay', 'Gender', 'Major' 데이터로 구성되며, 이것을 속성이라고 한다.
- 'Student_ID', 'Social_ID', 'Name', 'Address', 'PhoneNumber', 'BirthDay', 'Gender', 'Major'는 실제 데이터가 아니며, 데이터를 대표하는 성격을 지니는 메타 데이터다. 'Student_ID'의 실제 데이터는 2019112라는 값이다. 즉, 2019112는 데이터이고, 'Student_ID'는 2019112에 대한 메타 데이터다.
- 속성 중에서 'Name'이 'Last Name'과 'First Name'으로 구성된다고 설정하면, 'Name' 은 복합 속성(Compound Attribute)이 된다.
- [그림 2-11]의 오른쪽 그림과 같이 학생 개체에 실제 값이 할당된 것을 "학생 개체가 인스턴스화되었다"고 말한다.

업무를 분석하면서, RDBMS에서 관리해야 하는 데이터가 'Student_ID', 'Social_ID', 'Name', 'Address', 'PhoneNumber', 'BirthDay', 'Gender', 'Major'로 결정되었다고 가정하자. 데이터 간의 연관성을 분석한 결과 이 데이터는 학생에 대한 정보다. 그러므로 데이터를 대표하는 '학생'이라는 개체를 생성하고 데이터를 '학생' 개체에 소속시킨다. 이로써 'Student_ID', 'Social_ID', 'Name', 'Address', 'PhoneNumber', 'BirthDay', 'Gender', 'Major' 데이터를 '학생'이라는 한마디로 지칭할 수 있게 되었다.

이 시점에서 개체와 속성에 대한 개념을 정확히 알아야 한다. 개체는 연관 있는 속성을 묶여 놓은 것이다. 그리고 개체와 속성은 메타 데이터를 이용해서 표현한다. 만약 진짜 데이터로 표현하면 어떤 데이터를 쓸지도 정해야 하고, 모양도 다르므로 매우 불편할 테며, 표현한 데이터를 읽고 이해하기에도 어렵다. 예로 20230312라는 데이터가 있다면, 이것이 '입사일'인지 '퇴사일'인지 어떻게 식별하겠는가? 이 경우 메타 데이터를 활용해 '입사일'로 표현하면 간단히 해결된다.

▌식별자의 정리

[그림 2-11]의 개체를 구성하는 연관 있는 데이터를 유일하게 식별할 수 있는 속성을 정해서 데이터 검색이나 기타 작업에 활용하게 되는데, 이때 선정된 속성을 기본 키(Primary Key)라 한다. **기본 키는 값이 중복될 수 없는 단일 값(unique)을 가지며, 널(NULL, 아무 값도 없는 상태) 값을 가지지 않는다.**

[그림 2-11]의 학생 개체에서는 기본 키로 'Student_ID'가 적당하다. 중요한 점은 연관 있는 데이터를 유일하게 식별할 수 있는 속성 중에서 기본 키를 고른다는 것이다. 이때, 유일하게 식별할 수 있지만 기본 키로 선정되지 않은 속성을 대체 키(Alternate Key)라 한다. 데이터를 유일하게 식별할 수 있고, 기본 키와 대체 키를 포함한 속성을 후보 키(Candidate Key)라 한다[그림 2-12].

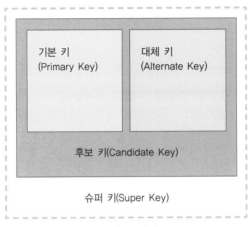

[그림 2-12] 식별자의 종류

추가로 확인해야 하는 사항은 복합 키 개념이다. 복합 키는 두 개 이상의 칼럼을 키로 지정하는 것을 말한다. 하나의 테이블은 하나의 기본 키를 가지게 되는데 이때 기본 키가 복합 키로 구성되면 하나의 테이블이 기본 키로 2개 이상의 칼럼을 가지게 된다.

마지막 주제는 슈퍼 키 개념이다. 슈퍼 키는 키가 가져야 하는 두 가지 속성인 '유일성'과 '최소성' 중에서 '유일성'을 만족시키는 것으로 앞에서 설명한 모든 키의 합집합과 같은 역할을 한다. 기본 키와 대체 키는 '유일성'과 '최소성'을 만족하는데, 그중 선택된 것이 기본 키, 선택되지 못한 것이 대체 키가 된다.

RDBMS에서는 테이블(개체)에 있는 데이터를 관리하기 위해 특정 칼럼을 식별자(키)로 설정한다. 이때 RDBMS는 식별자를 기준으로 B 트리(=밸런스를 유지하는 여러 개의 노드를 가지는 트리) 형태의 인덱스를 생성함으로써 빠른 데이터 검색 및 관리 작업을 가능케 한다. 키를 기반으로 인덱스를 생성하여 데이터를 검색하는 원리를 [그림 2-13]에 정리하였다. B 트리에 대한 내용은 Part 3 8절에서 자세하게 설명한다.

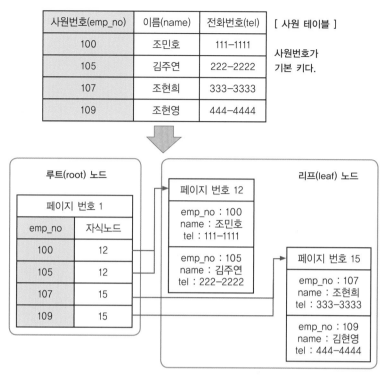

[그림 2-13] 인덱스를 구성하는 원리

[그림 2-13]에 대한 설명은 다음과 같다.

- 연관이 있는 데이터인 '사원 번호', '이름', '전화번호'를 묶어서 사원 개체(테이블)를 구성했다.
- 사원 개체의 기본 키는 유일한 단일값(유일성)을 가지며, 크기가 가장 작고(최소성), NULL이 없는 사원 번호(emp_no)로 결정했다.
- 기본 키인 사원 번호를 이용함으로써 B 트리 형태의 루트 노드가 생성된다. 루트 노드에서는 사원 번호에 해당하는 자료가 있는 자식 노드의 페이지 번호를 가진다.
- 루트 노드에 있는 자식 노드의 페이지 번호를 찾아가면, 그곳에 있는 자료를 순차적으로 읽어서 원하는 자료를 찾는다.
- 앞에서 설명한 방식을 적용하기 위해서는 새로운 데이터가 입력되면 B 트리를 구성하는 시간이 필요하다.

관계의 정의 및 종류

RDBMS에서 데이터를 다루기 위한 단위는 개체와 속성이다. 개체(entity)는 관계 있는 데이터를 묶어주는 역할을 한다. 학생 개체에 '학번', '이름', '주소'가 있고, 과목 개체에 '과목이름', '과목코드'가 저장되어 있다고 가정하자.

사용자가 원하는 자료가 '학번'과 '주소'라면 학생 개체에서 가져올 수 있다. 하지만 사용자가 어떤 학생이 어떤 과목을 수강했는지 알고 싶다면 '학번', '이름'과 '과목코드', '과목이름'을 제공해야 한다. 즉, **사용자가 알고자 하는 데이터가 2개 이상의 개체에 흩어져 있는 경우 연결된 데이터를 얻으려면 어떻게 해야 될까?**

이때 두 개체 사이에 관계를 맺어주게 된다. 관계가 맺어져 있지 않으면 두 개체에 흩어진 데이터를 한 번에 조회할 수 없다. **다른 말로, 아무 때나 관계를 맺어주기보다는, 개체와 속성에 대한 정의가 완료된 상태에서 사용자가 알고 싶어 하는 데이터가 둘 이상의 개체에 흩어져 있다면 이런 개체 간에 관계를 맺어주어야 한다.** 두 개체 사이의 관계로 어떤 종류가 있는지를 [그림 2-14]에 정리하였다.

관계 표시	설명
A ─┤├─────┤├─ B	엔티티 A와 B는 반드시 하나씩 존재 (1:1)
A ─┤├─────○├─ B	엔티티 A는 하나만 존재, B는 없거나 하나가 존재 (1:0 또는 1:1)
A ─┤├─────<─ B	엔티티 A는 하나만 존재, B는 여러 개 존재 (1:0 또는 N)
A ─┤├─────┤<─ B	엔티티 A는 하나만 존재, B는 하나 또는 여러 개 존재 (1:1 또는 N)
A ─┤├─────○<─ B	엔티티 A는 하나만 존재, B는 없거나, 하나 또는 여러 개 존재 (1:0 또는 1 또는 N)
A ─>─────<─ B	엔티티 A, B는 각각 여러 개가 존재 (N:N)

[그림 2-14] 두 개체 사이의 관계 종류

[그림 2-14]는 6가지 관계와, 관계를 표시하는 방법을 정리한 것이다. 그림으로 표현된 관계의 의미를 이해하는 것은 중요하다. 복잡해 보이지만 간단하게 정리하면 **1:1, 1:N, N:N**의 3가지 관계로 요약할 수 있다. 이들의 의미를 파악하기 위하여 [그림 2-15]의 예를 분석하여 보자.

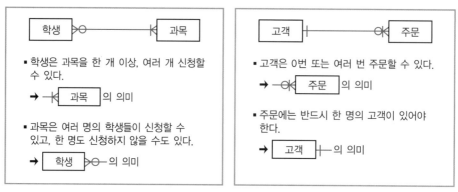

[그림 2-15] 관계의 의미 파악을 위한 예

▌[그림 2-15]의 왼쪽 부분에 대한 설명

- 학생 개체와 과목 개체는 N:N(다대다) 관계를 맺고 있다.
- 사용자는 어떤 학생이 어떤 과목을 신청했는지 알고 싶어 한다. 또, 어떤 학생이 어떤 과목을 수강 신청했는지도 알고 싶어 한다. 그러므로 학생과 과목 개체의 관계를 N:N(다대다)로 설정한다.
- 학생은 과목을 한 개 이상, 즉 여러 과목을 수강 신청할 수 있다. ―|< 과목 의 의미
- 과목은 여러 명의 학생이 수강 신청할 수 있고, 한 명도 수강 신청하지 않아도 된다. 학생 >O― 의 의미

앞의 설명을 통해서 N:N(다대다)의 관계가 어떻게 표현되며, 표현된 N:N의 관계가 의미하는 바를 확인할 수 있다. 만약 학생 개체 쪽의 관계 표현에서 O가 빠지게 되면 "한 과목은 여러 명의 학생이 수강 신청할 수 있다"는 의미가 된다. 학생 개체 쪽의 관계 표현에서 O 대신 | 이 사용되면, "한 과목은 한 명은 반드시 수강 신청할 수 있고, 여러 명의 학생이 수강 신청할 수 있다"는 의미가 된다.

▌[그림 2-15]의 오른쪽 부분에 대한 설명

- 사용자는 고객이 어떤 주문을 했는지 알고 싶어 한다. 그러므로 고객 개체와 주문 개체는 1:N의 관계를 맺는다.
- 고객은 주문을 하지 않아도 되고, 여러 번 주문할 수도 있다. ―O< 주문 의 의미
- 주문은 반드시 한 명의 고객이 있어야 한다. 한 개의 주문에 여러 명의 고객이 있는 경우는 없다. 고객 ―||― 의 의미

- 그렇기에 고객 개체와 주문 개체는 1:N(일대다) 관계를 맺고 있다.

앞의 설명을 통해서 1:N(일대다)의 관계가 어떻게 표현되는지와, 표현된 1:N 관계가 의미하는 바를 확인할 수 있다.

만약 주문 쪽의 O가 없다면, "고객은 주문을 여러 번 할 수 있다"는 의미가 된다. 주문 쪽에 O 대신 |가 들어간다면 "고객은 주문을 한 번은 반드시 해야 하고, 여러 번 주문할 수도 있다"는 의미가 된다.

앞선 설명에서 확실하게 짚고 넘어가야 하는 점으로, **고객이 개발하고자 하는 정보 시스템에 대한 요구 사항을 이야기할 때, 요구 사항의 성격에 따라서 모델링 방법이 달라진다.**

고객이 "우리 시스템은 처음에 로그인한 다음에 메뉴를 보여주어야 한다"는 요구 사항을 주었다면, 3절의 프로세스 모델링 기법 중 DFD를 이용하여 모델링을 해야 한다. 고객이 "우리 백화점은 모든 주문에 고객이 한 명만 있어야 한다. 여러 명이 하나의 주문을 한다면 유인책 점수를 부여하기가 어려워서 허용하지 않는다"는 요구 사항을 주었다면 [그림 2-15]의 오른쪽과 같이 모델링하여야 한다.

이 책은 DBMS 및 데이터 모델링에 대한 내용을 다루며 프로세스 모델링에 대한 내용은 3절에서 간단하게 다루었지만, 프로그램을 개발하기 위해 프로세스와 데이터 여부에 대한 사용자의 요구 사항을 서로 구분하여 모델링한다. 즉, 둘 다 중요하다.

[그림 2-15]는 데이터를 대상으로 하는 'E-R 모델링' 중 '관계 모델링'이다. 관계 모델링은 꼭 필요한 것은 아니며, 사용자가 알고 싶어 하는 데이터가 여러 개체에 흩어져 있을 때 하는 것이다.

관계 모델링에서 중요한 것은 모델링 결과물을 읽는 것이다. 이미 앞에서 [그림 2-15]의 결과물을 어떻게 읽는지 자세하게 설명하였다. 설명을 통해서 1:N, N:N 관계와, 각 관계가 의미하는 바를 파악할 수 있다. 1:1 관계는 많은 속성을 분리하기 위한 것이므로 큰 의미가 있는 것은 아니기에, [그림 2-20]에서 간단하게 설명한다.

5.4   1:N 관계의 작동 원리 및 처리

E-R 모델링 중 관계 모델링을 1:1, 1:N, N:N의 3가지로 나누어 볼 수 있다. 이 중 1:N, N:N의 관계를 어떤 경우에 적용하며, 1:N, N:N으로 모델링된 결과를 보는 방법을 5-3에서 설명하였다.

이번에는 [그림 2-15]의 오른쪽과 같이 1:N의 관계가 설정되었을 때, 어떤 원리로 두 개체에 흩어져 있는 데이터를 조회할 수 있는지 알아보자. [그림 2-16]은 1:N 관계에 대한 예와 개체의 실제 구성 모습이다.

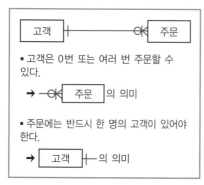

[고객 테이블의 실제 모습]

Customer Number	Customer Name	Shipping Address	Billing Address	Balance Due
A	Minho	JungWon	aaaaaaaaaaaaaaaaa	2016. 12. 12
B	Cho	Univ	bbbbbbbb	2016. 12. 24
C	Tom Cruse	Computer	cccccccccc	2016. 12. 28

[주문 테이블의 실제 모습]

Order Number	Order Date	OrderTotalCost	Customer Number
O1111	2016. 8. 1	2000	A
O2222	2016. 4.5	30000	B
O4432	2015. 12. 23	50000	A
O2345	2014. 5. 5	23000	A
O5689	2015. 3.9	4000	B

1:N 관계에서 1에 속하는 Primary Key를 N에 속하는 테이블에 임의로 넣은 것을 Foreign Key 라고 하며, **이를 기준으로 두 개의 테이블을 연결함으로써 데이터 조회가 가능해진다.**
(예) 주문 번호 O1111을 주문한 고객의 이름을 알 수 있다.

[그림 2-16] 1:N 관계의 예와 개체의 모습

▌[그림 2-16]에 대한 설명

- 고객 개체와 주문 개체는 1:N(일대다) 관계를 맺고 있다.
- 두 개체 간에 1:N 관계를 맺었다는 것은 고객과 주문 개체의 데이터를 동시에 알고 싶어 한다는 의미다. 예로 고객이 여러 번 주문할 수 있는데, 이때 고객별로 주문한 내역을 알고 싶은 경우다.
- 관계를 맺은 두 개체는 RDBMS에 고객 테이블과 주문 테이블로 구현된다.
- 고객 테이블은 'Customer Number', 'Customer Name', 'Shipping Address', 'Billing Address', 'Balance Due' 데이터로 구성된다. 기본 키는 'Customer Number'로 선정하였다. 실제 데이터가 들어간 테이블의 모습을 [그림 2-16]에서 확인할 수 있다.

- 주문 테이블은 'Order Number', 'Order Date', 'OrderTotalCost'로 구성된다. 기본 키는 'Order Number'로 선정하였다. 실제 데이터가 들어간 테이블의 모습을 [그림 2-16]에서 확인할 수 있다.
- RDBMS에 구현된 고객과 주문 테이블을 연결하여 데이터를 얻고자 하는 경우, 두 테이블을 연결하기 위한 별도의 조치가 필요하다.
  1:N의 경우에는 1에 속하는 고객 테이블의 기본 키(Primary Key)인 'Customer Number'를 N에 속하는 주문 테이블에 추가한다. 이때, 주문 테이블에 추가한 'Customer Number'를 외부 키(Foreign Key)라고 한다. **추가된 외부 키를 기준으로 두 테이블의 데이터를 한 번에 조회할 수 있다.** 조회가 가능한 이유는 [그림 2-17]에서 설명한다.
- 관계가 설정된 두 개체가 RDBMS에 구현되어 고객 테이블과 주문 테이블을 형성하게 된다. 이때, 주문 테이블에는 각 주문에 대하여 'Customer Number'가 추가된 것을 확인할 수 있다. 'Customer Number'가 A인 고객은 'Order Number'가 01111, 04432, 02345인 주문을 했음을 확인할 수 있다.

  앞의 설명을 기준으로 했을 때 만약 새로운 주문 01111이 들어온 경우, 프로그램 제작자는 'Order Number', 'Order Date', 'OrderTotalCost'에 값을 추가하는 작업 외에, 'Customer Number'에도 A라는 값을 추가해야 한다. 그래야 고객과 주문 테이블을 연결하여 데이터를 조회할 수 있다. 만약 'Order Number', 'Order Date', 'OrderTotalCost'만 추가했다면 고객 정보와 연계할 수 없다.

  그러므로 별도의 경고가 없어도 1:N 관계를 가지는 테이블 간에 데이터를 추가할 때, 외부 키의 값은 개발자가 추가로 입력해 주어야 한다. **이것이 RDBMS에서 트랜잭션이 필요한 이유 중 하나다.**

  즉, 주문을 추가하는 작업은 아래의 3가지 작업을 마쳐야 끝나게 된다. 이 3가지 작업이 하나의 트랜잭션을 이룬다.

> 첫 번째 작업 : 주문에 대한 정보를 얻는 과정
> 두 번째 작업 : 주문 정보를 주문 테이블에 추가하는 작업
> 세 번째 작업 : 주문한 'Customer Number'를 얻어서 주문 테이블에 추가하는 작업

[그림 2-16]에 대한 설명은 여기까지 하고, 이제 **RDBMS에서 두 개의 테이블을 연결하여 데이터를 조회하는 원리를 설명한다.** [그림 2-17]은 1:N 관계를 맺는 두 테이블 간의 데이터 조작을 위해 임시 테이블을 만드는 과정이다.

Customer Number	Customer Name	Shipping Address	Billing Address	Balance Due	Order Number	Order Date	Order Total Cost
A	Minho	JungWon	aaaaaaaaaaaaaaaa	2016. 12. 12	O111	2016. 8. 1	20000
A	Minho	JungWon	aaaaaaaaaaaaaaaa	2016. 12. 12	04432	2015. 12. 23	50000
A	Minho	JungWon	aaaaaaaaaaaaaaaa	2016. 12. 12	O5689	2015. 3.9	23000
B	Cho	Univ	bbbbbbbb	2016. 12. 24	O2222	2016. 4.5	30000
B	Cho	Univ	bbbbbbbb	2016. 12. 24	O5689	2015. 3.9	4000
C	Tom Cruse	Computer	cccccccc	2016. 12. 28			

Customer Number	Customer Name	Shipping Address	Billing Address	Balance Due
A	Minho	JungWon	aaaaaaaaaaaaaaaa	2016. 12. 12
B	Cho	Univ	bbbbbbbb	2016. 12. 24
C	Tom Cruse	Computer	cccccccc	2016. 12. 28

Order Number	Order Date	OrderTotalCost	Customer Number
O1111	2016. 8. 1	2000	A
O2222	2016. 4.5	30000	B
O4432	2015. 12. 23	50000	A
O2345	2014. 5. 5	23000	A
O5689	2015. 3.9	4000	B

[그림 2-17] 1:N 관계의 예와 통합 조작의 모습

[그림 2-17]은 고객 테이블과 주문 테이블이 1:N의 관계에 기준하여 만들어진 상태에 있다고 가정한다. 즉, 주문 테이블에 외부 키가 추가된 상태다. 이 상태에서 사용자가 "A 고객이 주문한 주문 번호와 고객 이름을 알고 싶다"는 SQL 문을 만들어 RDBMS에 전달하면, RDBMS는 고객 테이블과 주문 테이블을 메모리에 올려서 [그림 2-17]의 상단에 있는 합성 테이블을 생성하게 된다. 생성된 합성 테이블을 이용하여 고객 이름, 주문 번호에 대한 데이터를 얻어서 사용자에게 제공하면 합성 테이블은 삭제된다.

합성 테이블을 살펴보면 고객/주문 테이블을 합쳐서 생성하기 때문에 A 고객이 3번 주문한 경우, 합성 테이블에는 A 고객의 정보가 3번 중복된다. 이 점을 염두에 두고 고객과 주문 테이블의 행이 수억 개로 늘어나는 경우를 생각해보면, 사용자의 데이터 요청에 따라 만들어지는 합성 테이블은 크기가 엄청나게 늘어나는 것을 쉽게 짐작할 수 있으며, 반복되는 자료도 많이 발생하게 된다.

중요한 점은 합성 테이블이 만들어진 후에 데이터에 대한 처리가 일어나는데, 합성 테이블을 만드는 시간이 길어질수록 데이터를 얻기 위해 걸리는 시간이 길어지므로 성능이 저하된다. 만약 사용자가 요구한 자료가 3개의 테이블에 흩어져 있고, 각 테이블이 천만 개의 행을 가진다고 생각해보면, 데이터 조회를 위해 만들어지는 합성 테이블의 크기는 짐작하기 어려울 정도로 커질 것이다. 당연히, 원하는 데이터를 얻기 위해 많은 시간이 필요하다(=성능이 현저히 저하된다).

RDBMS는 여러 테이블이 관계를 맺을 때 합성 테이블을 임시로 생성한 후에 데이터 조회를 수행하므로 성능이 저하된다. 따라서 RDBMS에서 테이블을 정의할 때, 가능하면 관계를 적게 맺는 방향으로 정의하도록 한다. 관계를 맺어야 하는 상황이라면, 두 테이블 간의 관계로 사용자의 질문이 해결될 수 있도록 해야 한다. 사용자의 질문에 3테이블 또는 4테이블 간의 관계가 필요하다면 RDBMS의 성능은 보장할 수 없다.

그렇기에 중역 정보 시스템과 같이 복잡한 조건의 데이터를 요구하면서 빠른 성능을 원하는 시스템에서는 테이블 하나에 모든 데이터를 모아서 RDBMS를 구성한다. RDBMS가 모든 데이터를 가지는 하나의 테이블로 구성된다면, 합성 테이블을 만들지 않으므로 데이터를 검색할 때 성능이 좋아질 것이다. 하지만 데이터 입력 시에 중복되는 데이터를 개발자나 운영자가 확인하여 넣어주어야 하며, 당연히 반복되는 데이터로 디스크 공간이 낭비될 것이다. 즉, **데이터베이스를 운영하면서 성능과 디스크 낭비 중 무엇을 선택하느냐가 시스템을 구성하는 중요 요소가 된다.**

5.5 N:N 관계의 작동 원리 및 처리

E-R 모델링 중 관계 모델링은 1:1, 1:N, N:N의 3가지로 나누어 볼 수 있다. 이 중 1:N 관계가 어떤 경우에 적용되는지 여부와, 1:N으로 모델링된 결과를 보는 방법을 5-3에서 설명하였다.

이번에는 [그림 2-15]의 왼쪽 또는 [그림 2-18]과 같이 N:N 관계가 설정되었을 때, 두 개체에 흩어져 있는 데이터를 조회하려면 어떻게 해야 하는지 알아보자.

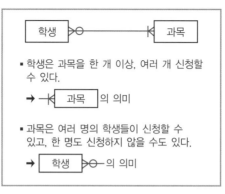

[그림 2-18] N:N 관계의 예와 의미

[그림 2-18]은 "학생은 여러 과목을 신청할 수 있고, 한 과목은 여러 학생의 신청을 받을 수 있다"는 사용자의 요구 사항에 의해 그려진 것이다. 이렇게 완성된 관계 모델링을 물리적인 테이블로 구현하고자 하는 경우, 어떻게 해야 하는지 그 방법을 [그림 2-19]에 정리하였다.

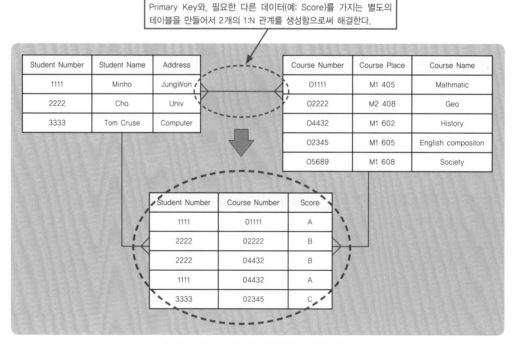

[그림 2-19] N:N 관계의 예와 통합 조작의 모습

▌[그림 2-19]에 대한 설명

- 학생 개체와 과목 개체로 각각 학생 테이블과 과목 테이블을 생성하였다.
- 학생 테이블과 과목 테이블은 N:N(다대다) 관계를 맺고 있다. 즉, 학생은 여러 과목을 들을 수 있고, 한 과목을 여러 학생이 신청할 수 있다.
- "A 학생이 무슨 과목을 수강했는가?"와 같은 사용자의 질문에 답하려면 학생 테이블과 과목 테이블을 연계하는 합성 테이블을 만들어야 한다. 그런데 N:N 관계에서는 합성 테이블을 만들기 위하여 어느 테이블의 기본 키를 선택해야 하는지 여부가 불명확하다.
  그렇기에 N:N 관계의 경우에는 양쪽 테이블의 기본 키로 새로운 테이블을 생성한다. 그리고 두 개의 키에 종속적인 데이터가 있다면 새로 만든 테이블에 위치시킨다.
- 중간에 있는 테이블은 학생 개체와 과목 개체의 기본 키(Primary Key)로 구성된 테이블이며, 성적은 학생/과목 개체에 종속적이므로 중간 테이블에 있다. 중간 테이블을 보면 1111 학생은 01111, 04432 과목을 수강했고, 04432 과목은 1111, 2222 학생이 수강 신청했다는 것을 알 수 있다.
- 학생 테이블과 중간 테이블은 1:N 관계를 맺는다. 따라서 학생 테이블의 기본 키가 중간 테이블에 있다.
  과목 테이블과 중간 테이블은 1:N 관계를 맺는다. 따라서 과목 테이블의 기본 키가 중간 테이블에 있다. 이와 같은 관계를 통해, 두 개의 테이블 데이터를 조회하는 경우 [그림 2-15]와 같은 방식으로 합성 테이블을 만들 수 있다. 예를 들어 "Minho 학생이 수강한 과목의 이름은 무엇인가?" 같은 요구 사항을 처리하려면 아래 순서에 따라 처리하면 된다(실제 RDBMS에서는 좀 더 효과적인 방법으로 처리하지만, N:N 관계에서 자료를 찾는 과정과 개념을 이해하기 위하여 간단하게 순서를 정리하였다).

  ① 학생 테이블에서 Minho 학생의 학번을 찾는다. 학번은 1111이다.
  ② 1111 학번이 수강한 과목의 과목 번호를 찾는다. 01111, 04432 과목이다.
  ③ 01111, 04432 과목의 과목명을 과목 테이블에서 찾는다.
  ④ 찾은 데이터를 전달한다.

여기까지 **RDBMS에서의 개체 모델링과 관계 모델링의 방법과 의미, 그리고 결과를 읽는 법을 설명하였다.** 주요 내용을 요약하면 다음과 같다.

개체 모델링은 개체(Entity)와 속성(Attribute)으로 이루어진다. 먼저 개체를 대표하는 기본 키를 선정해야 하며, 이 과정이 가장 중요하다. 그다음 사용자가 원하는 데이터가 개체 모델링 결과에서 둘 이상의 개체에 있는 경우에는, 해당하는 개체 간에 관계를 맺어주어야 한다. 이것을 **관계 모델링**이라고 한다.

관계 모델링은 1:1, 1:N, N:N의 3가지 경우가 있다. 1:1은 개체 모델링을 수행한 결과 하나의 개체에 속하는 속성이 너무 많은 경우, 테이블을 구성할 때 속성을 분리하기 위함이다. 예를 들어 User 개체에 속하는 속성이 너무 많다면, User 테이블을 구축할 때 테이블에 있는 속성 중에서 관련 있는 속성들을 별도의 개체로 묶어서 분리하고, 별도의 속성으로 분리된 테이블과 연결하도록 구성할 수 있다. [그림 2-20]의 경우 User 개체에 속성이 너무 많기에 휴대전화와 관련된 속성을 분리하여 1:1 관계로 구성하였고, 분리된 Phone 테이블은 User 테이블의 Phone_ID에 의해 연결된다.

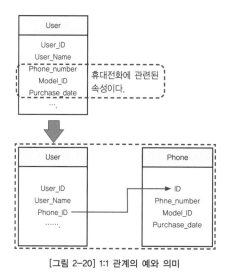

[그림 2-20] 1:1 관계의 예와 의미

1:N은 1에 해당하는 테이블의 기본 키를 N에 해당하는 테이블에 추가함으로써 사용자가 두 개의 테이블에 있는 데이터를 원하는 경우, 추가된 기본 키를 이용하여 두 개의 테이블을 합성하는 테이블을 만들고, 이를 이용하여 사용자에게 데이터를 제공할 수 있다.

N:N은 양쪽 테이블의 기본 키로 별도의 테이블을 만들고, 이를 이용하여 두 테이블에 있는 데이터를 원하는 사용자의 요청을 해결할 수 있다. 이때, 생성된 별도의 테이블과 양쪽 테이블이 1:N 관계를 가지게 되므로 앞에서 설명한 1:N과 같은 원리로 합성 테이블을 구성하고, 이를 이용하여 자료를 찾을 수 있다.

06 E-R 모델링 제작의 단계별 분석

6.1 E-R 모델링 제작

앞에서 E-R 모델링을 제작하는 과정에서 필요한 개체, 속성, 관계에 대한 내용을 공부하였다. 이번에는 실제 E-R 모델링을 제작하는 과정을 단계별로 설명한다. 이 과정을 통하여 실무에서 E-R 모델링을 제작하는 과정을 파악하고 개체, 속성, 관계를 어떻게 적용하는지 알 수 있다.

E-R 모델링의 제작에 앞서 다시 강조하는 것은, 프로그램 제작을 위해서는 프로그램이 다루는 데이터를 조직화하는 E-R 모델링 외에 프로그램이 수행되는 과정과 수행 단위인 모듈을 모델링하는 작업이 같이 진행되어야 한다는 점이다.

사용자의 요구 사항이 데이터에 대한 것이면 E-R 모델링을 적용하고, 처리 순서에 대한 것이면 구조적 모델링에서 사용하는 DFD를 적용해야 한다. 뒤쪽에 나오는 예는 데이터에 대한 것만을 다루게 된다.

E-R 모델링의 제작 과정을 설명하고자 다음과 같은 상황을 가정한다. E-R 모델링은 개체 (Entity)를 중심으로 진행하며, 각 개체를 구성하는 속성은 추후 고객의 의견이나 다른 자료를 참고하여 확정한다.

▌E-R 모델링 제작을 위한 상황

백화점에서 운영 시스템을 개발하고자 한다. 그래서 조현영 컨설턴트가 백화점을 방문하여 사용자와 개발해야 하는 시스템이 가져야 하는 특성에 관하여 이야기한다. 고객의 의견 중 데이터가 가져야 하는 특성으로 E-R 모델링하고, 결과를 고객과 검토하면서 고객의 의견이 정확하게 반영되었는지 확인한다.

▌1번 모델링의 결과

사용자가 조현영 컨설턴트에게 이야기한 특성은 다음과 같다(데이터 특성임을 기억하라. 처리 절차에 대한 특성은 여기에서 고려하지 않는다).

- 회원은 주문을 하지 않아도 되고, 여러 번 할 수도 있다.
- 주문은 반드시 회원이 해야 한다.

앞의 특성을 듣고, 조현영 컨설턴트는 [그림 2-21]과 같이 모델링을 수행하였다.

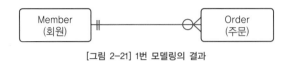

[그림 2-21] 1번 모델링의 결과

[그림 2-21]을 읽어보면 다음 의미를 파악할 수 있다.

- 시스템이 다루는 데이터는 회원과 주문에 대한 것이다.
- 회원에 대한 데이터를 묶어서 회원(Member) 개체를 선언한다.
- 주문에 대한 데이터를 묶어서 주문(Order) 개체를 선언한다.
- 실무자가 이야기한 특성을 고려할 때, 회원 개체와 주문 개체는 관련이 있다.
- 회원은 주문하지 않아도 되고, 여러 번 주문할 수도 있다.
- 주문은 반드시 회원이 해야 한다.

조현영 컨설턴트는 사용자의 의견을 기반으로 [그림 2-21]과 같이 모델링하였다. 모델링 결과를 사용자와 읽어보면서, 사용자의 의도가 정확하게 반영되었는지 확인한다. 확인이 끝나면 추가적인 요구 사항을 받는다.

▌2번 모델링의 결과

1번 모델링 검토가 끝난 후, 사용자가 조현영 컨설턴트에게 이야기한 추가 특성은 다음과 같다 (데이터 특성임을 기억하라. 처리 절차에 대한 특성은 여기에서 고려하지 않는다).

- 주문은 한 개 이상, 여러 개의 제품을 가질 수 있다.
- 한 제품은 주문에 여러 번 포함될 수도 있고, 포함되지 않을 수도 있다.

앞의 특성을 듣고, 조현영 컨설턴트는 기존 모델링 결과에 새로운 특성을 추가하여 [그림 2-22] 와 같이 모델링을 수행하였다.

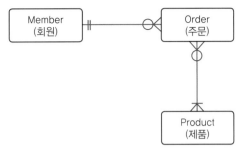

[그림 2-22] 2번 모델링의 결과

[그림 2-22]를 읽어보면 다음 의미를 파악할 수 있다.

- 제품에 대한 데이터를 묶어서 제품(Product) 개체를 선언한다.
- 실무자가 이야기한 특성을 고려할 때, 제품 개체와 주문 개체는 관련이 있다.
- 주문 시에는 반드시 한 개 이상의 제품이 있어야 한다. 제품을 포함하지 않는 가짜 주문은 존재할 수 없다.
- 제품은 주문에 포함되지 않을 수도 있고, 여러 개 포함될 수 있다.

조현영 컨설턴트는 사용자의 의견을 기반으로 [그림 2-22]와 같이 모델링하였다. 모델링 결과를 사용자와 읽어보면서, 사용자의 의도가 정확하게 반영되었는지 확인한다. 확인이 끝나면 추가적인 요구 사항을 받는다.

▌3번 모델링의 결과

2번 모델링 검토가 끝난 후, 사용자가 조현영 컨설턴트에게 이야기한 추가 특성은 다음과 같다 (데이터 특성임을 기억하라. 처리 절차에 대한 특성은 여기에서 고려하지 않는다).

- 제품은 세일 행사에 포함되지 않을 수도 있고, 여러 개 포함될 수 있다.
- 세일 행사에는 반드시 한 개 이상의 제품이 포함되어야 한다.

앞의 특성을 듣고, 조현영 컨설턴트는 기존 모델링 결과에 새로운 특성을 추가하여 [그림 2-23] 과 같이 모델링을 수행하였다.

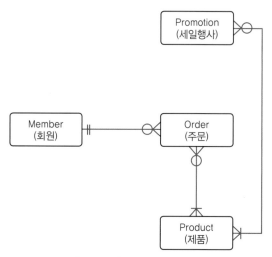

[그림 2-23] 3번 모델링의 결과

[그림 2-23]을 읽어보면 다음 의미를 파악할 수 있다.

- 세일 행사에 대한 데이터를 묶어서 세일 행사(Promotion) 개체를 선언한다.
- 실무자가 이야기한 특성을 고려할 때, 제품 개체와 세일 행사 개체는 관련이 있다.
- 세일 행사를 할 때 반드시 한 개 이상의 제품이 있어야 한다.
- 제품은 세일 행사에 포함되지 않을 수도 있고, 여러 개 포함될 수 있다.

조현영 컨설턴트는 사용자의 의견을 기반으로 [그림 2-23]과 같이 모델링하였다. 모델링 결과를 사용자와 읽어보면서, 사용자의 의도가 정확하게 반영되었는지 확인한다. 확인이 끝나면 추가적인 요구 사항을 받는다.

▌4번 모델링의 결과

3번 모델링 검토가 끝난 후, 사용자가 조현영 컨설턴트에게 이야기한 추가 특성은 다음과 같다 (데이터 특성임을 기억하라. 처리 절차에 대한 특성은 여기에서 고려하지 않는다).

- 세일 행사 시행 시 주문은 한 개 이상, 여러 개 발생한다.
- 세일 행사 시행 시에 주문은 발생하지 않거나, 한 번만 발생한다.
  (주문은 회원만이 할 수 있다. 회원은 세일 행사에서 한 번만 주문할 수 있다)

앞의 특성을 듣고, 조현영 컨설턴트는 기존 모델링 결과에 새로운 특성을 추가하여 [그림 2-24]와 같이 모델링을 수행하였다.

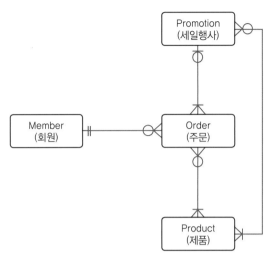
[그림 2-24] 4번 모델링의 결과

[그림 2-24]를 읽어보면 다음 의미를 파악할 수 있다.

• 추가적인 개체의 선언은 없다.
• 실무자가 이야기한 특성을 고려할 때, 주문 개체와 세일행사 개체는 관련이 있다.
• 세일 행사는 반드시 한 개 이상의 주문이 있어야 한다.
• 세일 행사 때 주문할 경우 한 번만 한다.

조현영 컨설턴트는 사용자의 의견을 기반으로 [그림 2-24]와 같이 모델링하였다. 모델링 결과를 사용자와 읽어보면서, 사용자의 의도가 정확하게 반영되었는지 확인한다. 확인이 끝나면 추가적인 요구 사항을 받는다.

▎5번 모델링의 결과

4번 모델링 검토가 끝난 후, 사용자가 조현영 컨설턴트에게 이야기한 추가 특성은 다음과 같다 (데이터 특성임을 기억하라. 처리 절차에 대한 특성은 여기에서 고려하지 않는다).

• 회원은 반드시 신청서를 작성해야 한다.
• 각 신청서는 한 명 이상의 회원이 추천인으로 포함되어야 한다.

앞의 특성을 듣고, 조현영 컨설턴트는 기존 모델링 결과에 새로운 특성을 추가하여 [그림 2-25]와 같이 모델링을 수행하였다.

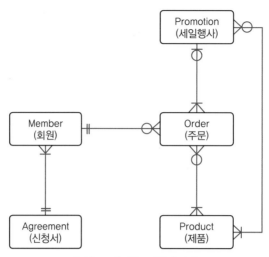

[그림 2-25] 5번 모델링의 결과

[그림 2-25]를 읽어보면 다음 의미를 파악할 수 있다.

- 신청서와 관련된 속성을 모아 신청서(Agreement) 개체를 선언한다.
- 실무자가 이야기한 특성을 고려할 때, 신청서 개체와 회원 개체는 관련이 있다.
- 회원은 반드시 신청서를 작성해야 한다.
- 신청서에는 한 명 이상의 회원이 포함되어야 한다.

조현영 컨설턴트는 사용자의 의견을 기반으로 [그림 2-25]와 같이 모델링하였다. 모델링 결과를 사용자와 읽어보면서, 사용자의 의도가 정확하게 반영되었는지 확인한다. 확인이 끝나면 추가적인 요구 사항을 받는다.

1번에서 5번까지 수행하는 작업을 살펴보면, 컨설턴트가 사용자로부터 개발해야 하는 시스템이 다루어야 하는 데이터와 데이터 간의 연관성에 대한 의견을 받고 하나씩 모델을 만들어가는 과정을 볼 수 있다. 실무에서는 더 많은 요구 사항이 있으므로 E-R 모델링 결과는 예시보다 복잡해지겠지만 근본적인 원리는 바뀌지 않는다. 한 단계씩 진행하다 보면 전체 시스템에 대한 E-R 모델링을 마칠 수 있을 것이다. 지면 관계상 E-R 모델링 수행 과정은 여기까지 한다. 1번부터 5번까지 보여준 사례를 통해 E-R 모델링의 원리와 수행 과정을 이해하였을 것이다. 이제 다음 단계로 넘어가도록 하자.

6.2   E-R 모델링 결과 읽기

앞에서 사례를 통해 E-R 모델링 수행 과정을 공부하였다. 하지만 대부분은 E-R 모델링을 처음부터 수행하기보단 기존에 수행한 결과를 분석하고, 이에 추가적인 모델링을 수행하는 경우가 많다. E-R 모델링은 모형화하는 작업만큼이나 모델링 결과를 읽는 능력도 중요하다.

E-R 모델링 결과를 읽는 요령을 배우기 위하여 E-R 모델링 결과를 실제로 읽어보자. [그림 2-26]은 이를 위한 예시다.

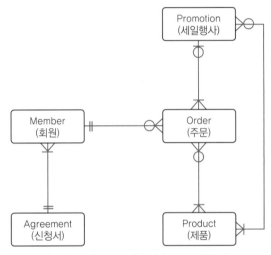

[그림 2-26] E-R 모델링 결과 분석을 위한 예

[그림 2-26]은 많이 본 E-R 모델링 결과다. 이미 독자의 눈에 익은 모델링 결과이므로 모델링 결과를 읽어서 사용자가 어떤 요구 사항을 이야기했는지 확인해보자. 결과를 확인하고 싶다면 앞의 사용자 요구 사항을 참조하자.

다시 강조하지만 **E-R 모델링 결과를 보고 의미를 파악할 수 있다면, E-R 모델링 작업도 할 수 있게 된다.** 그러나 E-R 모델링 결과를 보고 그 의미를 파악할 수 없다면 아무것도 할 수 없다. 어쩌면 E-R 모델링을 제작하는 것보다 결과를 읽는 능력이 더 중요하다고 할 수 있다. [그림 2-26]의 결과를 차분하게 읽어보기 바란다.

07 E-R 모델링 결과의 보완

7.1 E-R 모델링 구조의 개선

우리의 목표는 E-R 모델링 결과를 RDBMS에서 테이블 형태로 구성하는 것이다. 즉, 사용자의 요구 사항에 따라 필요한 데이터를 정리하고, 정리된 데이터 중에서 서로 연관된 데이터를 묶어서 개체로 선언한 다음, 개체 간의 연관이 필요한지 여부를 사용자의 요구 사항을 통해 확인해야 한다.

개체가 정의되고, 개체별로 속성이 설정된 후에는 관계에 대한 추가적인 작업을 수행해야 한다. 특정 개체가 너무 많은 속성을 가지면 연관된 일부 속성을 분리하여 1:1 관계가 되도록 구성할 필요가 있다. [그림 2-20]을 참고한다.

특정 개체 간의 관계가 1:N인 경우, 테이블을 생성할 때 1의 위치에 있는 개체의 기본 키를 N의 위치에 있는 개체에 추가하면 된다. 그러므로 E-R 모델링 구조 개선에서 특별하게 조치할 것은 없다.

특정 개체 간의 관계가 N:N인 경우, 양쪽 개체의 기본 키를 포함하는 별도의 개체를 만들고, 두 키에 종속적인 데이터를 위치시키는 작업을 수행해야 한다.

모델링 구조의 개선을 위한 내용을 이해하였으면, [그림 2-26]에 있는 E-R 모델링 결과에서 개선할 부분을 확인해보면 다음과 같다.

- 주문 개체와 제품 개체가 N:N 관계이므로, 양쪽 기본 키를 가지는 별도의 개체를 선언하고 N:N을 1:N으로 바꾸어야 한다.
- 제품 개체와 세일 행사 개체가 N:N 관계이므로, 양쪽 기본 키를 가지는 별도의 개체를 선언하고 N:N을 1:N으로 바꾸어야 한다.
- 제품 개체가 속성을 너무 많이 가지고 있다면 이를 1:1로 분리해야 한다. 이를 분리하지 않으면 제품과 연관된 데이터를 조회할 경우, 생성되는 합성 테이블의 크기가 너무 커져서 성능이 저하된다.
- 이외 나머지 부분은 1:N 관계이므로 추가 작업이 필요하지 않다.

개선할 부분을 확인했다면 먼저 N:N 관계를 가지는 데이터를 처리한다. 두 개체 사이에 중간 개체를 생성함으로써 1:N으로 변환한 결과는 [그림 2-27]과 같다.

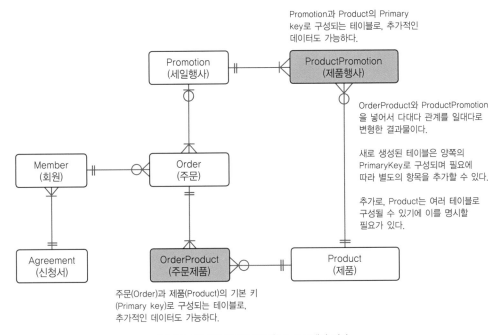

[그림 2-27] N:N 관계를 개선한 E-R 모델링 결과

[그림 2-27]에서 OrderProduct 개체와 ProductPromotion 개체가 추가되었고, N:N 관계가 없어졌다.

- 주문 개체와 제품 개체 간의 N:N 관계가 주문 개체와 주문 제품 개체 간의 1:N 관계와, 제품 개체와 주문 제품 개체 간의 1:N 관계로 바뀌었다. 주문 제품 개체는 주문과 제품의 기본 키로 구성되며, 주문과 제품의 기본 키에 속하는 데이터를 가진다.
- 세일 행사 개체와 제품 개체 간의 N:N 관계가 세일 행사 개체와 제품 행사 개체 간의 1:N 관계와, 제품 개체와 제품행사 개체 간의 1:N 관계로 바뀌었다. 제품 행사 개체는 세일 행사와 제품의 기본 키로 구성되며, 세일 행사와 제품의 기본 키에 속하는 데이터를 가진다.

앞의 과정을 거쳐서 수정된 E-R 모델은 1:1 또는 1:N으로만 구성되어 있기에 RDBMS의 테이블로 변환하면 된다. 확인된 개선 부분 중에서 제품 개체의 경우, 속성이 많아서 성능 저하가 우려되므로 이를 1:1로 변경한 결과는 [그림 2-28]과 같다.

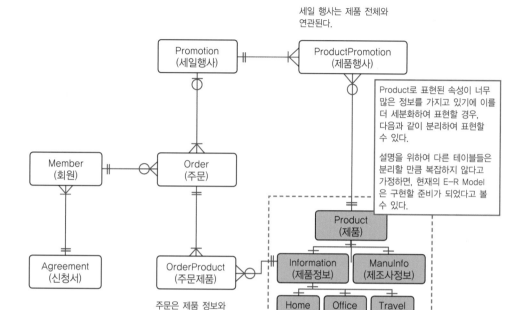

[그림 2-28] 속성이 많은 개체를 개선한 E-R 모델링 결과

[그림 2-28]은 제품 개체 속성의 연관성을 기준으로 '제품', '제품정보', '제조사정보', 'Home', 'Office', 'Travel' 등 6개로 분리하였다. 그리고 주문 제품 개체는 제품 정보 개체와 연결하고, 제품 행사 개체는 제품 개체와 연결하였다.

이렇게 함으로써 주문과 제품을 연결해야 하는 경우 만들어지는 합성 테이블은 주문과 제품 정보 속성만을 이용하여 생성되므로, 제품 개체의 전체 속성을 포함하여 생성되는 합성 테이블보다 생성하는 시간이 줄어들며 성능이 향상된다.

여기까지 고객의 데이터에 대한 요구 사항을 기반으로 E-R 모델링을 수행하였다. 이제 만들어진 결과를 RDBMS에 테이블로 구성하기 전에 모델링 결과를 다듬는 과정이 필요하다. 구체적으로 모델링에 포함된 각 개체의 속성을 최종 결정하여야 한다. 이 과정을 완료해야 테이블로 변환할 수 있다.

7.2 E-R 모델링 속성의 설정

E-R 모델링 결과를 1:N 또는 1:1 관계만 가지도록 개선한 후에는 개체에 들어갈 속성을 최종적으로 확정하는 작업을 수행한다. 7-1 과정에서 할 수도 있지만, 7-1 과정은 개체와 관계에 중점을 두고 진행한다. 일반적으로 속성은 개체와 관계의 보완 작업을 마친 후, 최종 속성 항목을 확정한다.

속성의 확정을 위해서는 사전에 들은 고객의 요구 사항을 E-R 모델링할 때, 정리한 속성 항목이 시작점이 된다. 여기에 **추가로 필요한 항목이 있다면 보완하면 된다. 대표적인 경우가 데이터가 아닌 프로그램 운영을 위해 필요한 속성 추가 작업이 될 것이다.**

이해를 돕고자, 읽고 처리한 데이터와 그렇지 않은 데이터를 구분하기 위하여 별도의 속성을 넣었다. 추가된 속성이 T면 처리한 것이고, F면 처리하지 않은 것으로 식별할 수 있다. 이러한 속성은 프로그램을 개발하면서 필요한 경우 추가될 수 있다. **프로그램 운영을 위해 필요한 속성이 데이터 속성보다 많아지는 경우가 많이 발생할 정도로 속성은 필수적인 요소다.**

앞에서 설명한 추가적인 속성은 프로그램 개발에 관한 내용이므로, 지금 단계에서는 여기까지만 설명한다. 이외에, 관계 때문에 추가해야 하는 속성도 있다. [그림 2-29]를 통해 이 부분이 어떻게 수행되는지 파악해보자.

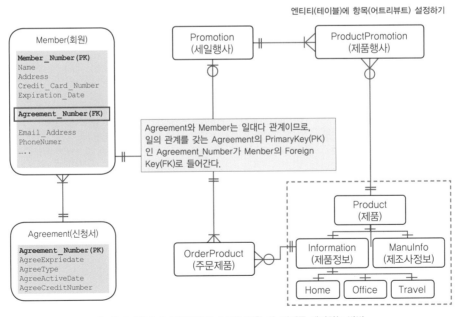

[그림 2-29] E-R 모델링에서 속성을 정할 때, 관계를 배려하는 방법

[그림 2-29]를 보면 회원 개체와 신청서 개체가 N:1 관계를 맺는다. 그러므로 속성을 설정할 때 다음과 같은 순서로 결정하게 된다.

- 사용자의 요구 사항에 의해 확인된 신청서 개체의 속성을 신청서 개체에 설정한다. 요구 사항에 맞게 'Agreement_Number', 'AgreeExpriedate', 'AgreeType', 'AgreeActiveDate', 'AgreeCreditNumber'를 확정하였다. 이때 신청서 개체의 기본 키(Primary Key)로 'Agreement Number'를 선정한다.
- 사용자의 요구 사항에 의해 확인된 회원 개체의 속성을 회원 개체에 설정한다. 요구 사항에 맞게 'Member_Number', 'Name', 'Address', 'Credit_Card_Number', 'Expiration_Date', 'Email_Address', 'PhoneNumber' 등을 확정하였다. 이때 회원 개체의 기본 키(Primary Key)로 'Member_Number'를 선정한다.
- **신청서 개체와 회원 개체는 1:N 관계에 있으므로, 1에 속하는 신청서 개체의 기본 키(Primary Key)인 'Agreement_Number'를 회원 개체의 속성으로 포함시킨다. 이는 외부 키(Foreign Key, FK)가 되며, 향후 회원 개체와 신청서 개체를 연결하는 데이터를 조회하는 작업을 처리할 때 사용하게 된다.**

[그림 2-29]에서 수행한 작업을 다른 개체에도 적용해보자.

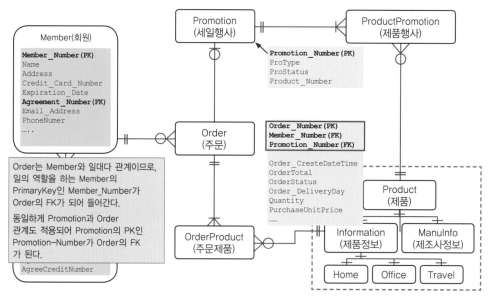

[그림 2-30] E-R 모델링에서 속성을 정할 때, 관계를 배려하는 방법

[그림 2-30]을 보면 회원 개체와 주문 개체가 1:N 관계를 맺으며, 주문 개체와 세일 행사 개체가 N:1 관계를 맺는다. 그러므로 속성을 설정할 때 다음과 같은 순서로 결정하게 된다.

1. 사용자의 요구 사항에 의해 확인된 회원 개체의 속성을 회원 개체에 설정한다.
   요구 사항에 맞게 'Member_Number', 'Name', 'Address', 'Credit_Card_Number', 'Expiration_Date', 'Email_Address', 'PhoneNumber' 등을 확정하였다. 이때 회원 개체의 기본 키(Primary Key)로 'Member_Number'를 선정한다. → 앞에서 이미 수행한 내용이다.

2. 사용자의 요구 사항에 의해 확인된 주문 개체의 속성을 주문 개체에 설정한다. 요구 사항에 맞게 'Order_Number', 'Order_cresteDateTime', 'OrderTotal', 'OrderStatus', 'Order_DeliveryDay', 'Quantity', 'PurchaseUnitPrice'를 확정하였다. 이때 주문 개체의 기본 키(Primary Key)로 'Order_Number'를 선정한다.

3. 사용자의 요구 사항에 의해 확인된 세일 행사 개체의 속성을 세일 행사 개체에 설정한다. 요구 사항에 맞게 'Promotion_Number', 'ProType', 'ProStatus', 'Product_Number'를 확정하였다. 이때 세일 행사 개체의 기본 키(Primary Key)로 'Promotion_Number'를 선정한다.

4. 회원 개체와 주문 개체는 1:N 관계가 있으므로, 1에 속하는 회원 개체의 기본 키(Primary Key)인 'Member_Number'를 주문 개체의 속성으로 포함시킨다. 이때 'Member_Number'는 외부 키(Foreign Key, FK)가 된다.

5. 세일 행사 개체와 주문 개체는 1:N 관계가 있으므로, 1에 속하는 세일 행사 개체의 기본 키(Primary Key)인 'Promotion_Number'를 주문 개체의 속성으로 포함시킨다. 이때 'Promotion_Number'는 외부 키(Foreign Key, FK)가 된다.

6. 결론적으로 주문 개체는 기존에 설정된 'Order_Number', 'Order_cresteDateTime', 'OrderTotal', 'OrderStatus', 'Order_DeliveryDay', 'Quantity', 'PurchaseUnitPrice' 외에 'Member_Number'와 'Promotion_Number'를 추가로 가지게 된다.

[그림 2-29]와 [그림 2-30]은 보완된 E-R 모델링 결과에 관계를 고려한 속성을 최종 설정하는 절차를 보여준다. 독자들의 이해를 위하여 반복되는 과정 중에서 약간 특이한 경우를 추가로 [그림 2-31]에 제시하였다.

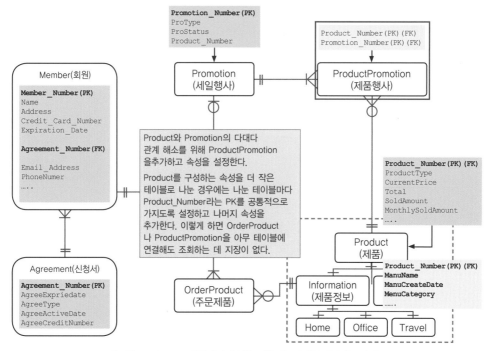

[그림 2-31] E-R 모델링에서 속성을 정할 때, 관계를 배려하는 방법

[그림 2-31]을 보면 세일 행사 개체와 제품 개체는 N:N 관계다. 이를 해소하기 위하여 중간에 제품 행사 개체를 넣음으로써 양쪽으로 1:N 관계를 만들었다. 그러므로 속성을 설정할 때 다음과 같은 순서로 결정하게 된다.

1. 사용자의 요구 사항에 의해 확인된 세일 행사 개체의 속성을 세일 행사 개체에 설정한다. 요구 사항에 맞게 'Promotion_Number', 'ProType', 'ProStatus', 'Product_Number'를 확정하였다. 이때 세일 행사 개체의 기본 키(Primary Key)로 'Promotion_Number'를 선정한다.

2. 사용자의 요구 사항에 의해 확인된 제품 개체의 속성을 제품 개체에 설정한다. 요구 사항에 맞게 'Product_Number', 'ProductType', 'CurrentPrice', 'Total', 'SoldAmount', 'MonthlySoldAmount' 등을 확정하였다. 이때 제품 개체의 기본 키(Primary Key)로 'Product_Number'를 선정한다.

3. 세일 행사 개체와 제품 개체 간의 N:N 관계를 해소하기 위해 중간에 제품 행사(Product Promotion) 개체를 넣는다.

4. 세일 행사 개체와 제품 행사 개체는 1:N 관계가 있으므로, 1에 속하는 세일 행사 개체의 기본 키(Primary Key)인 'Promotion_Number'를 제품 행사 개체의 속성으로 포함시킨다. 이때 'Promotion_Number'는 외부 키(Foreign Key, FK)가 된다.

5. 제품 개체와 제품 행사 개체는 1:N 관계가 있으므로 1에 속하는 제품 개체의 기본 키(Primary Key)인 'Product_Number'를 제품 행사 개체의 속성으로 포함시킨다. 이때 'Product_Number'는 외부 키(Foreign Key, FK)가 된다.

6. 추가로 제품 개체의 속성이 너무 많기에 연관성을 기준으로 속성을 '제품', '제품정보', '제조사정보', 'Home', 'Office', 'Travel'의 6개로 분리하였는데, 그중 '제조사정보' 개체에 대한 속성은 'ManuName', 'ManuCreateDate', 'MenuCategory' 등으로 설정한다. 이때, 제품 개체와 제조사정보 개체는 1:1 관계에 있으므로 제조사정보 개체가 제품 개체의 기본 키인 'Product_Number'를 외부 키로 가지게 된다. 그러므로 필요한 경우 'Product_Number'를 기준으로 연관된 정보를 조회할 수 있다.

여기까지 E-R 모델링을 하는 과정을 단계별로 설명하였다. 예시 예에서 주문 제품 개체에 대한 부분은 별도로 설명하지 않았다. 제품 행사 개체와 동일한 작업을 수행하므로, 과정을 이해하는 데는 문제가 없을 것이다.

한 가지 더 강조할 점은 데이터 중에서 '세일 행사 때 팔린 제품'에 대한 부분은 제품 행사 개체에 저장되어야 한다는 것이다. 왜냐하면 해당 데이터는 세일 행사와 제품을 합한 데이터에 종속적이기 때문이다. 그러므로 분석을 수행하면서 관리해야 하는 데이터가 어떤 개체에 포함되는지를 정확하게 살펴야 한다. 주문 제품 개체의 경우에도 동일하게 적용되므로 주문 제품 개체에 종속적인 데이터는 주문 제품 개체에 저장해야 한다. 앞선 단계를 통해 분석을 마치면 결과가 RDBMS의 테이블로 변환된다.

7.3 E-R 모델링 결과의 정리

이제 E-R 모델링을 수행하는 과정에 대한 내용을 정리해본다. 처음 공부하는 경우, 다소 복잡해 보이지만 원리를 알면 지극히 단순하고 명확하다. 핵심이 되는 부분을 정리해보자.

▌E-R 모델링 단계 정리

• 사용자의 요청 중 데이터가 가져야 하는 특성, 필요한 데이터 항목 등에서 서로 연관된 것을 모아서 개체를 선언한다. 이 과정에서 기본적인 개체와 속성을 어느 정도 정리한다.

- 개체와 속성을 정의한 후에, 사용자가 요청하는 데이터가 2개 이상의 개체에 흩어져 있다면 개체 간에 관계를 맺어야 한다. 관계는 1:1, 1:N, N:N의 3가지 종류가 있으며, 부수적인 상황을 표현하기 위한 몇 가지 표기법이 있다.
- N:N 관계는 별도의 테이블을 중간에 추가하여 두 개의 1:N 관계가 되도록 한다.
- 특정 개체의 속성이 지나치게 많은 경우 이를 1:1로 분리한다.
- 개체와 속성, 관계를 정리했다면 기본적인 E-R 모델링을 마친 것이다.
- 기본적인 E-R 모델링에 사용상의 필요성을 포함한 다양한 상황을 고려하여 속성을 확정한다.
- 작성된 E-R 모델링에 관계를 고려하여 속성을 추가한다. 1:1, 1:N 관계인 경우에는 기본 키를 상대방의 속성에 포함시켜서 연관된 데이터 조회가 가능한 환경으로 만든다.
- 최종 E-R 모델링 결과를 RDBMS에 테이블로 구현한다.

E-R 모델링에서 가장 중요한 것은 다른 사람이 제작한 모델을 읽을 줄 아는 것이다. 모델링 기법에 대하여 정리하면서, 두 가지 E-R 모델링 결과를 [그림 2-32]와 [그림2-23]에 제시한다. 모델링을 보고 사용자가 어떤 특성을 이야기했는지 예상해보자. [그림 2-32]는 취업 시스템에 관련된 E-R 모델로서, 개체만 존재한다.

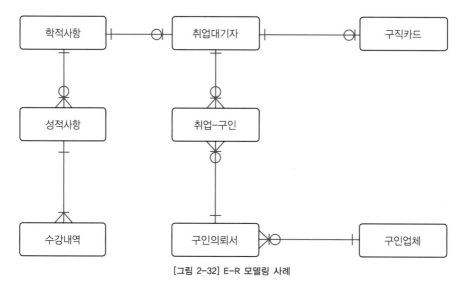

[그림 2-32] E-R 모델링 사례

각 개체(entity) 간의 관계에 중점을 두고 읽어보기를 바란다. 독자를 위한 팁으로 '취업-구인' 개체는 읽지 않아도 되는데, 저자가 '취업대기자' 개체와 '구인의뢰서' 개체 사이의 N:N 관계를 해소하기 위해 삽입한 것이기 때문이다. 나머지는 있는 표현을 기반으로 읽어보기 바란다.

[그림 2-33]은 사내 도서관 시스템에 관련된 E-R 모델로서, 개체와 속성이 같이 존재한다. E-R 모델링을 수행하는 프로그램을 사용하였다.

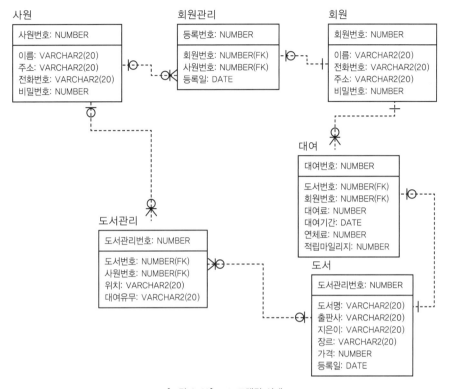

[그림 2-33] E-R 모델링 사례

각 개체(entity) 간의 관계에 중점을 두고 읽어보기 바란다. 독자를 위한 팁으로 어떤 개체는 N:N 관계를 해소하기 위해 추가된 것이므로, 읽을 때는 기존에 N:N 관계에 있는 개체 간의 관계를 중심으로 읽어야 한다.

[그림 2-33]의 사례에서 발견할 수 있는 특이한 점은 사원 개체와 도서 개체 간의 N:N 관계를 해소하기 위해 도서 관리 개체를 중간에 넣었는데, 이 개체에 속하는 속성으로 '위치'와 '대여유무'가 있어서 도서 관리 개체에 포함시켰다는 점이다.

그리고 도서 관리 개체 자체에 대한 검색을 위하여 기본 키(Primary Key)를 별도로 설정한 것도 확인하기를 바란다. 기본 키를 설정한 경우와 그렇지 않은 경우에 검색결과가 어떻게 달라지는지 생각해보자. 핵심은 도서 관리 개체가 관계 해소 외에도 데이터 저장소의 역할을 한다는 점이다.

08 정규화

8.1 정규화의 개념과 필요성

정규화(Normalization)는 E-R 모델링에서 개체를 구성할 때 불필요하게 중복되거나 애매한 데이터를 제거하고, 이를 기반으로 정보의 무결성을 높이고자 개발된 기법이다.

정규화의 설명을 위하여 자주 사용되는 사례를 [그림 2-34]에 나타내었다.

Student 테이블

Student_number (학번)
Student_name (이름)
Student_college (학과)
Student_major (전공)
Course_code (과목코드)
Course_name (과목이름)
Course_score (과목성적)
Professor_code (교수코드)
Professor_name (교수이름)

〈 E-R 모델링 도중에 Student 엔티티가 왼쪽과 같은 형을 가지게 되었다면… 〉

- 학생의 학과는 한 개지만, 여러 전공을 가질 수 있다.
  → (1) (2) : S_Major만 추가하고자 나머지 자료를 중복하여 넣어야 한다.
- 같은 과목 이름이어도 담당 교수가 다르면 다른 과목코드를 가진다.
  → (2) (3) : P_name, P_code만 다른데 C_code, C_name을 중복하여 넣어야 한다.
- 학생은 여러 과목을 수강할 수 있다.
  → (1) (4) : C_code, C_name만 다른데 나머지를 중복하여 넣어야 한다.
- 교수는 여러 과목을 개설할 수 있다.
  → (1) (4) : P_code, P_name이 중복된다.

	S_ID	S_Name	S_College	S_Major	C_Code	C_Name	C_Score	P_Code	P_Name
(1)	1111	Tom	Computer	software	C_1245	Software Eng.	90	11300	Minho
(2)	1111	Tom	Computer	signal control	C_1245	Software Eng	90	11300	Minho
(3)	2222	Jim	Society	management	C_1299	Software Eng	78	12000	Cho
(4)	3333	Kate	Computer	programming	C_1400	Design	76	11300	Minho
(5)	1111	Tom	Computer	software	C_1400	Design	80	11300	Minho

[그림 2-34] 정규화가 필요한 이유

E-R 모델링을 수행한 후 최종적으로 구성된 개체가 [그림 2-34]의 Student 테이블과 같은 형태라면 향후 Student 개체를 테이블로 변환한 후에, 프로그램을 이용하여 활용하고자 하는 경우에 많은 문제가 발생할 수 있다.

▌Student 테이블을 프로그램에서 조작할 때의 문제점

- Student 테이블은 '학번', '이름', '학과', '전공', '과목코드', '과목이름', '과목성적', '교수코드', '교수이름'으로 구성되어 있다. Student 테이블에 실제 자료가 들어간 모습을 [그림 2-34]의 아래쪽에서 확인할 수 있다.

- 만약 학생이 전공을 여러 개 가지는 경우, 이를 저장하기 위하여 [그림 2-34]에 있는 아래쪽 테이블의 (1) (2)와 같이 S-Major 항목을 한 개 추가하는 데 나머지 모든 항목의 데이터를 입력해야 한다. → **데이터의 중복 발생**
- 같은 과목 이름이라 해도 담당 교수가 다르면 담당 교수에 대한 정보를 저장하기 위하여 나머지 항목의 데이터를 (2) (3)과 같이 입력해야 한다. 이때 과목 이름과 상관없는 다른 속성의 값들도 입력해야 한다. → **데이터의 중복 발생**
- 학생이 여러 과목을 수강하는 경우, 수강하는 과목에 대한 정보를 저장하기 위하여 (1) (4)와 같이 입력하여야 한다. 이때 과목과 상관없는 다른 속성의 값들도 입력해야 한다. → **데이터의 중복 발생**
- 교수가 여러 과목을 개설할 수 있다. 교수가 개설한 과목의 정보를 유지하기 위하여 (1) (4)에서 확인할 수 있듯, 상관없는 다른 속성의 값들도 입력해야 한다. → **데이터의 중복 발생**

[그림 2-34]에서 확인할 수 있는 것처럼, 개체 또는 테이블에 속하는 속성이 잘못 설정되면 실제로 테이블을 구성할 때 다른 속성의 값들도 확인한 후 입력하여야 한다. 이 과정에서 자료가 잘못 입력되면 DBMS의 핵심인 데이터의 정확성에 문제가 발생하게 된다. 또한 한두 속성을 관리하기 위해 다른 여러 속성을 반복적으로 입력해야 하는 문제가 발생한다. 이런 상황을 해결하기 위한 절차가 정규화 과정이다.

설명한 내용만 보자면 정규화는 꼭 필요한 것처럼 보인다. 하지만 [그림 2-34]에서 제시한 Student 개체가 가지는 속성은 3개의 개체가 가지는 속성을 섞은 것이다. **일반적으로 개체는 서로 관련 있는 데이터를 묶는 것이므로 제시한 Student와 같은 개체는 만들어질 수 없다. 결론적으로 정규화는 데이터 모델링을 정상적으로 수행한다면 불필요한 과정이다. 하지만 RDBMS의 역사에서 한동안 중요했던 개념이고, RDBMS를 이해하는 데 도움이 될 것으로 판단되어 정규화 단계를 예를 중심으로 설명한다.**

8.2 정규화의 종류와 비정규화

정규화를 수행하기 위하여(=중복 데이터를 최소화) 개체를 대상으로 수행하는 작업 단계를 체계적으로 정리하면 다음과 같다.

▌정규화의 종류

- **제1정규화** : 테이블에서 중복될 법한 속성은 분리한다.

- **제2정규화** : 테이블의 모든 속성은 후보 키(Candidate Key)에 종속적이어야 한다.
- **제3정규화** : 테이블의 모든 속성은 기본 키(Primary Key) 이외의 다른 것에 종속적이면 안 된다.
- **BCNF(Boyce and Codd Normal Form)** : 제3정규화의 조건을 만족하면서 테이블의 모든 속성이 후보 키에 속한다. 별도로 설명하지 않는다.

이어지는 예를 통해 정규화의 단계를 설명한다. 정규화와 반대 개념으로 '비정규화'가 있다. 정규화를 수행하면 수많은 테이블이 생성되는데, 이런 상황에서는 실무에서 사용자가 원하는 자료를 얻기 위해 여러 테이블을 연결(Join)하여 질의를 처리해야 한다. **이는 자료를 얻기 위한 질의문을 복잡하게 만들고, 질의를 처리하기 위하여 합성 테이블을 만들어야 하므로 성능 저하 문제를 피할 수 없다.** 그렇기에 자주 수행되는 질의를 처리하기 위하여 관련 있는 여러 테이블을 하나의 테이블로 구성하기도 하는데, 이 작업을 **비정규화**라고 한다.

정규화와 비정규화는 선택의 문제다. 테이블을 설계하는 사람이 사용자가 원하는 데이터를 쉽고 빠르게 얻을 수 있도록 조정해야 한다. 예로, 사용자가 자주 사용하는 질의 문의를 처리하려면 비정규화를, 자주 사용하지 않는 질의문을 처리할 때는 정규화를 적용하는 것이 좋다.

8.3 정규화의 수행 사례

정규화 개념을 이해하고자 Student 테이블을 대상으로 단계별 정규화를 수행해본다. 완벽한 예제라기보단, 각 정규화 단계의 설명을 이해하는 의미에서 접근하면 이해하기 쉬울 것이다.

▌[제1정규화] 테이블에서 중복될 법한 속성은 분리한다

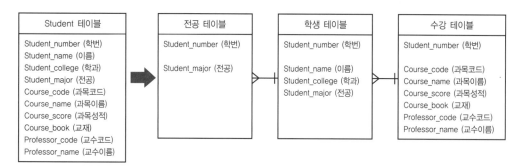

[그림 2-35] 제1정규화 과정

[그림 2-35]는 제1정규화의 개념을 이해하기 위한 예다. Student 테이블이 가지는 문제점 중에서 '학생이 여러 전공을 가질 수 있다'는 것과 '학생은 여러 과목을 수강할 수 있다'는 점을 생각해보면 전공이 추가되면 학생 데이터가 중복되며, 과목이 추가되면 학생 데이터가 중복된다는 점을 확인할 수 있다.

그렇기에 Student 테이블에서 학생 테이블과 전공 테이블을 분리하였다. 과목 테이블도 분리해야 하지만, 다음 단계가 있으므로 여기서는 일단 학생과 전공 테이블로 분리하고, 나머지는 수강 테이블에 위치시킨다. 그리고 1:N 관계이므로 학생 테이블의 기본 키(Primary Key)인 Student_number(학번)를 전공 테이블과 수강 테이블에 추가한다.

이 과정의 결과로 학생이 전공을 추가하는 경우, 전공 테이블에 새로운 전공을 추가하면 되며, 그 외 다른 작업은 필요하지 않다. 만약 학생의 전공을 알고 싶은 경우에는 1:N 관계를 갖는 학생 테이블과 전공 테이블을 연결하여 자료를 얻을 수 있다. 수강 테이블도 전공과 같지만 다음 설명을 위하여 최종적으로 다듬지 않은 상태이므로 여기까지만 설명한다. 여기까지 제1정규화를 설명하였다. 이제 다음 단계로 진행한다.

▌[제2정규화] 테이블의 모든 속성은 후보 키(Candidate Key)에 종속적이어야 한다

〈 제2정규화 〉 테이블의 모든 속성은 후보 키에 종속적이어야 한다.

수강테이블의 과목성적은 학번이 아닌,
➜ 학번 + 과목코드에 종속적이므로 분리하여야 한다.

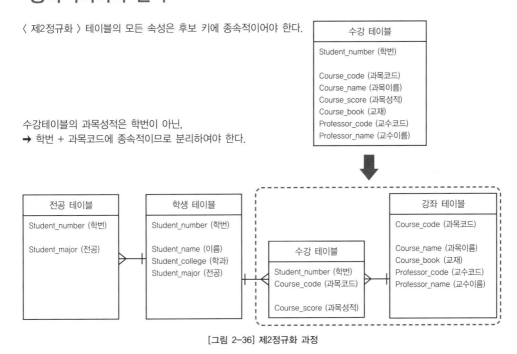

[그림 2-36] 제2정규화 과정

[그림 2-36]에서 제1정규화를 수행한 결과를 통해 분리된 수강 테이블의 자료를 살펴보자. 수강 테이블 자료 중 '과목성적'은 당연히 'Student_number(학번)'가 아닌 학번+과목 코드에 종속적이다. 그럼 학번+과목 코드를 키로 가지고, 속성으로 과목 성적을 가지는 테이블을 별도로 분리해야 한다. 이렇게 분리하여 생성된 테이블이 새로 만들어진 수강 테이블이다.

이 결과는 제2정규화의 개념을 이해하기 위한 것이다. 하지만 달리 설명하자면 학생 테이블과 강좌 테이블이 N:N의 관계를 가지므로 이를 해소하기 위하여 양쪽 개체의 기본 키(Primary Key)를 가지는 테이블을 삽입함으로써, 학생과 수강 테이블이 1:N, 강좌와 수강 테이블이 1:N 관계를 가지도록 조정한 것과 같다.

강좌 테이블은 아직 다소 손볼 것이 있지만, 다음 정규화 단계의 설명을 위하여 여기까지만 작업한다.

요약하면 제1정규화에서 만든 수강 테이블은 과목 성적이 Student_number(학번)에 종속적이지 않으므로 제2정규화 대상이 된다고 이해하면 된다. 따라서 이를 분리하여 수강 테이블을 생성하게 된다. 이렇게 하면 과목 성적은 학번+과목 코드에 종속적이고, 학번+과목 코드는 기본 키(Primary Key)이자 후보 키(Candidate Key)가 되므로 제2정규화의 조건을 만족하게 된다.

▌[제3정규화] 테이블의 모든 속성은 기본 키 이외의 다른 것에 종속적이면 안 된다

강좌 테이블을 보면 과목 코드와 과목 이름은 종속적이지만, 한 과목을 여러 교수가 개설할 수도 있으므로 교재와 교수 이름은 과목 코드+교수 코드에 종속적이다. 그러므로 강좌 테이블은 제3정규화 대상이다.

기본적으로 과목 테이블을 만들고, 과목 코드를 기본 키로 설정한다. 속성은 과목 이름이 될 것이다. 과목 테이블은 수강 테이블과 1:N으로 연결된다. 과목 코드와 교수 코드를 키로 갖는 테이블을 만들고 교재와 교수 이름이 속성이 되도록 한다. 이때 속성은 [그림 2-35]의 아래쪽에 있는 강좌 테이블이다. 여기까지 작업하면 테이블의 모든 속성은 기본 키에 종속되며, 다른 것에는 종속되지 않는다.

〈 제3정규화 〉 테이블의 모든 속성은 기본 키(Primary Key) 이외의 다른 것에 종속적이면 안 된다.

➜ 강좌 테이블의 과목은 여러 교수에 의해 개설될 수 있다.
   교재, 교수 이름은 강좌코드 + 교수코드에 종속적이므로 분리한다.

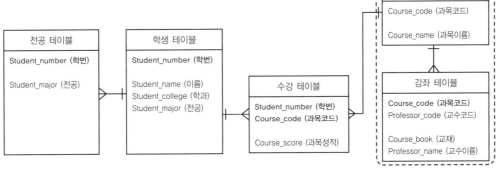

강좌 테이블

Course_code (과목코드)

Course_name (과목이름)
Course_book (교재)
Professor_code (교수코드)
Professor_name (교수이름)

과목 테이블

Course_code (과목코드)

Course_name (과목이름)

전공 테이블

Student_number (학번)

Student_major (전공)

학생 테이블

Student_number (학번)

Student_name (이름)
Student_college (학과)
Student_major (전공)

수강 테이블

Student_number (학번)
Course_code (과목코드)

Course_score (과목성적)

강좌 테이블

Course_code (과목코드)
Professor_code (교수코드)

Course_book (교재)
Professor_name (교수이름)

[그림 2-37] 제3정규화 과정

[그림 2-37]의 예는 완벽하지 않은데, 각 정규화 단계가 의미하는 바를 설명하기 위해 단순화한 예시이므로 일단은 각 정규화 단계가 의미하는 바를 이해하는 것으로 족하다.

최종적으로 앞선 작업을 통해 총 5개의 테이블로 분리된 Student 개체를 [그림 2-38]에 정리하였다. 정리한 결과를 보면 한 개체가 5개의 테이블로 분리되었다. 만약 학생이 전공을 추가한다면 전공 테이블에 S_ID와 S_major를 추가하면 되며, 다른 자료를 중복하여 입력할 필요가 없다. 학생이 새로운 과목을 수강한 경우에도 수강 테이블에 S_ID, C-code, C_score만 추가하면 된다. 이때 수강한 과목의 학점은 수강 테이블에서 관리하게 된다.

[전공 테이블]

S_ID	S_major
1111	software
1111	signal_control
2222	management
3333	programming

[학생 테이블]

S_ID	S_Name	S_College
1111	Tom	College
2222	Jim	Society
3333	Kate	Computer

[수강 테이블]

S_ID	C-code	C_score
1111	C_1245	90
2222	C_1299	78
3333	C_1400	78
1111	C_1400	80

Student 개체

Student_number (학번)
Student_name (이름)
Student_college (학과)
Student_major (전공)
Course_code (과목코드)
Course_name (과목이름)
Course_score (과목성적)
Course_book (교재)
Professor_code (교수코드)
Professor_name (교수이름)

[강좌 테이블]

C_code	P_code	P_Name
C_1245	11300	Minho
C_1299	12000	Cho
C_1400	11300	Minho

[과목 테이블]

C_code	C_Name
C_1245	Software Engineering
C_1299	Software Engineering
C_1400	Design

[그림 2-38] 정규화의 최종 결과 정리

결과만 본다면 정규화를 무조건 수행하는 편이 좋을 것 같겠지만 학생, 전공 테이블의 크기가 엄청나게 크다고 가정하면, 학생의 전공을 알고자 하는 경우 두 개의 테이블을 연결(Join)하여 작업을 해야 한다는 점을 알아야 한다. 더 심하면 학생의 전공과 수강한 과목을 알고 싶은 경우, 3개의 테이블을 연결하여 데이터를 얻어야 한다. 테이블이 작다면 크게 문제 되지는 않겠지만, **일반적으로 기업에서 사용하는 테이블은 수억 개의 크기를 가지므로, 3개 테이블을 연결하면 좋은 성능을 기대할 수 없다.**

여기까지 정규화에 대한 개념과 절차에 대하여 설명하였다. 필자가 생각하기에 실제로는 정규화를 아마도 거의 적용하지는 않게 될 것이다. 그러므로 이번 내용을 통하여 기본적인 사항만 확인하기를 바란다. **정규화를 대신하는 것은 '개체는 연관성 있는 데이터의 모임'이라는 단순한 개념이다.** 연관성이 없는 데이터를 한 개체에 모으는 어리석은 행동은 하지 말자.

- 모델링은 고객과의 의사소통을 위한 도구다.
- 프로그램을 개발하면서 필요한 모델링은 데이터 모델링과 프로세스 모델링, 그리고 프로그램 모델링이다. 데이터 모델링은 정보공학 모델링의 주요 대상으로 E-R 모델링을 말하고, 프로세스 모델링은 구조적 모델의 주요 대상으로 DFD를 이용한다. 프로그램 모델링은 클래스를 이용한 사용자 정의 자료형을 말한다.
- 사용자의 요구 사항 중에서 데이터가 가지는 특성은 E-R 모델링으로 정리하고, 처리 순서와 모듈 식별 작업은 구조적 모델링의 DFD/DD/MiniSpec으로 처리한다. 사용자의 요구 사항에 따라 어떤 모델링 기법을 사용할지 결정한다.
- 데이터 모델링은 개체/속성/관계로 구성된다.
- 개체는 연관된 속성의 모임이다.
- 관계는 사용자가 원하는 데이터가 두 개체에 흩어졌을 때, 두 개체를 연결하여 데이터를 얻어오기 위하여 사용한다.
- 관계는 1:1, 1:N, N:N이 있으며, N:N은 연결 테이블을 만들어 1:N으로 변환하여야 한다.
- 1:N 관계를 가지는 데이터를 연결하기 위해서는 두 개의 테이블(개체)을 합병해서 합성 테이블을 만든다. 이때 자료에 대한 조회 작업이 일어나므로 성능 저하가 발생한다. 만약 3개의 테이블을 연결한다면, 합성 테이블이 3차원으로 커지기 때문에 성능이 기하급수적으로 저하된다.
- E-R 모델링은 고객의 의견 중 데이터가 가지는 특성을 정리하는 기술이다. 그러므로 모델링 제작도 중요하지만, 다른 사람이 만든 E-R 모델링 결과를 읽어서 고객이 어떤 의견을 주었는지 파악하는 것이 더 중요하다.
- E-R 모델링 결과는 1:1, 1:N으로 이루어져야 한다. 이 중 1:1은 개체가 가지는 속성이 너무 많은 경우에 적용한다.
- E-R 모델링 작업을 마치면 다음 단계로 각 개체의 속성을 확정해야 한다. 이때, 관련된 개체 간에 기본 키(Primary Key)를 공유한다.
- 정규화는 정상적인 E-R 모델링이 수행되면 적용할 필요는 없다.
- 완성된 E-R 모델링에서 어느 정도 자료의 중복을 허용하더라도 빠른 속도를 얻고자 테이블을 합치는 경우가 있는데, 이 작업을 비정규화라 한다.

PART 03

SQL을 이용한 관계 데이터베이스 관리 시스템의 사용

[핵심 내용]

- 관계 데이터베이스 관리 시스템 설치
- SQL의 개념 및 소개
- 데이터 질의를 위한 SQL 언어
- 데이터 조작을 위한 SQL 언어
- 데이터 정의를 위한 SQL 언어
- 트랜잭션 처리를 위한 SQL 언어
- 데이터 제어를 위한 SQL 언어
- 인덱스
- 뷰
- 데이터 분석을 위한 함수

01 관계 데이터베이스 관리 시스템 설치

앞에서 제작한 데이터베이스 관리 시스템을 실제로 물리적으로 구현하고, 사용하는 방법을 배우는 것이 목표다. 이를 위하여 먼저 관계형 데이터베이스 관리 시스템(이하 RDBMS)을 설치해야한다. RDBMS는 오라클 외에도 MySQL, PostgreSQL, Maria DB, Microsoft SQL Server, 그리고 MS office와 함께 제공되는 MS Access 등이 있다.

이 책에서는 가장 많이 사용되는 오라클 RDBMS를 기반으로 RDBMS 사용 및 관리 방법을 배우게 된다. 이 과정에서 오라클에서 제공하는 특수한 기능에 대한 설명은 줄이고, 표준에서 정한 기능을 기반으로 설명할 것이다. 그러므로 학습한 내용을 응용하면 시장에 나와 있는 대부분의 RDBMS에서 별도로 수정 작업을 하지 않아도 큰 문제 없이 작동할 것이다. 실무에서도 특정 RDBMS에 종속적인 기능은 잘 사용하지 않는다.

▌오라클 Express Edition을 설치하는 과정

1. 오라클에 접속하여 Oracle Express Edition을 내려받는다. 학습용으로 제공되는 버전이므로 별도의 라이선스 없이 사용할 수 있다. 파일 이름은 OracelXE213_Win64.exe와 같은 형태다. 내려받은 파일을 특정 디렉터리에 압축을 풀고 설치한다. 설치하는 과정에서 DBMS의 비밀번호를 설정한다. [그림 3-1]은 설치가 완료된 후의 디렉터리 모습이다.

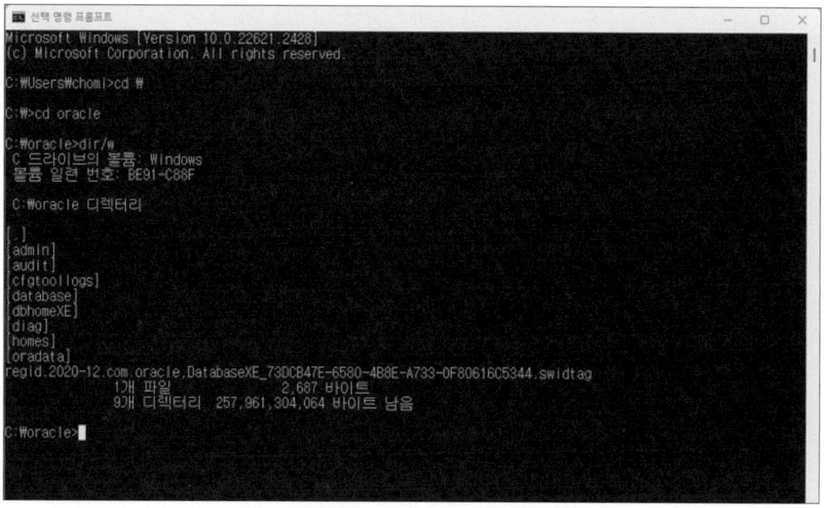

[그림 3-1] 오라클 Express 버전 설치 후의 디렉터리 모습

2. 설치된 오라클을 사용하도록 도와주는 SQL Plus를 기동한다[그림 3-2]. 실습을 위하여 새로운 사용자를 만들고, 권한을 부여해야 한다. SQL Plus 수행 화면에서 작업을 수행한다.

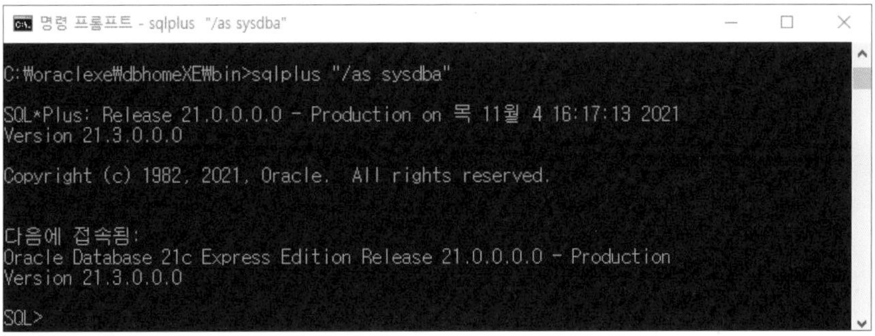
명령 프롬프트 - sqlplus "/as sysdba"
C:₩oraclexe₩dbhomeXE₩bin>sqlplus "/as sysdba"
SQL*Plus: Release 21.0.0.0.0 - Production on 목 11월 4 16:17:13 2021
Version 21.3.0.0.0
Copyright (c) 1982, 2021, Oracle. All rights reserved.
다음에 접속됨:
Oracle Database 21c Express Edition Release 21.0.0.0.0 - Production
Version 21.3.0.0.0
SQL>

[그림 3-2] 오라클 DBMS 사용을 위한 SQL Plus 기동 화면

[실습 3-1] 오라클 RDBMS에서 사용자를 생성하는 과정

```
SQL> connect system/root;
SQL> create user c##minho identified by minho$;
SQL> grant connect, resource, dba to c##minho;
SQL> connect c##minho/minho$
```

이 과정을 통하여 minho 사용자를 만들고, 패스워드를 minho$로 설정하였다. 실습을 위하여 connect, resource, dba 권한을 부여하였다.

앞선 단계를 통해 RDBMS에 새로운 사용자와 패스워드를 설정하고, 새로운 사용자에게 실습에 필요한 권한을 부여했다면 새로운 사용자로 로그인하여 실습을 위한 준비를 마친다.

02 SQL의 개념 및 소개

2.1 SQL의 소개

SQL(Structured Query Language)은 RDBMS에서 사용하는 것으로 DBMS의 생성, 삭제, 조회, 수정 등의 기능을 제공하는 데이터베이스 언어다. SQL은 ANSI(American National Standards Institute) 표준으로 MS SQL, Oracle MySQL 등 다양한 RDBMS 제품에서 공통적으로 지원한다.

SQL에서 정의한 기능은 모든 RDBMS에서 공통적으로 사용하지만, RDBMS마다 별도의 기능을 정의하여 사용하기도 한다. 예로 MS SQL에서 사용하는 T-SQL, 오라클에서 사용하는 PL/SQL 등이 있다.

SQL을 사용하면 RDBMS에서 필요한 모든 작업을 수행할 수 있다. 예로 RDBMS를 정의하고 조작하거나, 테이블을 생성/삭제할 수 있다. 자료 조회와 뷰 기능을 제공하며, 필요한 다양한 함수를 사용할 수 있고, 권한 제어도 가능하다. 즉, **RDBMS의 조작을 위해 필요한 모든 기능을 표준화된 규칙에 따라 제공받을 수 있다.** SQL은 RDBMS가 보편화되는 과정에서 크게 이바지한 기술 요소다.

▋ SQL의 간단한 역사

- 1970년 IBM의 Codd 박사가 RDBMS의 개념을 처음 제안하였다.
- 1974년 RDBMS의 활용을 위한 구조적 질의 언어가 처음 도입되었다.
- 1978년 IBM은 RDBMS의 개념과 구조적 질의 언어를 포함하는 System/R을 출시하였다.
- 1986년 IBM은 RDBMS의 첫 번째 프로토타입을 개발하고, ANSI로 표준화했다. RDBMS는 DBMS 외에도 구조적 질의 언어인 SQL을 포함함으로써 사용 효율성이 높아지고, 많은 사용자를 확보할 수 있게 되었다.

오라클에서는 RDBMS 설치 후에 프로그램을 작성하지 않아도 SQL을 사용할 수 있는 별도의 프로그램을 제공하는데, 이것이 SQL Plus이다. 이런 기능을 제공하는 프로그램이 RDBMS 제품마다 준비되어 있다. 오라클은 터미널 기반의 SQL Plus 외에도 SQL Developer라는 GUI 기반 프로그램을 제공한다[그림 3-3].

[그림 3-3] 오라클 DBMS 사용을 위한 SQL Developer 화면

▌SQL 처리 과정

RDBMS를 위한 SQL 명령문을 실행하면 RDBMS는 SQL 문을 수행하기 위한 최적의 방법을 결정하고 실행한다.

- **1단계** : SQL Query 문을 입력한다.
- **2단계** : Query Language Processor를 수행한다. → Query 문을 Parsing하고 최적화한다.
- **3단계** : DBMS에 수행 작업을 전달한다. → DBMS의 파일 관리자와 트랜잭션 관리자를 통해 수행해야 하는 작업의 처리 과정을 결정한다.
- **4단계** : 앞 단계에서 선정된 작업을 물리적 데이터베이스를 대상으로 적용하여 원하는 데이터를 찾는다.

2.2 SQL 명령문의 종류와 기능

SQL은 RDBMS가 자랑하는 요소다. 표준화된 SQL을 이용하여 RDBMS에 대한 모든 작업을 수행할 수 있다. 더구나 SQL을 사용할 수 있게 도와주는 SQL Plus와 같은 제품이 있다면 RDBMS의 조작을 위한 프로그램을 제작하지 않아도 된다. **SQL의 가치와 유용성을 확인하였으므로, 이제 SQL이 제공하는 명령문의 종류(기능)를 확인해보자**[그림 3-4].

유형	명령문	기능
데이터 질의어(DQL, Data Query Language)	SELECT	데이터 검색
데이터 조작어 (DML, Data Manipulation Language)	INSERT	데이터 입력
	UPDATE	데이터 수정
	DELETE	데이터 삭제
데이터 정의어(DDL, Data Definition Language)	CREATE	개체(테이블) 생성
	ALTER	개체(테이블) 변경
	DROP	개체(테이블) 삭제
	RENAME	개체(테이블) 변경
	TRUNCATE	데이터 및 저장 공간 삭제
트랜잭션 처리어(TCL, Transaction Control Language)	COMMIT	트랜잭션의 정상적인 종료 처리
	ROLLBACK	트랜잭션 취소
	SAVEPOINT	트랜잭션 내에 임시 저장점 설정
데이터 제어어(DCL, Data Control Language)	GRANT	개체(테이블) 접근 권한 설정
	REVOKE	개체(테이블) 접근 권한 취소

[그림 3-4] SQL 명령문의 종류와 기능

SQL을 이용하면 [그림 3-4]에 명시된 기능과 같이 RDBMS를 조작하기 위한 모든 작업을 수행할 수 있다. 자세히 설명하면 다음과 같다.

- **SELECT를 이용한 데이터 질의어 기능** : RDBMS에 저장된 데이터를 찾고, 가져오는 기능을 제공한다. 하나의 테이블뿐 아니라 여러 테이블에 흩어진 경우에도 관계를 이용하여 가져올 수 있다.
- **INSERT, UPDATE, DELETE를 이용한 데이터 조작어 기능** : RDBMS에 데이터를 입력, 수정, 삭제하는 기능을 제공한다. 하나의 테이블만이 아니라 여러 테이블에 흩어진 경우에도 관계를 이용하여 작업을 수행할 수 있다.

- **CREATE, ALTER, DROP, RENAME, TRUNCATE를 이용한 데이터 정의어 기능** : RDBMS에 관련된 데이터의 모임인 개체(entity)에 해당하는 테이블 생성, 변경, 삭제, 이름 변경, 저장 공간 삭제 기능을 수행한다.
- **COMMIT, ROLLBACK, SAVEPOINT를 이용한 트랜잭션 처리 기능** : RDBMS에서 데이터 정확성을 보장하는 데 필요한 트랜잭션 처리 기능을 제공한다.
- **GRANT, REVOKE를 이용한 데이터 제어어 기능** : RDBMS 사용자의 권한을 부여하고, 취소하는 기능을 제공한다.

이와 같이 SQL을 이용하면 RDBMS를 사용하는 데 필요한 모든 기능을 사용할 수 있다. **이 말은 SQL Plus나 [그림 3-3]의 SQL Developer와 같은 프로그램에서도 내부적으로는 SQL 문을 이용하여 RDBMS를 조작하는 것이다.**

덧붙이자면 향후 사용자가 자신만의 프로그램을 개발하여 RDBMS를 조작하는 경우 Java, C++, Servlet 등의 다양한 프로그램 언어를 사용하겠지만, 이와 같은 언어 역시 RDBMS를 다루려면 SQL 문을 이용한다(Part 4에서 자세히 설명한다).

결론적으로 SQL 문을 올바르게 사용하는 것이 RDBMS를 다루기 위한 기본적인 단계이며 최종 단계다. **즉, SQL Plus 또는 SQL Developer를 사용하든 Java로 RDBMS를 다루는 프로그램을 제작하든 모두 SQL 문을 사용한다.**

2.3 물리적인 RDBMS 환경의 구성

SQL 사용법을 익히려면 많은 실습이 필요하다. 실습을 위해 준비한 RDBMS의 모습은 [그림 3-5]와 같다. [그림 3-5]는 Part 2에서 배운 E-R 모델링 과정을 통해 제작된 것이다. 복습의 의미로 모델링 과정을 정리하면 다음과 같다.

1. 고객 인터뷰나 기존에 사용하는 업무를 분석해서 필요한 자료를 조사하였다.
2. 조사한 데이터 중에서 연관된 것을 묶어서 '부서', '교수', '학생', '급여등급'의 4가지 개체를 생성하였다.
3. 사용자가 원하는 데이터를 분석해보니 '부서'와 '학생', '부서'와 '교수', '교수'와 '학생'에 관계가 필요했기에 관계를 구성하였다.
4. '급여등급'은 사용자의 요구 사항에서 다른 것과 연관이 없기에 다른 개체와 따로 관계를 구성하지 않았다.

5. 관계를 맺은 후에는 전체적으로 N:N이 있는지 확인해보았다. N:N 관계가 없으므로 모델링은 현 단계에서 종료하였다.

6. 모델링을 마친 후에, 각 개체에 속하는 속성을 할당하였다.

7. 개체의 속성을 할당한 후에, 관계에 대한 속성도 추가로 할당하였다. 예로 학생 테이블에 DEPTNO, PROFNO를, 교수 테이블에 DEPTNO를 추가하였다.

8. 최종 결과물은 [그림 3-5]와 같다.

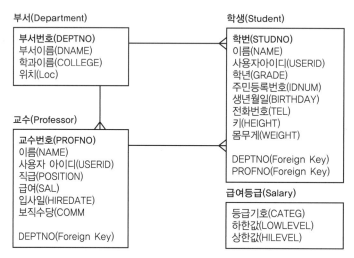

[그림 3-5] SQL 실습을 위한 E-R 모델링 결과

[그림 3-5]의 모델링 결과를 이용하여 앞으로 SQL에 대한 설명과 실습을 수행할 것이다. 실습을 수행하려면 [그림 3-5]의 결과물을 오라클 RDBMS에 실제 테이블로 구현하는 작업이 필요하다. 이를 위하여 [그림 3-5]의 결과물을 기반으로 RDBMS에 물리적인 테이블을 생성하고, 생성된 테이블에 테스트를 위한 데이터를 입력하는 스크립트를 작성한다.

작성된 스크립트가 다소 길지만, [실습 3-2]에 전체 내용을 수록하였다. [그림 3-5]의 모델링 결과가 어떻게 스크립트로 변화되었는지 확인할 수 있다. 특별히 어려운 점은 없다. 다만 **[실습 3-2]와 같은 스크립트는 RDBMS 회사마다 조금씩 다르므로 업무에서 RDBMS를 선정한 경우, 선정된 회사의 스크립트 제작 방법을 공부하여 적용하면 된다.** [실습 3-2]는 오라클 RDBMS의 스크립트다.

▌[실습 3-2] 물리적 RDBMS 구성을 위한 스크립트 파일

```
/*****************************************************************
* 기존 STUDENT, PROFESSOR, DEPARTMENT, SALARY 테이블 삭제
* 스크립트를 여러 번 수행해야 하는 경우 기존 테이블을 삭제함
*****************************************************************/
DROP TABLE STUDENT;
DROP TABLE PROFESSOR;
DROP TABLE DEPARTMENT;
DROP TABLE SALARY;


/*****************************************************************
*                    STUDENT 테이블 생성
*****************************************************************/
CREATE TABLE STUDENT
        (STUDNO NUMBER(12),  // 자료형에 대한 부분은 2-5에서 설명한다.
        NAME VARCHAR2(10),
        USERID varchar2(10),
        GRADE VARCHAR2(1),
        IDNUM VARCHAR2(13),
        BIRTHDATE DATE,
        TEL VARCHAR2(13),
        HEIGHT NUMBER(5,2),
        WEIGHT NUMBER(5,2),
        DEPTNO NUMBER(4),
        PROFNO NUMBER(4));


/*****************************************************************
*                 STUDENT 테이블 데이터 입력
*****************************************************************/
INSERT INTO STUDENT VALUES
        (2017106009, '김우진', 'wjkim', '4', '0104161269824',
        TO_DATE('16-04-2001','DD-MM-YYYY'), '043)891-2158', 182, 82, '101',8803);

INSERT INTO STUDENT VALUES
        (2017113009, '김의준', 'ejkim', '1', '0305151795577',
        TO_DATE('15-05-2003','DD-MM-YYYY'), '043)226-1752', 175, 66, '201',NULL);

INSERT INTO STUDENT VALUES
        (2018113008, '김진수', 'jinsu414', '1', '0307121875522',
        TO_DATE('12-07-2003','DD-MM-YYYY'), '043)761-8947', 168, 55, '101',8801);

INSERT INTO STUDENT VALUES
        (2019113015, '박태영', 'taeyoung', '3', '0108211764286',
        TO_DATE('21-08-2001','DD-MM-YYYY'), '043)524-8637', 170, 88 ,'101',8806);

INSERT INTO STUDENT VALUES
        (2018113023, '이은영', 'eylee2', '1', '0307182862299',
```

```
        TO_DATE('18-07-2003','DD-MM-YYYY'), '043)742-6384', 162, 50, '201',NULL);

INSERT INTO STUDENT VALUES
        (2019113006, '김시현', ',shyun', '2', '0206071076635',
        TO_DATE('07-06-2002','DD-MM-YYYY'), '043)319-4328', 174, 68, '102',8805);

INSERT INTO STUDENT VALUES
        (2019113009, '노유진', 'minky2', '2', '0205082858822',
        TO_DATE('08-05-2002','DD-MM-YYYY'), '043)698-9627', 161, 42, '101',8807);

INSERT INTO STUDENT VALUES
        (2019113010, '문종진', 'moonstar', '4', '0108171295577',
        TO_DATE('17-08-2001','DD-MM-YYYY'), '043)824-9318', 179, 92, '102',8805);

INSERT INTO STUDENT VALUES
        (2019113015, '김소현', 'shyun', '1', '0309162376642',
        TO_DATE('16-09-2003','DD-MM-YYYY'), '043)496-8784', 164, 68, '102',NULL);

INSERT INTO STUDENT VALUES
        (2019113018, '송하나', 'songhn', '2', '0206192267926',
        TO_DATE('19-06-2002','DD-MM-YYYY'), '02)7512-1458', 171, 54, '101',8807);

INSERT INTO STUDENT VALUES
        (2019113022, '오병택', 'ByungT', '1','0303161865599',
        TO_DATE('16-03-2003','DD-MM-YYYY'), '02)3239-4861', 186, 73, '101',8804);

INSERT INTO STUDENT VALUES
        (2019113024, '윤경민', 'Salsa', '3', '0211091358671',
        TO_DATE('09-11-2002','DD-MM-YYYY'), '043)587-2698', 171, 70, '102',8805);

INSERT INTO STUDENT VALUES
        (2019113027, '이민석', 'panda7', '4', '0108181276431',
        TO_DATE('18-08-2001','DD-MM-YYYY'), '043)936-1981', 175, 82, '101',8803);

INSERT INTO STUDENT VALUES
        (2018114078, '장진홍', 'Jinhong', '2', '0211292169387',
        TO_DATE('29-11-2002','DD-MM-YYYY'), '043)179-3941', 166, 51, '201',8802);

INSERT INTO STUDENT VALUES
        (2017116780, '강동수', 'waterM', '4', '010518169645',
        TO_DATE('18-05-2001','DD-MM-YYYY'), '02)785-6984', 181, 62, '201',NULL);

INSERT INTO STUDENT VALUES
        (2017116782, '류민정', 'MoneyG', '2', '0212232157498',
        TO_DATE('19-08-2002','DD-MM-YYYY'), '043)640-7679', 162, 72, '101',8807);


/*****************************************************************
*                    PROFESSOR 테이블 생성
*****************************************************************/
```

```
CREATE TABLE PROFESSOR
       (PROFNO NUMBER(4),
        NAME VARCHAR2(10),
        USERID VARCHAR2(10),
        POSITION VARCHAR2(20),
        SAL NUMBER(10),
        HIREDATE DATE,
        COMM NUMBER(2),
        DEPTNO NUMBER(4));


/********************************************************************
*                      ROFESSOR 테이블 데이터 입력
********************************************************************/
INSERT INTO PROFESSOR VALUES
       (8801, '조민호', 'Tomcruse', '교수', 500,
        TO_DATE('01-03-2013','DD-MM-YYYY'), 20, 101);

INSERT INTO PROFESSOR VALUES
       (8802, '김주연', 'babara', '조교수', 320,
        TO_DATE('12-04-2019','DD-MM-YYYY'), NULL, 201);

INSERT INTO PROFESSOR VALUES
       (8803, '조현희', 'Pretty', '조교수', 360,
        TO_DATE('21-05-2018','DD-MM-YYYY'), 15, 101);

INSERT INTO PROFESSOR VALUES
       (8804, '조현영', 'hycho', '전임강사', 240,
        TO_DATE('01-03-2015','DD-MM-YYYY'), NULL, 102);

INSERT INTO PROFESSOR VALUES
       (8805, '조현익', 'hicho', '교수', 450,
        TO_DATE('01-03-2015','DD-MM-YYYY'), 25, 102);

INSERT INTO PROFESSOR VALUES
       (8806, '주형준', 'hyung45', '부교수', 420,
        TO_DATE('13-09-2012','DD-MM-YYYY'), NULL, 101);

INSERT INTO PROFESSOR VALUES
       (8807, '임정욱', 'torch', '전임강사', 210,
        TO_DATE('01-03-2019','DD-MM-YYYY'), NULL, 101);

INSERT INTO PROFESSOR VALUES
       (8808, '손흥민', 'topclass', '부교수', 400,
        TO_DATE('18-11-2012','DD-MM-YYYY'), 17, 202);


/********************************************************************
*                      DEPARTMENT 테이블 생성
********************************************************************/
CREATE TABLE DEPARTMENT
```

```
        (DEPTNO NUMBER(4),
        DNAME VARCHAR2(20),
        COLLEGE NUMBER(4),
        LOC VARCHAR2(10));


/********************************************************************
*                    DEPARTMENT 테이블 데이터 입력
********************************************************************/
INSERT INTO DEPARTMENT VALUES
        (101, '컴퓨터시스템', 100, '1호관');

INSERT INTO DEPARTMENT VALUES
        (102, '인공지능학과', 100, '2호관');

INSERT INTO DEPARTMENT VALUES
        (201, '전자회로공학과', 200, '3호관');

INSERT INTO DEPARTMENT VALUES
        (202, '전기공학과', 200, '4호관');

INSERT INTO DEPARTMENT VALUES
        (100, '컴퓨터학부', 10, NULL);

INSERT INTO DEPARTMENT VALUES
        (200, '전기전자학부', 20, NULL);

INSERT INTO DEPARTMENT VALUES
        (10, '공과대학', NULL, NULL);

/********************************************************************
*                    SALARY 테이블 생성
********************************************************************/
CREATE TABLE SALARY
        (CATEG NUMBER(2),
        LOWLEVEL NUMBER(5),
        HILEVEL NUMBER(5));

/********************************************************************
*                    SALARY 테이블 데이터 입력
********************************************************************/
INSERT INTO SALARY VALUES (1, 100, 300);
INSERT INTO SALARY VALUES (2, 301, 400);
INSERT INTO SALARY VALUES (3, 401, 500);

COMMIT;
```

E-R 모델링 결과를 오라클 RDBMS에 물리적으로 구축하기 위한 스크립트를 바로 앞에서 제공하였다. 이제는 제공된 스크립트를 이용하여 실제로 물리적인 테이블을 만들고, 데이터를 입력하는 작업을 설명한다.

▌[실습 3-3] 스크립트(table.sql)를 이용한 실습 환경 구성

```
cmd   // 윈도우 터미널을 기동한다.
수행된 터미널 모드에서 "table.sql"이 있는 디렉토리로 이동한다.
c:\oracle\test> sqlplus  // sqlplus 프로그램을 기동한다.
SQL> connect c##minho/minho$  // sqlplus에서 minho로 로그인한다.

SQL>@table.sql     // 스크립트 수행을 통해 환경을 구성
SQL>select * from tab;  // 생성된 테이블을 확인
SQL>DESC student;   // student 테이블의 구성을 확인
```

실습 환경 구성이 완료되었다면, 실습 환경이 제대로 구성되었는지 확인해본다. 아직 본격적인 SQL 공부를 시작하지는 않았지만, 다음 실습 과정을 통해 설치한 RDBMS가 제대로 작동하는지 확인한다. SQL Plus 화면의 출력이 책과 다소 다르게 나오더라도 신경 쓰지 마라. 내용이 정확하게 출력되는지에 중점을 두고 살펴본다. 화면에 보이는 모양은 SQL Plus 설정을 변경하면 조정할 수 있다. 설정 변경에 대한 사항은 문제가 발생한 현상을 검색해서 해결하면 된다.

▌[실습 3-4] 실습 환경 확인

```
// department 테이블의 내용을 출력한다.
SQL> select * from department;


    DEPTNO    DNAME           COLLEGE     LOC
---------- -------------- ---------- --------------------
       101  컴퓨터시스템          100       1호관
       102  인공지능학과          100       2호관
       202  전기공학과           200       4호관
       100  컴퓨터학부            10
       200  전기전자학부           20
        10  공과대학

6 행이 선택되었습니다.

// department 테이블의 내용 중 dname, deptno를 출력한다. 이때, dname은 department_name으로,
   deptno은 department_number로 표현한다.
SQL> select dname as deptment_name, deptno as department_number from department;
```

```
DEPTMENT_NAME                               DEPARTMENT_NUMBER
----------------------------------------- -----------------
컴퓨터시스템                                      101
인공지능학과                                      102
전기공학과                                        202
컴퓨터학부                                        100
전기전자학부                                      200
공과대학                                           10

6  행이  선택되었습니다.
```

```
// student 테이블의 형태를 보여준다.
SQL> desc student;

 이름                                      널?      유형
----------------------------------------- --------
 STUDNO                                   NUMBER(12)
 NAME                                     VARCHAR2(10)
 USERID                                   VARCHAR2(10)
 GRADE                                    VARCHAR2(1)
 IDNUM                                    VARCHAR2(13)
 BIRTHDATE                                DATE
 TEL                                      VARCHAR2(13)
 HEIGHT                                   NUMBER(5,2)
 WEIGHT                                   NUMBER(5,2)
 DEPTNO                                   NUMBER(4)
 PROFNO                                   NUMBER(4)
```

```
// student 테이블에서 studno, name의 값을 출력한다.
SQL> select studno, name from student;

 STUDNO      NAME
---------- --------------------
2017106009   김우진
2017113009   김의준
2018113008   김진수
2019113015   박태영
2018113023   이은영
2019113006   김시현
2019113009   노유진
2019113010   문종진
2019113015   김소현
2019113018   송하나
2019113022   오병택

 STUDNO      NAME
---------- --------------------
2019113024   윤경민
```

```
2019113027      이민석
2018114078      장진홍
2017116780      강동수
2017116782      류민정
```

16 행이 선택되었습니다.

```
// student 테이블에서 name, weight, 그리고 weight*2 값을 출력한다.
SQL> select name, weight, weight*2 as Weight_New from student;

NAME                  WEIGHT   WEIGHT_NEW
-------------------- ---------- ----------
김우진                      82         164
김의준                      66         132
김진수                      55         110
박태영                      88         176
이은영                      50         100
김시현                      68         136
노유진                      42          84
문종진                      92         184
김소현                      68         136
송하나                      54         108
오병택                      73         146

NAME                  WEIGHT   WEIGHT_NEW
-------------------- ---------- ----------
윤경민                      70         140
이민석                      82         164
장진홍                      51         102
강동수                      62         124
류민정                      72         144

16  행이  선택되었습니다.
```

여기까지 잘 수행했다면 E−R 모델링 결과가 오라클 RDBMS에 구현되었으며, 관련된 자료도 올바르게 입력된 것이다. 이제 실습을 위한 준비를 마쳤다.

2.4 SQL Plus 사용법

SQL Plus는 SQL 명령문을 대화식으로 실행하기 위하여 오라클에서 제공하는 도구다. RDBMS 에서 오라클의 사용 범위가 넓고, SQL Plus는 많은 사용자를 확보한 도구이므로 SQL Plus가 제공하는 기능에 대하여 간단하게 정리한다. SQL Plus가 제공하는 추가적인 기능을 요약하면 [그림 3−6]과 같다.

SQLPlus 명령어 유형	기능 설명과 명령어
환경	SQL 명령문의 출력 환경을 지정 ECHO, FEED[BACK], LINE[SIZE], PAGE[SIZE]
형식	검색 결과에 대한 보고서 형태의 출력 형식 설정 COLUMN, TPOSITION, BPOSITION, BREAK
파일 조작	스크립트 파일의 저장, 적재, 실행 기능 SAVE, GET, START, EDIT, SPOOL
실행	SQL 명령문 또는 PL/SQL 블록을 오라클 DBMS에 전송 START, RUN, @, /
편집	버퍼에 저장된 SQL 명령문의 편집 기능 A[PPEND], C[HANGE], DEL, I[NPUT], L[IST}
상호작용	변수 작성, 변수값 및 메시지 출력 기능 &, &&, DEFINE, UNDEFINE, ACCEPT
기타	환경 설정과 오라클 데이터베이스 접속 또는 종료 HOST, EXIT, CONNECT, !

[그림 3-6] SQL Plus의 추가 명령문 종류와 기능

[실습 3-3]의 SQL>@table.sql 명령을 보면 [그림 3-6]의 실행 부분에 대한 내용이 어떻게 사용되는지 확인할 수 있다. 다른 명령어들은 필요한 경우 찾아서 적용하면 된다. 여기에서는 자주 사용되는 명령어들을 선별하여 실습하도록 한다. 실습하는 명령어는 많이 쓰이며, RDBMS에서 발생한 문제를 해결할 때 유용하므로 관심을 가지고 실습하기를 바란다. 참고로 SQL Plus에서 화면에 출력된 결과가 예쁘게 나오지 않는 경우 이를 조정하는 기능도 있다.

▌[실습 3-5] SQL Plus set 명령어 실습(1/4) → set 명령어

```
// 기본 명령어에 대한 실습이다. 환경 설정과 내용 조회 및 수행 조정 명령이다.
SQL> select * from salary;  // salary 테이블의 내용을 확인한다.

  CATEG    LOWLEVEL    HILEVEL
---------- ---------- ----------
       1         100        300
       2         301        400
       3         401        500

SQL> set heading off   // 출력에서 header를 제거한다.
SQL> select * from salary;

       1         100   300
       2         301   400
       3         401   500
```

```
SQL> set autocommit on  // 명령문이 수행에서 commit을 자동 수행한다.
SQL> set feedback 10  // 출력이 10줄 이상인 경우에만 출력 메시지를 표시한다.
SQL> set linesize 100  // 출력되는 행의 폭을 100으로 설정한다.
SQL> set pagesize 20  // 출력 결과의 한 페이지가 20줄이다.
SQL> set pause on  // 출력 결과의 한 페이지를 출력한 후, 엔터를 기다린다.
SQL> set termout off  // SQL 명령문의 실행 결과가 출력되지 않는다. 반대는 on
SQL> set time on  // 프롬프트 앞에 시간 정보가 표시된다.
SQL> set timing on  // SQL 명령문의 실행 시간을 출력한다.
SQL> set underline '*'  // 칼럼 제목과 데이터의 구분 기호를 *로 바꾼다.
SQL> set pause on  // 출력 결과의 한 페이지를 출력한 후, 엔터를 기다린다.
SQL> show all  // 현재 설정을 보여준다.
```

▌[실습 3-6] SQL Plus column 명령어 실습(2/4) → column 명령어

```
// SQL Plus의 출력 모양을 조정하는 데 사용하는 명령어를 보여준다.
SQL> set heading on
SQL> select * from salary;

    CATEG   LOWLEVEL    HILEVEL
---------- ---------- ----------
         1        100        300
         2        301        400
         3        401        500

SQL> column LOWLEVEL heading 'Low'
SQL> select * from salary;

    CATEG   Low        HILEVEL
---------- ---------- ----------
         1        100        300
         2        301        400
         3        401        500

// dname 칼럼의 크기를 20으로 변경해서 출력한다.
SQL> column dname format A20

// dname 칼럼을 3자리마다 콤마로 구분하여 출력한다.
SQL> column dname format 0,000,000

// name 칼럼의 현재 설정값을 보여준다.
SQL> column name

// name 칼럼의 설정값을 해제한다.
SQL> column name clear
```

▌[실습 3-7] SQL Plus 명령어 사용 실습(3/4)

```
// 명령어 입력 에러가 발생했을 때 처리 요령을 보여준다.
SQL> select depno name, grade
     from student
     where deptno=10;
select depno name, grade
 *
1행에 오류:
ORA-00904: "DEPNO": 부적합한 식별자 // 명령어를 잘못 입력해서 오류 발생

SQL> list 1
  * select depno name, grade
SQL> c/depno/deptno
  * select deptno name, grade
SQL> list
    select deptno name, grade
    from student
  * where deptno=10
SQL> run
    select deptno name, grade
    from student
  * where deptno=10

선택된 레코드가 없습니다.
```

[실습 3-7]은 SQL Plus에서 잘못 입력된 명령어를 수정하는 사례를 보여주고 있다. 명령어 수정 작업 등을 수행할 때 사용할 수 있는 SQL Plus 명령어를 정리하면 [그림 3-7]과 같다. 명령문 사용 방법은 [실습 3-7]을 참고하면 쉽게 파악할 수 있다.

명령문	축약어	기능
APPEND text	A text	SQL 버퍼의 현재 라인 끝에 text 추가
CHANGE/old/new	C/old/new	현재 라인의 old text를 new text로 변경
CHANGE/text	C/text/	현재 라인에서 text 삭제
CLEAR BUFFER	CL BUFF	모든 라인 삭제
DEL		현재 라인 삭제
DEL n		n번째 라인의 text 삭제
DEL m n		m번째 라인부터 n번째 라인까지의 text 삭제
INPUT	I	현재 라인 다음에 text 추가
INPUT text	I text	현재 라인 다음에 text 추가
LIST	L	모든 라인 출력

LIST n	L n	n번째 라인의 text 출력
LIST m n	L m n	m번째 라인부터 n번째 라인까지의 text 출력
n		n번째 라인으로 이동
n test		n번째 라인 내용을 text로 변경
0 text		1번째 라인 앞에 text 추가

[그림 3-7] SQL Plus의 명령어 사용법 요약

▌[실습 3-8] SQL Plus 파일 관리 명령어 실습(4/4)

```
SQL> select studno, name, grade, deptno from student;

SQL> save ex1.sql  // sqlplus를 수행한 디렉터리에 파일 생성
file ex1.sql(이)가 생성되었습니다.

SQL> get ex1.sql
* select studno, name, grade, deptno from student

SQL> spool ex2.txt  // 이후 출력 결과를 ex2.txt에 저장
SQL> run // 출력되면서 동시에 결과를 ex2.txt에 저장
SQL> spool off // 출력 결과의 저장을 해제
SQL> get ex2.txt // 출력된 결과를 확인
    SQL> run
        select studno, name, grade, deptno from student

    STUDNO  NAME                    GR  DEPTNO
    --------- -------------------- -- ----------
    2017106009  김우진               4    101
    2017113009  김의준               1    201
    2018113008  김진수               1    101
    2019113015  박태영               3    101
    2018113023  이은영               1    201
    2019113006  김시현               2    102
    2019113009  노유진               2    101
    2019113010  문종진               4    102
    2019113015  김소현               1    102
    2019113018  송하나               2    101
    2019113022  오병택               1    101

    STUDNO  NAME                    GR  DEPTNO
    --------- -------------------- -- ----------
    2019113024  윤경민               3    102
    2019113027  이민석               4    101
    2018114078  장진홍               2    201
```

```
    2017116780    강동수              4      201
    2017116782    류민정              2      101

    16 행이  선택되었습니다.

*  SQL> spool off
```

[실습 3-8]은 SQL Plus에서 파일 관리 명령어의 사용법을 보여준다. 이때, 함께 사용할 수 있는 SQL Plus 명령어를 정리하면 [그림 3-8]과 같다. 요약된 명령문의 사용 예는 [실습 3-8]을 참고하면 쉽게 파악할 수 있다.

명령문	의미
SAVE filename	현재 SQL 버퍼의 내용을 파일에 저장
GET filename	SAVE 명령어로 저장한 파일 내용을 SQL 버퍼에 올림
START filename	파일을 읽고 즉시 실행
@filename	파일을 읽고 즉시 실행
EDIT filename	저장된 파일 내용을 편집
SPOOL filename OFF|OUT	파일에 출력 결과를 저장 OFF는 SPOOL 파일을 닫음 OUT은 SPOOL 파일을 닫고 프린터로 전송

[그림 3-8] SQL Plus의 파일 관련 명령어 요약

2.5　RDBMS의 데이터 타입

RDBMS로 다양한 데이터를 관리해야 하므로 다룰 수 있는 데이터 타입도 여러 가지가 있다. 이번에는 RDBMS에서 다룰 수 있는 데이터 타입과 간단한 설명을 제공한다. 이 부분은 RDBMS마다 조금씩 다를 수 있으며, 필요한 경우에 찾아서 사용하면 된다. 간단하게 표로 정리하면 [그림 3-9]와 같다.

참고로, RDBMS는 기업에서 사용하는 DBMS다. 당연히 기업이 필요로 하는 다양한 데이터를 저장할 수 있고, 복잡한 조건식에 맞는 데이터를 찾아서 고객에게 전달하는 기능을 제공한다. **이점이 RDBMS의 장점이자 단점이다.** 예로, 구글에서 고객이 검색하는 명령어를 저장하는 DBMS는 데이터의 모습도 간단하며, 복잡한 조건식이 필요하지 않기에 사내 환경에 맞는 DBMS를 별도로 제작하여 사용한다.

데이터 타입	설명
CHAR(size)	size 크기의 고정 길이 문자 데이터 타입, 1바이트~2000바이트
VARCHAR2(size)	size 크기의 가변 길이 문자 데이터 타입, 1바이트~4000바이트
NVARCHAR2(size)	국가별 문자 집합에 따른 size 크기의 문자 또는 가변 길이 문자 데이터 타입
NUMBER(p, s)	정밀도(p)와 스케일(s)로 표현되는 숫자 데이터 타입
DATE	날짜 형식을 지정하기 위한 데이터 타입
ROWID	테이블 내 행의 고유 주소를 가지는 64진수 문자 타입
CLOB	대용량 텍스트 데이터를 저장하기 위한 데이터 타입, 4G까지
BFILE	대용량 바이너리 데이터를 파일 형태로 저장하기 위한 데이터 타입, 4G까지
TIMESTAMP(n)	DATE 타입의 확장된 형태, n은 밀리세컨 자릿수로 최대 9자리
INTERVAL YEAR TO MONTH	연과 월을 이용하여 기간을 저장
INTERVAL DAY TO SECOND	일, 시, 분, 초를 이용하여 기간을 저장

[그림 3-9] RDBMS의 데이터 타입 요약

▌중요한 데이터 타입에 대한 설명

- **CHAR** : 고정 길이 문자 데이터다. 남는 부분은 null로 채운다.
- **VARCHAR2** : 문자열 크기만큼만 할당한다. 실무에서 많이 사용한다.
- **NUMBER(p, s)** : p는 소숫점을 포함한 전체 자릿수, s는 소숫점 자릿수다.
- **DATE** : 날짜나 시간에 대한 연산이나 이력 관리에 사용한다. TO_DATE 함수는 문자 데이터를 날짜로 변환한다. SYSDATE 함수는 시스템의 현재 날짜와 시간을 반환한다.
- **LOB** : 텍스트, 그래픽 이미지, 동영상, 소리(음악)와 같은 데이터를 저장한다.
  - BLOB는 그래픽 이미지, 동영상, 소리와 같은 바이너리 데이터 저장에 사용한다.
  - CLOB는 e-Book과 같은 대용량 텍스트 데이터의 저장에 사용한다.
  - NLOB는 국가별 문자셋(유니코드) 데이터를 저장한다.
- **ROWID**는 테이블에서 행의 위치를 지정하는 논리적인 주소값이며, DBMS 내에서 중복되지 않는 유일한 값으로 데이터가 입력되면 자동 생성된다. 변경 불가하다.
- **TIMESTAMP**는 DATE 타입의 확장형으로 백만 분의 일 초 단위까지 표현할 수 있다.
- "INTERNAL YEAR(3) to MONTH"와 같이 선언된 곳에 "100-2"가 입력되면 100년 2개월을 의미한다. "INTERNAL YEAR(3)"과 같이 선언된 곳에 "100"이 입력되면 100년을 의미한다.

여기까지 1절, 2절에서 RDBMS를 설치하는 방법과 SQL을 소개했으며, SQL을 사용할 수 있게 해주는 SQL Plus에 관해 설명하였다. 추가로 실습을 위한 E-R 모델을 오라클 RDBMS에 물리적으로 구축하여 테스트하였다. 이제 RDBMS를 공부하는 데 가장 중요한 SQL 언어를 공부한다.

SQL 언어에 관한 공부는 다음 순서로 진행한다.

- 데이터 질의를 위한 SQL 언어
- 데이터 조작을 위한 SQL 언어
- 데이터 정의를 위한 SQL 언어
- 트랜잭션 처리를 위한 SQL 언어
- 데이터 제어를 위한 SQL 언어

03 데이터 질의를 위한 SQL 언어

데이터베이스 관리 시스템(이하 RDBMS)을 사용하는 이유는 원하는 자료를 원하는 시간에 원하는 형태로 얻기 위함이며, 이 작업을 위하여 SQL에서는 많은 기능을 제공하고 있다. 실습을 통해 SQL이 제공하는 질의 언어에 대해 공부해보자.

실무에서 사용하는 SQL 언어는 복잡하고 긴 문장으로 구성되는데, 여러 테이블에서 여러 데이터를 다양한 형태로 가져와야 하기 때문이다. 실무에서 사용하는 복잡한 질의문을 지금 공부하기보다는, SQL 문을 이용하는 질의 기능의 원리를 정확히 이해하는 것이 더 좋은 공부 방법이다. **이번 장에서는 간단하지만 다양한 실습으로 SQL 문의 질의 기능에 대한 원리를 배워본다.** 실습에 사용하는 RDBMS는 2-3의 [실습 3-2]에서 구축하였다.

3.1 기본적인 질의 기능

▌[실습 3-9] 비교 연산자를 사용한 질의 기능

```
// where와 비교 연산자를 사용하여 원하는 자료를 얻는다.
// 학생 중에서 grade(학년)가 2인 학생의 studno, name, deptno를 구한다.
SQL> select studno, name, deptno from student where grade = '2';

  STUDNO          NAME                    DEPTNO
--------------------------------------------------------
 2019113006       김시현                   102
 2019113009       노유진                   101
 2019113018       송하나                   101
 2018114078       장진홍                   201
 2017116782       류민정                   101

// 몸무게(weight)가 60이거나 그보다 작은 학생의 studno, name, weight을 구한다.
SQL> select studno, name, weight from student where weight <= 60;

STUDNO       NAME                    WEIGHT
---------- -------------------- ----------------
 2018113008   김진수                    55
 2018113023   이은영                    50
 2019113009   노유진                    42
```

| 2019113018 | 송하나 | 54 |
| 2018114078 | 장진홍 | 51 |

SQL에서 사용할 수 있는 비교 연산자는 [그림 3-10]과 같다.

=	같다
!= 〈〉	같지 않다
〉	크다
〉=	크거나 같다
〈	작다
〈=	작거나 같다

[그림 3-10] SQL에서 사용하는 비교 연산자

▋[실습 3-10] 논리 연산자를 사용한 질의 기능

```
// 논리 연산자(and, or, not)를 사용해서 원하는 자료를 얻는다.
// 학생 테이블에서 학년(grade)이 2이고, 몸무게(weight)가 70이거나 작은 학생의 name, grade, weight을
   구하라.
SQL> select name, grade, weight from student where grade = '2' and weight <= 70;

NAME                   GR  WEIGHT
-------------------- -- -----------------
김시현                   2     68
노유진                   2     42
송하나                   2     54
장진홍                   2     51
```

▋[실습 3-11] SQL 연산자를 사용한 질의 기능

```
// SQL 연산자 중, BETWEEN a AND b를 사용한 질의문
// 학생 테이블에서 몸무게(weight)가 40~60 사이인 학생의 studno, name, weight, grade를 구하라.
SQL> select studno, name, weight, grade from student where weight between 40 and 60;

 STUDNO     NAME                  WEIGHT       GR
---------- -------------------- ---------- --------------------------
2018113008  김진수                  55          1
2018113023  이은영                  50          1
2019113009  노유진                  42          2
2019113018  송하나                  54          2
2018114078  장진홍                  51          2
```

```
// SQL 연산자 중, IN을 사용한 질의문
// 학생 테이블에서 deptno가 101 또는 102인 학생의 studno, name, grade, deptno를 구하라.
SQL> select name, grade, deptno from student where deptno IN(101, 102);

NAME                 GR DEPTNO
------------------- -- ----------
김우진                 4       101
김진수                 1       101
박태영                 3       101
김시현                 2       102
노유진                 2       101
문종진                 4       102
김소현                 1       102
송하나                 2       101
오병택                 1       101
윤경민                 3       102
이민석                 4       101

NAME                 GR  DEPTNO
------------------- -- ----------
류민정                 2       101

12 행이 선택되었습니다.

// SQL 연산자 중, LIKE를 사용한 질의문
// 학생 테이블에서 name이 송으로 시작하는 학생의 name, grade를 구하라.
SQL> select name, grade from student where name LIKE '송%';

NAME                 GR
------------------------
송하나                 2

// 학생 테이블에서 name이 이로 시작하고, 석으로 끝나는 학생의 name, grade를 구하라.
SQL> select name, grade from student where name LIKE '이_석';

NAME                 GR
------------------- --------
이민석                 4

// SQL 연산자 중, NULL을 사용한 질의문
// RDBMS에서 NULL은 값이 존재하지 않음을 지시하는 표시다.
// 교수 테이블에서 name, position, comm을 구하라.
SQL> select name, position, comm from professor;

NAME                 POSITION                              COMM
------------------- ------------------------------------- -----------
조민호                 교수                                    20
```

```
김주연                            조교수
조현희                            조교수                              15
조현영                            전임강사
조현익                            교수                                25
주형준                            부교수
임정욱                            전임강사
손흥민                            부교수                              17

8 행이 선택되었습니다.

// COMM의 값이 NULL 문자열인지를 검사한다.
SQL> select name, position, comm from professor where comm = NULL;

선택된 레코드가 없습니다.

// COMM 값이 NULL인(=인센티브를 못 받은) 교수의 name, position, comm을 출력하라.
SQL> select name, position, comm from professor where comm is NULL;

NAME                          POSITION                          COMM
-------------------- --------------------------------------- ---------------
김주연                            조교수
조현영                            전임강사
주형준                            부교수
임정욱                            전임강사
```

여기까지 비교 연산자, 논리 연산자, SQL 연산자, IN, LIKE, NULL을 사용한 SQL 질의에 대한
실습을 수행하였다. 기본적이지만 가장 많이 사용하는 기능을 주제로 공부하였다. 매우 중요하
므로 [실습 3-12]를 통하여 그동안 공부한 내용을 복습하자.

▌[실습 3-12] SQL 질의어를 복습하기 위한 예제

```
// 102번 학과의 학생 중에서 1학년 또는 4학년 학생의 이름, 학년, 학과 번호를 출력하라.
SQL> select name, grade, deptno from student where deptno = 102 and (grade = '1' or
grade = '4');

NAME                 GR DEPTNO
-------------------- -- ----------
문종진                4   102
김소현                1   102

// 102번 학과의 학생 중에서 4학년 학생이거나, 소속 학과에 상관없이 1학년 학생들의 이름, 학년, 학과 번호를 출력하라.
SQL> select name, grade, deptno
     from student
     where (deptno = 102 and grade = '4')
     or grade = '1';
```

```
NAME                    GR   DEPTNO
-------------------     --   ----------
김의준                   1    201
김진수                   1    101
이은영                   1    201
문종진                   4    102
김소현                   1    102
오병택                   1    101

6  행이  선택되었습니다.
```

[실습 3-12]에서 SQL 질의문을 제작할 때 첫 번째처럼 쓰는 방법과 두 번째처럼 쓰는 방법이
있다. 당연히 두 번째 방법이 읽기도 편하고, 작성자 입장에서도 명확하게 생각하는 데 도움을
준다.

▌[실습 3-13] 집합 연산자를 이용한 질의 기능

```
// 집합 연산자를 테스트하기 위하여 학생 테이블에서 몸무게 60 이상이고, 학년(grade)이 1학년인 학생을 뽑아서
   temp_stud 테이블을 만든다.
SQL> create table temp_stud
     as
     select * from student
     where weight >= 60 and grade = 1;

테이블이  생성되었습니다.

// 새로 생성된 테이블의 내용을 확인한다.
SQL> select name from temp_stud;

NAME
--------------------
김의준
김소현
오병택

// 집합 연산자를 테스트하기 위하여 학생 테이블에서 부서(deptno)가 101이고, 학년(grade)이 1학년인 학생을
   뽑아서 temp_stud2 테이블을 만든다.
SQL> create table temp_stud2
     as
     select * from student
     where deptno = 101 and grade = 1;

테이블이  생성되었습니다.
```

```
SQL> select name from temp_stud2;

NAME
--------------------
김진수
오병택

// 새로 생성한 두 테이블의 UNION (중복을 제외한 합집합) 을 구한다.
SQL> select studno, name from temp_stud
    union
    select studno, name from temp_stud2;

STUDNO      NAME
---------- --------------------
2017113009  김의준
2019113015  김소현
2019113022  오병택
2018113008  김진수

// 새로 생성한 두 테이블의 UNION ALL (중복을 포함한 합집합) 을 구한다.
SQL> select studno, name from temp_stud
    union all
    select studno, name from temp_stud2;

STUDNO      NAME
---------- --------------------
2017113009  김의준
2019113015  김소현
2019113022  오병택
2018113008  김진수
2019113022  오병택
```

▌[실습 3-14] order by를 이용한 질의 결과의 정렬

```
// order by에 의해서 질의 결과를 원하는 순서로 정렬할 수 있다.
/* 학생 테이블에서 얻은 name, grade, tel을 이름순으로 정렬한다. 정렬 기준은 문자값은 알파벳 순서,
   한글은 가나다 순서, 숫자값은 작은 값부터, 날짜는 과거부터 NULL은 오름차순에선 가장 나중에, 내림차순에선
   가장 먼저 보여준다. */
SQL> select name, grade, tel from student order by name;

NAME                 GR TEL
-------------------- -- -------------------------
강동수                4  02)785-6984
김소현                1  043)496-8784
김시현                2  043)319-4328
김우진                4  043)891-2158
```

```
김의준              1    043)226-1752
김진수              1    043)761-8947
노유진              2    043)698-9627
류민정              2    043)640-7679
문종진              4    043)824-9318
박태영              3    043)524-8637
송하나              2    02)7512-1458


NAME                GR  TEL
------------------- --  ------------------------

오병택              1    02)3239-4861
윤경민              3    043)587-2698
이민석              4    043)936-1981
이은영              1    043)742-6384
장진홍              2    043)179-3941
```

16 행이 선택되었습니다.

```
/* 학생 테이블에서 deptno가 101인 학생의 name, grade, deptno, birthdate를 birthdate 기준으로
   과거 날짜부터 정렬하여 보여준다. */
SQL> select name, grade, deptno, birthdate
     from student
     where deptno = 101
     order by birthdate;


NAME                GR  DEPTNO     BIRTHDAT
------------------- --  ---------- --------

김우진              4    101        01/04/16
이민석              4    101        01/08/18
박태영              3    101        01/08/21
노유진              2    101        02/05/08
송하나              2    101        02/06/19
류민정              2    101        02/08/19
오병택              1    101        03/03/16
김진수              1    101        03/07/12
```

8 행이 선택되었습니다.

// 다중 정렬을 이용하는 방법
```
/* 학생 테이블에서 학과 번호를 오름차순으로 정렬하고, 같은 학과 학생은 학년이 높은 순으로 정렬하여
   studno(학번), name(이름), grade(학년), deptno(학과 번호), userid(사용자 아이디)를 출력하라. */
SQL> select studno, name, grade, deptno, userid
     from student
     order by deptno, grade DESC;


 STUDNO     NAME                GR  DEPTNO     USERID
---------- ------------------- --  ---------- --------------------

2017106009 김우진              4    101        wjkim
```

```
2019113027   이민석              4      101      panda7
2019113015   박태영              3      101      taeyoung
2019113018   송하나              2      101      songhn
2019113009   노유진              2      101      minky2
2017116782   류민정              2      101      MoneyG
2018113008   김진수              1      101      jinsu414
2019113022   오병택              1      101      ByungT
2019113010   문종진              4      102      moonstar
2019113024   윤경민              3      102      Salsa
2019113006   김시현              2      102      shyun

STUDNO       NAME               GR DEPTNO      USERID
----------   --------------------  --  ----------  --------------------
2019113015   김소현              1      102      shyun
2017116780   강동수              4      201      waterM
2018114078   장진홍              2      201      Jinhong
2017113009   김의준              1      201      ejkim
2018113023   이은영              1      201      eylee2

16  행이  선택되었습니다.
```

여기까지가 SQL의 데이터 질의어인 select에 대한 기본적인 사용법이다. 사실 가장 중요한 부분이라 할 수 있다. 앞에서 설명한 where, in, order by, Like, IN 등의 사용법을 잘 숙지하기를 바란다. 이미 알고 있겠지만 SQL에서는 대소문자를 구별하지는 않는다. 다만, 명령문의 식별을 위해 필요한 경우 적절하게 대소문자를 활용하면 좋을 것이다.

이 책의 예를 숙지했다고 SQL의 도사가 되는 것은 아니다. 예시는 SQL에서 제공하는 기능 중 중요하면서도 많이 사용하는 기능을 빠짐없이 정확하게 설명하고 이해시키기 위한 목적이다. 이 책의 내용을 이해한 후, RDBMS 도사가 되기 위해서는 엄청나게 힘들고 긴(⌒⌒;) 실무 경험이 필요할 것이다. 사실 저자도 아직 공부 중이다.

3.2   행을 대상으로 동작하는 SQL 함수의 사용

SQL을 활용한 조회를 위해서는 3-1에서 설명한 기본적인 기능이 가장 중요하지만, 데이터 조회 및 조작을 가능하게 하는 함수도 필요한 경우가 많다. 이번에는 SQL이 제공하는 함수를 '행을 대상으로 동작하는 함수(3-2)'와 '테이블을 대상으로 동작하는 함수(3-3)'의 두 부분으로 나누어 설명한다. 이번에 설명할 행을 대상으로 동작하는 함수의 종류를 [그림 3-11]에 요약하였다.

[그림 3-11] 행을 대상으로 동작하는 SQL 함수의 범위

▌[실습 3-15] 문자 함수의 사용

```
/* 대소문자 변환 함수는 3가지가 있다.
   - INITCAP : 문자열의 첫 번째 문자만 대문자로 변환
   - LOWER : 문자열 전체를 소문자로 변환
   - UPPER : 문자열 전체를 대문자로 변환 */
// 학생 테이블에서 name이 '박태영'인 학생의 name, userid, INITCAP(userid)를 출력하라.
SQL> select name, userid, initcap(userid)
     from student
     where name = '박태영';


NAME                   USERID               INITCAP(USERID)
--------------------   ------------------   --------------------
박태영                  taeyoung             Taeyoung



/* 문자열 길이 변환 함수는 2가지가 있다.
   -LENGTH : 문자열의 길이를 반환
   -LENGTHB : 문자열의 바이트 수를 반환 */
// 부서(department) 테이블에서 dname을 LENGTH, LENGTHB를 적용하여 출력하라.
SQL> select dname, length(dname), lengthb(dname)
     from department;
```

DNAME	LENGTH(DNAME)	LENGTHB(DNAME)
인공지능학과	6	18
전기공학과	5	15
컴퓨터학부	5	15
전기전자학부	6	18
공과대학	4	12

```
/* 문자열 조작 함수는 다음과 같다.
   - CONCAT : 두 문자열을 결합, CONCAT('sql', 'plus') → sqlplus
   - SUBSTR : 특정 문자 또는 문자열 일부를 추출
             SUBSTR('SQL*PLUS', 5, 4) → PLUS(5부터 4개의 문자)
   - INSTR : 특정 문자가 출현하는 첫 번째 위치를 반환
             INSTR('SQL*PLUS', '*') → 4
```

```
        - LPAD : 오른쪽 정렬 후, 왼쪽에 지정 문자를 삽입,
                 LPAD('sql', 5, '*') → **sql
        - RPAD : 왼쪽 정렬 후, 오른쪽에 지정 문자를 삽입
        - LTRIM : 왼쪽의 지정 문자를 삭제
        - RTRIM : 오른쪽의 지정 문자를 삭제 */
```

```
// 학생 테이블에서 1학년 학생의 주민등록번호에서 생년월일과 태어난 달을 추출하여 이름, 주민등록번호,
   생년월일, 태어난 달을 출력하라.
SQL> select name, idnum, substr(idnum, 1, 6) birth_date,
     substr(idnum, 3, 2) birth_month
     from student where grade = '1';
```

NAME	IDNUM	BIRTH_DATE	BIRTH_MONTH
김의준	0305151795577	030515	05
김진수	0307121875522	030712	07
이은영	0307182862299	030718	07
김소현	0309162376642	030916	09
오병택	0303161865599	030316	03

```
// 부서 테이블의 부서 이름 칼럼에서 '공' 글자의 위치를 출력하라.
SQL> select dname, INSTR(dname, '공') from department;
```

DNAME	INSTR(DNAME,'공')
인공지능학과	2
전기공학과	3
컴퓨터학부	0
전기전자학부	0
공과대학	1

```
// 교수 테이블에서 직급 칼럼의 왼쪽에 - 문자를 삽입하여 10바이트로 출력하고, 교수 아이디 칼럼은 오른쪽에
   # 글자를 삽입하여 12바이트로 출력하라.
SQL> select position, LPAD(position, 10, '-') LPAD_PO,
     userid, RPAD(userid, 10, '#') RPAD_ID
     from professor;
```

OSITION	PAD_PO	USERID	RPAD_ID
교수	------교수	Tomcruse	Tomcruse##
조교수	----조교수	babara	babara####
조교수	----조교수	Pretty	Pretty####
전임강사	--전임강사	hycho	hycho#####
교수	------교수	hicho	hicho#####
부교수	----부교수	hyung45	hyung45###
전임강사	--전임강사	torch	torch#####
부교수	----부교수	topclass	topclass##

[실습 3-16] 숫자 함수의 사용

```
/* 숫자 함수는 다음 종류가 있다.
   - ROUND : 지정한 자리에서 반올림, ROUND(123.17, 1) → 123.2
   - TRUNC : 지정한 자리 이하에서 절삭, TRUNC(123.17, 1) → 123.1
   - MOD : m을 n으로 나눈 나머지,MOD(12, 10) → 2
   - CEIL : 지정한 값보다 큰 수 중에서 가장 작은 정수, CEIL(123.17) → 124
   - FLOOR : 지정한 값보다 작은 수 중에서 가장 큰 정수, FLOOR(123.17) → 123 */
```

```
SQL> select name, sal, sal/12, round(sal/12) from professor;
```

NAME	SAL	SAL/12	ROUND(SAL/12)
조민호	500	41.6666667	42
김주연	320	26.6666667	27
조현희	360	30	30
조현영	240	20	20
조현익	450	37.5	38
주형준	420	35	35
임정욱	210	17.5	18
손흥민	400	33.3333333	33

8 행이 선택되었습니다.

[실습 3-17] 날짜 함수의 사용

```
/* 날짜 계산 방법은 4가지가 있다.
   - 날짜 + 숫자 → 날짜에 일수를 가산하여 날짜 계산
   - 날짜 - 숫자 → 날짜에 일수를 감산하여 날짜 계산
   - 날짜 - 날짜 → 날짜와 날짜를 감산하여 일수 계산
   - (날짜 + 숫자)/24 → 날짜에 숫자를 가산하여 날짜 계산 */
SQL> select name, hiredate, hiredate+30
     from professor;
```

NAME	HIREDATE	HIREDATE
조민호	13/03/01	13/03/31
김주연	19/04/12	19/05/12
조현희	18/05/21	18/06/20
조현영	15/03/01	15/03/31

```
조현익                          15/03/01  15/03/31
주형준                          12/09/13  12/10/13
임정욱                          19/03/01  19/03/31
손흥민                          12/11/18  12/12/18
```

8 행이 선택되었습니다.

```
// dual 테이블은 오라클에서 임시로 운영하는 테이블이다. 시스템의 날짜를 알고 싶은 경우, 문법상 테이블
   이름 대신 dual을 사용한다.
SQL> select sysdate from dual;


SYSDATE
--------
23/11/08


// 시스템에서 얻은 날짜 정보를 보기 좋은 형태로 변형하여 출력한다.
SQL> select to_char(sysdate, 'yy/mm/dd hh24:mi:ss') from dual;


TO_CHAR(SYSDATE,'YY/MM/DDHH24:MI:S
----------------------------------
23/11/08 16:22:45


/* sysdate 외에도 날짜와 관련된 함수로
    MONTHS_BETWEEN : 날짜와 날짜 사이의 개월을 계산,
    ADD_MONTHS : 날짜에 개월을 더한 날짜를 계산,
    NEXT_DAY : 날짜 이후의 첫 요일의 날짜를 계산,
    LAST_DAY : 월의 마지막 날짜를 계산,
    ROUND : 날짜 반올림,
    TRUNC : 날짜 절삭 등이 있다. 다음 예를 참고한다. */


// 입사한 지 1,000개월 미만인 교수의 교수 번호, 이름, 입사일, 입사일로부터 현재 일까지의 개월 수, 입사일로부터
   6개월 후의 날짜를 출력하라.
SQL> select profno, name, hiredate,
    MONTHS_BETWEEN(sysdate, hiredate) Work_Month,
    ADD_MONTHS(hiredate, 6) Later6Mon from professor
    where MONTHS_BETWEEN(sysdate, hiredate) < 1000;


    PROFNO    NAME        HIREDATE    WORK_MONTH      LATER6MO
---------- -------------------- -------------------------------
   1130022  조민호       13/03/01    128.248144      13/09/01
   1129879  김주연       19/04/12     54.893305      19/10/12
   1157830  조현희       18/05/21     65.6029824     18/11/21
   1156715  조현영       15/03/01    104.248144      15/09/01
   1189065  조현익       15/03/01    104.248144      15/09/01
   1178499  주형준       12/09/13    133.861047      13/03/13
   1165399  임정욱       19/03/01     56.2481437     19/09/01
   1196733  손흥민       12/11/18    131.699757      13/05/18
```

8 행이 선택되었습니다.

```
// 오늘이 속한 달의 마지막 날짜와 다가오는 토요일의 날짜를 출력하라.
SQL> select sysdate, last_day(sysdate), next_day(sysdate, '토') from dual;


SYSDATE      LAST_DAY        NEXT_DAY
----------   --------------  --------------
23/11/08     23/11/30         23/11/11
```

▌[실습 3-18] 변환 함수의 사용

```
/* 변환 함수 중 데이터 타입 변환 함수는 두 가지가 있다.
   1. 묵시적인 데이터 타입 변환
   VARCHAR/CHAR가 NUMBER 타입으로 변환
   2. 명시적인 데이터 타입 변환
   -TO_CHAR : 문자로 변환
   -TO_NUMBER : 숫자로 변환
   -TO_DATE : 날짜 타입으로 변환 */
SQL> select sysdate 현재 날짜, to_char(sysdate, 'cc') 세기,
     to_char(sysdate, 'yyyy') 년도, to_char(sysdate, 'day') 요일 from dual;


현재 날짜    세기    년도    요일
------------------------------
23/11/08    21     2023    수요일


// 학생 테이블에서 노유진 학생의 학번과 생년월일 중에서 연월만 출력하라.
SQL> select studno, to_char(birthdate, 'yyy-mm') birthdate from student
     where name = '노유진';


 STUDNO          BIRTHDATE
--------------   ----------------
 2019113009      002-05


// 학생 테이블에서 101번 학과 학생의 이름, 생년월일을 출력하라. 생년월일은 요일, 월, 일, 년도 형식이다.
SQL> select name, to_char(birthdate, 'day, month, dd, yyyy') birthdate
     from student where deptno = 101;


NAME                   BIRTHDATE
--------------------   ----------------------------
김우진                  월요일, 4월 , 16, 2001
김진수                  토요일, 7월 , 12, 2003
박태영                  화요일, 8월 , 21, 2001
노유진                  수요일, 5월 , 08, 2002
송하나                  수요일, 6월 , 19, 2002
오병택                  일요일, 3월 , 16, 2003
이민석                  토요일, 8월 , 18, 2001
```

류민정   월요일, 8월 , 19, 2002

8 행이 선택되었습니다.

// 교수 테이블에서 학과 교수의 이름과 입사일을 다음 형식에 맞추어 출력하라.
```
SQL> select name, to_char(hiredate, 'MONTH DD, YYYY HH24:MI:SS PM')
     hiredate from professor;
```

```
NAME            HIREDATE
------------------------------------------------------------------
조민호          3월 01, 2013 00:00:00 오전
김주연          4월 12, 2019 00:00:00 오전
조현희          5월 21, 2018 00:00:00 오전
조현영          3월 01, 2015 00:00:00 오전
조현익          3월 01, 2015 00:00:00 오전
주형준          9월 13, 2012 00:00:00 오전
임정욱          3월 01, 2019 00:00:00 오전
손흥민         11월 18, 2012 00:00:00 오전
```

8 행이 선택되었습니다.

// 교수 테이블에서 이름, 급여, 보직 수당, 그리고 급여와 보직수당을 더한 값에 12를 곱한 결과를 연봉으로
출력하라.
```
SQL> select name, sal, comm, to_char((sal+comm)*12, '9,999')
     Annual_Salary from professor;
```

```
NAME                     SAL        COMM   ANNUAL_SALAR
-------------------- ---------- ---------- ------------
조민호                   500         20    6,240
김주연                   320
조현희                   360         15    4,500
조현영                   240
조현익                   450         25    5,700
주형준                   420
임정욱                   210
손흥민                   400         17    5,004
```

8 행이 선택되었습니다.

▌[실습 3-19] 일반 함수의 사용

```
/* NVL:NULL을 0 또는 다른 값으로 변환하기 위한 함수
   다음 식에서 sal+NVL(comm, 0)은 comm 중 NULL을 0으로 변환한 후 sal과 합하는 것을 의미한다.
   NVL(sal+comm, sal)은 comm이 NULL인 행을 제외하고 더하기를 수행한 후, 결과가 NULL인 경우 sal로
   대체된다.
   NVL의 확장 함수는 NVL2, NULLIF, COALESCE 등이 있지만 여기선 다루지 않는다. */
```

```
SQL> select name, sal, comm, sal+comm, sal+NVL(comm, 0) Result1,
    NVL(sal+comm, sal) Result2 from professor;


NAME    SAL    COMM         SAL+COMM   RESULT1   RESULT2
----------------------------------  --------------------------------
조민호   500    20            520       520       520
김주연   320                           320       320
조현희   360    15            375       375       375
조현영   240    .                       240       240
조현익   450    25            475       475       475
주형준   420                           420       420
임정욱   210                           210       210
손홍민   400    17            417       417       417


8 행이 선택되었습니다.
```

// **DECODE 함수의 사용**

// 교수 테이블에서 교수의 학과 번호를 통합하여 출력하라. 101, 102는 컴공과, 201, 202는 전자과로 변환한다.

```
SQL> select name deptno, DECODE(deptno, 101, '컴공과', 102, '컴공과',
    201, '전자과', 202, '전자과') Big_Category from professor;


DEPTNO                BIG_CATEGORY
--------------------  ------------------
조민호                컴공과
김주연                전자과
조현희                컴공과
조현영                컴공과
조현익                컴공과
주형준                컴공과
임정욱                컴공과
손홍민                전자과


8 행이 선택되었습니다.
```

// **CASE 함수의 사용**

// 교수 테이블에서 소속 학과에 따라 보너스를 다르게 계산하여 출력하라. 010이면 10%, 102면 20%, 201이면
    30%, 나머지는 0%다.

```
SQL> select name, deptno, sal,
    CASE WHEN deptno = 101 THEN sal*0.1
        WHEN deptno = 102 THEN sal*0.2
        WHEN deptno = 201 THEN sal*0.3
        ELSE 0
    END bonus
    from professor;


NAME                  DEPTNO     SAL      BONUS
--------------------  ---------  -------  ----------
```

조민호	101	500	50
김주연	201	320	96
조현회	101	360	36
조현영	102	240	48
조현익	102	450	90
주형준	101	420	42
임정욱	101	210	21
손흥민	202	400	0

8 행이 선택되었습니다.

여기까지 SQL을 활용할 때 사용할 수 있는 함수에 대한 설명을 마친다.

예제를 통해 RDBMS를 구성하는 테이블의 단일 행을 대상으로 작업을 수행하는 함수를 설명하였다. 앞에서 설명한 함수를 잘 조합하면 원하는 결과를 대부분 얻을 수 있을 것이다.

3.3 테이블을 대상으로 동작하는 SQL 함수

SQL에서는 3-2에서 설명한 행을 대상으로 동작하는 함수 외에도 테이블을 대상으로 동작하는 함수가 있다. 정리하면 [그림 3-12]와 같다.

종류	의미
COUNT	행의 개수 출력
MAX	NULL을 제외한 모든 행에서 최댓값
MIN	NULL을 제외한 모든 행에서 최솟값
SUM	NULL을 제외한 모든 행의 합계
AVG	NULL을 제외한 모든 행의 평균값
STDDEV	NULL을 제외한 모든 행의 표준편차
VARIANCE	NULL을 제외한 모든 행의 분산 값
GROUPING	해당 칼럼에 그룹이 사용되었는지 여부를 1 또는 0으로 반환
GROUPING SETS	한 번의 질의로 여러 개를 그룹화하는 기능
GROUP BY	칼럼을 그룹핑하는 기능
ROLLUP	GROUP BY 절의 그룹 조건에 따라 전체 행을 그룹화하고 각 그룹에 대해 부분합을 구한다(학과별, 직급별로 그룹핑하는 경우 학과별 합계를 구한다)
CUBE	Rollup에 기능을 추가한다(학과별, 직급별로 그룹핑하는 경우 학과별 합계 외에 직급별 합계도 구한다)

[그림 3-12] 테이블을 대상으로 동작하는 SQL 함수

▌[실습 3-20] COUNT 함수의 사용

```
//교수 중에서 보직 수당을 받는 교수의 수를 출력하라.
SQL> select count(comm) from professor;

COUNT(COMM)
-----------------
4
```

▌[실습 3-21] AVG, SUM, MIN, MAX, STDDEV, VARIANCE 함수의 사용

```
// 101번 학과 학생들의 몸무게 평균과 합계를 출력하라.
SQL> select AVG(weight), SUM(weight) from student where deptno = 101;

AVG(WEIGHT)      SUM(WEIGHT)
---------------  ----------------
  68.5             548
```

▌[실습 3-22] GROUP BY 함수의 사용

GROUPING, GROUPING SETS 함수를 배우기 전에 먼저 GROUP BY 함수를 설명한다.

```
// 학과별로 소속 교수들의 평균 급여, 최소 급여, 최대 급여를 출력하라.
SQL> select deptno, AVG(sal), MIN(sal), MAX(sal) from professor GROUP BY deptno;

DEPTNO     AVG(SAL)      MIN(SAL)   MAX(SAL)
-------------------------------------------------
  101       372.5         210        500
  201       320           320        320
  102       345           240        450
  202       400           400        400

// 전체 학생을 소속 학과별로 나누고, 같은 학과 학생은 다시 학년별로 그룹핑하여 학과와 학년별로 인원 수,
   평균 몸무게를 출력하라. 소숫점 이하 첫 번째 자리에서 반올림한다.
SQL> select deptno, grade, count(*), round(avg(weight)) from student group
     by deptno, grade;

DEPTNO   GR    COUNT(*)      ROUND(AVG(WEIGHT))
-------------------------------------------------
  101     4       2              82
  201     1       2              58
  101     1       2              64
```

```
101        3            1              88
102        2            1              68
101        2            3              56
102        4            1              92
102        1            1              68
102        3            1              70
201        2            1              51
201        4            1              62

11 행이  선택되었습니다.
```

▌[실습 3-23] ROLLUP, CUBE 함수의 사용

```
// ROLLUP 연산자를 이용하여 학과 및 직급별 교수 수, 학과별 교수 수, 전체 교수 수를 출력하라.
SQL> select deptno, position, count(*) from professor group by
     rollup(deptno, position);


DEPTNO      POSITION                         COUNT(*)
----------  ----------------------------     ----------
 101        교수                              1 // 학과, 직급별 교수 수
 201        조교수                            1
 101        조교수                            1
 102        전임강사                          1
 102        교수                              1
 101        부교수                            1
 101        전임강사                          1
 202        부교수                            1
 101                                         4 // 학과별 교수 수
 201                                         1
 102                                         2

DEPTNO POSITION                           COUNT(*)
----------  --------------------------------------  ----------
 202                                         1
                                            8 // 전체 교수 수

13 행이  선택되었습니다.


// CUBE 연산자를 이용하여 학과 및 직급별 교수 수, 학과별 교수 수, 직급별 교수 수, 전체 교수 수를
   출력하라. → Rollup보다 자세하다.
SQL> select deptno, position, count(*) from professor group by cube(deptno, position);

DEPTNO      POSITION                         COUNT(*)
----------  ----------------------------     ----------
                                            8 // 전체 교수 수
```

```
            교수                              2  // 직급별 교수 수
            부교수                            2
            조교수                            2
            전임강사                          2
   101                                        4  // 학과별 교수 수
   101      교수                              1  // 101학과, 직급별 교수 수
   101      부교수                            1
   101      조교수                            1
   101      전임강사                          1
   102                                        2  // 102학과, 직급별 교수 수


DEPTNO     POSITION                       COUNT(*)
---------- ------------------------------------------------
   102      교수  1
   102      전임강사  1
   201                                        1  // 201학과, 직급별 교수 수
   201      조교수  1
   202                                        1  // 202학과, 직급별 교수 수
   202      부교수  1

17 행이 선택되었습니다.
```

▌[실습 3-24] GROUPING SETS 함수의 사용

Grouping sets 함수는 Group by 절에서 여러 그룹 조건을 지정할 수 있는 함수다.

```
// 학과 내에서 학년별 인원 수와 태어난 연도별 인원 수를 출력하라.
SQL> select deptno, grade, to_char(birthdate, 'yyyy') birthdate, count(*)
     from student group by grouping sets((deptno, grade), (deptno,
     to_char(birthdate, 'yyyy')));

DEPTNO    GR      BIRTHDAT    COUNT(*)
------------------------------------------------
   101            2001            3  // 학과와 생일별 그룹
   201            2003            2
   101            2003            2
   102            2002            2
   101            2002            3
   102            2001            1
   102            2003            1
   201            2002            1
   201            2001            1
   2011                           2  // 학과와 학년별 그룹
   1011                           2
```

```
DEPTNO     GR        BIRTHDAT       COUNT(*)
------------------------------------------------
 101       3                        1
 102       2                        1
 101       2                        3
 102       4                        1
 102       1                        1
 102       3                        1
 201       2                        1
 201       4                        1
 101       4                        2

20 행이  선택되었습니다.
```

여기까지 SQL에서 제공하는, 행을 대상으로 하는 함수와 테이블을 대상으로 하는 함수를 각각 공부하였다. 실제로는 기본적인 함수를 주로 사용하기 때문에 앞에서 설명한 함수만 제대로 익히면 큰 불편은 없을 것이다. 이제 함수를 벗어나서 관계를 이용하는 조인을 주제로 공부해보자.

3.4 조인의 사용

앞에서는 하나의 테이블을 대상으로 원하는 자료를 얻는 여러 가지 방법을 학습하였다. **이번에는 여러 테이블에 저장된 데이터를 한 번에 조회할 수 있는 기능인 조인(Join)에 대하여 학습한다.**

조인을 사용하는 경우 고려할 주의 사항을 정리한다.

- **칼럼 이름의 애매성을 남기지 말 것** : 다음 예와 같이 칼럼이 어느 테이블에 속하는지를 명확히 나타내야 한다.

```
select student.studno, student.name, student.deptno, department.dname
from student, department
where student.deptno=department.deptno;
```

- **테이블 이름을 명확히 정할 것** : 다음 예와 같이 테이블 이름을 명확하게 설정해야 한다.

```
select s.studno, s.name, s.deptno, d.dname
from student s, department d
where s.deptno=d.deptno;
```

- **AND를 사용한 검색 조건 추가** : 다음 예와 같이 검색을 위한 AND 조건 등을 반드시 주어야 한다.

```
select s.studno, s.name, s,deptno, d.dname
from student s,department d
where s.deptno=d.deptno
and s.name='조민호';
```

조인을 사용할 때는 두 개 또는 세 개의 테이블이 합쳐진 후 데이터에 대한 조회가 발생하게 된다. 이 경우, 잘못된 SQL 문을 사용하면 전체 시스템의 성능에 큰 영향을 미치게 된다. 그러므로 조인을 사용할 때는 앞서 설명한 주의 사항 외에도 시스템의 성능에 영향을 미칠 수 있는 경우를 피하도록 해야 한다. 이를 위하여 특정 테이블을 합병하는 방법도 고려할 수 있으며, 이 작업을 비정규화라고 한다.

▌조인(Join)의 종류

- 카티션 곱(Cartesian product, cross join)
- EQUI JOIN
- NON-EQUI JOIN
- OUTER JOIN
- SELF JOIN

5가지 방식에 대하여 각각 별도로 설명한다.

▌[실습 3-25] 카티전 곱의 사용

카티전 곱은 두 개 이상의 테이블에 대해 연결할 수 있는 행을 모두 결합하는 조인 방법이다. 조인을 위한 SQL 쿼리에서 WHERE 절 혹은 JOIN 절이 잘못 기술되었거나 아예 없는 경우에 발생하게 된다. 카티전 곱은 시스템의 성능에 문제를 발생시킬 수 있으므로 신중히 사용해야 한다.

카티전 곱의 예는 다음과 같다. 다음 예는 student와 department라는 두 개의 테이블에서 자료를 얻는 방법이다. 다만, 이러한 SQL 문의 경우 WHERE 혹은 JOIN이 없어서 가능한 모든 결합 방법을 찾게 됨으로써 많은 결과가 출력되므로 성능 문제를 발생시킬 수 있다.

```
// 학생과 부서 테이블에서 이름, 학생의 부서 이름, 부서 이름, 위치를 출력하라.
SQL> select name, student.deptno, dname , loc
    from student, department;
```

이 SQL 문은 두 테이블 간 결합을 위한 조건이 없으므로, RDBMS는 가능한 모든 결합을 고려하여 출력한다. 결과가 너무 길어서 책에 모두 수록하기는 어렵다. 실습으로 출력되는 엄청난 결과를 확인하기를 바란다.

[실습 3-25]와 같은 카티전 곱 특유의 문제를 해결하기 위하여 사용하는 방법은 세 가지다.

- Where 절을 이용한 EQUI JOIN
- 자연 조인(nature join)을 이용한 EQUI JOIN
- join ~ using 절을 이용한 EQUI JOIN

이 방법은 조인 대상 테이블에서 공통 칼럼을 '=' 연산자로 비교함으로써, 동일한 값을 가지는 행을 연결하여 결과를 얻는 방식이다.

▌[실습 3-26] Where 절을 이용한 EQUI JOIN의 사용

'=' 연산자를 이용하여 각 테이블의 공통 칼럼끼리 연결한다.

```
// student와 department 테이블에서 student의 department number와 department의
   department number가 같은 경우에(→여기가 중요!!!) student number, student name,
   department number, loc을 구하라.
SQL> select s.studno, s.name, s.deptno, d.dname, d.loc
    from student s, department d
    where s.deptno = d.deptno;

 STUDNO      NAME         DEPTNO      DNAME                LOC
----------  ----------   ----------  -------------------  --------------------
2017106009  김우진        101         컴퓨터시스템          1호관
2018113008  김진수        101         컴퓨터시스템          1호관
2019113015  박태영        101         컴퓨터시스템          1호관
2019113006  김시현        102         인공지능학과          2호관
2019113009  노유진        101         컴퓨터시스템          1호관
2019113010  문종진        102         인공지능학과          2호관
2019113015  김소현        102         인공지능학과          2호관
2019113018  송하나        101         컴퓨터시스템          1호관
2019113022  오병택        101         컴퓨터시스템          1호관
2019113024  윤경민        102         인공지능학과          2호관
2019113027  이민석        101         컴퓨터시스템          1호관


 STUDNO      NAME         DEPTNO      DNAME                LOC
----------  ----------   ----------  -------------------  --------------------
2017116782  류민정        101         컴퓨터시스템          1호관

12 행이 선택되었습니다.
```

[실습 3-27] 자연 조인(nature join)을 이용한 EQUI JOIN의 사용

[실습 3-26] Where 절을 이용한 EQUI JOIN의 사용에서 제시한 예제와 같은 결과를 얻지만, 사용하는 SQL 문의 모양이 다르다.

[실습 3-26]의 예를 확장하여 자연 조인을 이용한 EQUI JOIN의 예를 제시한다. 다음 두 가지 예는 같은 결과를 보여주는 두 가지 조인 형식을 제시하고 있다.

처음과 두 번째 예를 비교해서 nature join이 가지는 의미를 파악할 수 있다.

다음 질의문은 [실습 3-26]에 학년이 4인 값을 추가한 형태다. 학년이 4인 값을 추가하기 위하여 사용할 수 있는 방법은 다음 두 가지 경우로, 각 예를 분석하고 이해하도록 하자.

```
SQL> select s.name, s.grade, s.deptno, d.dname
     from student s, department d
     where s.deptno = d.deptno and s.grade = '4';

NAME        GR  DEPTNO  DNAME
----------  --  ------  --------------------
김우진       4   101     컴퓨터시스템
이민석       4   101     컴퓨터시스템
문종진       4   102     인공지능학과


SQL> select s.name, s.grade, deptno, d.dname
     from student s natural join department d
     where grade = '4';

NAME        GR  DEPTNO  DNAME
----------  --  ------  --------------------
김우진       4   101     컴퓨터시스템
이민석       4   101     컴퓨터시스템
문종진       4   102     인공지능학과
```

[실습 3-28] join ~ using 절을 이용한 EQUI JOIN의 사용

다음 예는 [실습 3-26]에서 수행한 것과 같은 결과를 얻을 수 있도록 join~using 절을 활용한 예다.

```
SQL> select studno, name, deptno, dname, loc
     from student join department using(deptno);
```

```
STUDNO       NAME        DEPTNO     DNAME                LOC
----------   ----------  ---------- -------------------- ----------
2017106009   김우진        101        컴퓨터시스템           1호관
2018113008   김진수        101        컴퓨터시스템           1호관
2019113015   박태영        101        컴퓨터시스템           1호관
2019113006   김시현        102        인공지능학과           2호관
2019113009   노유진        101        컴퓨터시스템           1호관
2019113010   문종진        102        인공지능학과           2호관
2019113015   김소현        102        인공지능학과           2호관
2019113018   송하나        101        컴퓨터시스템           1호관
2019113022   오병택        101        컴퓨터시스템           1호관
2019113024   윤경민        102        인공지능학과           2호관
2019113027   이민석        101        컴퓨터시스템           1호관

STUDNO       NAME        DEPTNO     DNAME                LOC
----------   ----------  ---------- -------------------- ----------
2017116782   류민정        101        컴퓨터시스템           1호관

12 행이 선택되었습니다.
```

[실습 3-26]~[실습 3-28]에서 카티전 곱의 문제를 해결하기 위하여 사용하는 3가지 방법인 'Where 절을 이용한 EQUI JOIN'과 '자연 조인(nature join)을 이용한 EQUI JOIN', 'join ~ using 절을 이용한 EQUI JOIN' 방법을 설명했으며 관련 예를 제시하였다.

이번에는 5가지 조인 방법인 '카티전 곱', 'EQUI JOIN', 'NON-EQUI JOIN', 'OUTER JOIN', 'SELF JOIN' 중에서 'NON-EQUI JOIN', 'OUTER JOIN', 그리고 'SELF JOIN'에 대하여 설명한다.

▍[실습 3-29] NON-EQUI 조인의 사용

NON_EQUI 조인은 조인 조건에서 '<', 'between a and b'와 같이 '=' 조건이 아닌 다른 종류의 연산자를 사용하는 조인 방법이다.

```
// 교수 테이블과 급여 등급 테이블을 NON-EQUI 조인을 수행하여 교수별로 급여 등급을 출력하라.
SQL> select p.profno, p.name, p.sal, s.categ
    from professor p, salary s
    where p.sal between s.Lowlevel and s.hilevel;

    PROFNO      NAME        SAL        CATEG
    ----------  ----------  ---------- ----------
         8807   임정욱        210            1
         8804   조현영        240            1
         8802   김주연        320            2
```

8803	조현희	360	2
8808	손흥민	400	2
8806	주형준	420	3
8805	조현익	450	3
8801	조민호	500	3

8 행이 선택되었습니다.

▌[실습 3-30] OUTER JOIN의 사용

OUTER JOIN은 조인 조건의 양측 칼럼 값 중에서 하나가 NULL인 경우에도 조인 결과를 얻을 수 있다. 대표적인 예가 '+' 기호를 사용한 OUTER 조인으로 조인 조건문에서 NULL이 출력되는 칼럼에 + 기호를 추가한다.

```
// 학생 테이블과 교수 테이블을 조인하여 이름, 학년, 지도 교수의 이름, 직급을 출력하라. 지도 교수가 없는
   학생 이름도 함께 출력하라.
SQL> select s.name, s.grade, p.name, p.position
     from student s, professor p
     where s.profno = p.profno(+)
     order by p.profno;


NAME        GR    NAME        POSITION
----------  --    ----------  --------------------

김진수       1     조민호       교수
장진홍       2     김주연       조교수
김우진       4     조현희       조교수
이민석       4     조현희       조교수
오병택       1     조현영       전임강사
문종진       4     조현익       교수
김시현       2     조현익       교수
윤경민       3     조현익       교수
박태영       3     주형준       부교수
노유진       2     임정욱       전임강사
송하나       2     임정욱       전임강사


NAME        GR    NAME        POSITION
----------  --    ----------  ----------------------------------------

류민정       2     임정욱       전임강사
김의준       1
이은영       1
김소현       1
강동수       4

16 행이 선택되었습니다.
```

▌[실습 3-31] SELF JOIN의 사용

조인은 일반적으로 2개의 테이블을 연결해서 사용하지만, 셀프 조인은 자기 자신의 테이블을 참조하여 원하는 결과를 얻는 것을 말한다.

셀프 조인을 실습하기 위하여 별도의 테이블을 만들고, 데이터를 설정하여 보자.

```
C:\Study\데이터베이스책쓰기>sqlplus

SQL*Plus: Release 21.0.0.0.0 - Production on 수 11월 22 18:29:42 2023
Version 21.3.0.0.0

Copyright (c) 1982, 2021, Oracle.All rights reserved.

사용자명 입력: c##minho
비밀번호 입력:
마지막 성공한 로그인 시간: 목 11월 09 2023 20:32:38 +09:00

다음에 접속됨:
Oracle Database 21c Express Edition Release 21.0.0.0.0 - Production
Version 21.3.0.0.0

SQL> create table organ_chart
     (empid int, name varchar(20), direct int);

테이블이 생성되었습니다.

SQL> insert into organ_chart values (1, '조민호대표', '');

1 개의 행이 만들어졌습니다.

SQL> insert into organ_chart values (2, '김이중과장', '1');

1 개의 행이 만들어졌습니다.

SQL> insert into organ_chart values (3, '김대리', '2');

1 개의 행이 만들어졌습니다.

SQL> insert into organ_chart values (4, '박대리', '2');

1 개의 행이 만들어졌습니다.

SQL> select * from organ_chart;
```

```
     EMPID    NAME                                                  DIRECT
---------- ---------------------------------------- ----------
         1    조민호대표
         2    김이중과장                                                      1
         3    김대리                                                          2
         4    박대리                                                          2
```

테스트를 위한 테이블을 만들고 데이터를 4개 설정하였다. 이 테이블을 대상으로 SELF JOIN을 적용해보자.

```
SQL> col 직원 이름 format a10
SQL> select a.empid, a.name as 직원 이름, b.name as 직속상관 이름
     from organ_chart a, organ_chart b
     where a.direct = b.empid;

     EMPID    직원 이름    직속상관 이름
---------- ---------- ----------------------------------------
         2    김이중과장    조민호대표
         3    김대리        김이중과장
         4    박대리        김이중과장
```

이와 같이 SELF JOIN을 적용하는 것을 INNER JOIN이라 한다. INNER JOIN을 사용하면 직속 상관이 없는 경우에는 출력되지 않는다.

```
SQL> select a.empid, a.name as 직원 이름, b.name as 직속상관 이름
     from organ_chart a left outer join organ_chart b
     on a.direct = b.empid;

     EMPID    직원 이름    직속상관 이름
---------- ---------- ----------------------------------------
         2    김이중과장    조민호대표
         3    김대리        김이중과장
         4    박대리        김이중과장
         1    조민호대표
```

이와 같이 SELF JOIN을 적용하는 것을 LEFT OUTER JOIN이라 한다. LEFT OUTER JOIN을 사용하면 직속 상관이 없는 경우도 출력된다.

3.5 서브 쿼리의 사용

서브 쿼리(Sub Query)는 하나의 테이블에서 검색한 결과를 다른 테이블에 전달하여 새로운 결과를 검색할 때 사용하는 기술이다. 실무에서 SQL을 사용할 때 원하는 데이터를 얻고자 서브 쿼리를 사용하는 경우가 많다. 서브 쿼리는 작성하거나 읽는 방법이 간단하며, 체계적으로 작성할 수 있기에 많이 사용된다. 서브 쿼리의 간결성과 강력한 효과를 알아보고자 다음 예를 살펴보자.

```
// 조민호 교수와 같은 직급의 교수 이름을 검색하라.
SQL> select name, position
     from professor
     where position = (select position
                       from professor
                       where name = '조민호');


NAME        POSITION
----------  -------------------------------------
조민호       교수
조현익       교수


// 조민호 교수보다 직급이 낮은 교수 이름을 검색하라.
SQL> select name, position
     from professor
     where position = (select position
                       from professor
                       where name = '조민호');


NAME        POSITION
----------  -------------------------------------
김주연       조교수
조현희       조교수
조현영       전임강사
주형준       부교수
임정욱       전임강사
손흥민       부교수

6 행이 선택되었습니다.
```

위에서 확인할 수 있듯 서브 쿼리는 쉽고도 강력한 기법이다. 이제 서브 쿼리를 효과적으로 활용하고자 '단일 행 서브 쿼리', '다중 행 서브 쿼리', '다중 칼럼 서브 쿼리', '상호 연관 서브 쿼리'의 사용법을 알아보자.

▌[실습 3-32] 단일 행 서브 쿼리의 사용

서브 쿼리에서 하나의 행만 검색하여 메인 쿼리에 반환한다.

```
// 사용자 아이디가 'jun123'인 학생과 같은 학년인 학생의 학번, 이름, 학년을 출력하라.
SQL> select studno, name, grade
     from student
     where grade = (select grade
                    from student
                    where userid = 'jun123');
```

→ where 절의 grade 다음에 '=' 외에도 〉, 〉=, 〈, 〈=, 〈〉를 사용할 수 있다.

▌[실습 3-33] 다중 행 서브 쿼리의 사용

서브 쿼리에서 반환되는 결과 행이 하나 이상일 경우에 사용한다. 다중 행 서브 쿼리가 가능한 경우를 정리하면 다음과 같다.

- **IN** : 메인 쿼리의 비교 조건이 서브 쿼리의 결과 중에서 하나라도 일치하면 참. '='만 사용 가능
- **ANY, SOME** : 메인 쿼리의 비교 조건이 서브 쿼리의 결과 중에서 하나 이상 일치하면 참. =, 〈, 〉 사용 가능
- **ALL** : 메인 쿼리의 비교 조건이 서브 쿼리의 결과 중에서 모든 값이 일치하면 참
- **EXISTS** : 메인 쿼리의 비교 조건이 서브 쿼리의 결과 중에서 하나라도 존재하면 참

```
// 컴퓨터 시스템(부서 번호: 100)에 소속된 모든 학생의 이름, 학년, 학과 번호를 출력하라.
SQL> select name, grade, deptno
     from student
     where deptno IN (select deptno
                      from department
                      where college = 100);

NAME        GR  DEPTNO
----------  --  ----------
김우진       4      101
김진수       1      101
박태영       3      101
노유진       2      101
송하나       2      101
오병택       1      101
이민석       4      101
류민정       2      101
```

```
김시현        2         102
문종진        4         102
김소현        1         102


NAME      GR    DEPTNO
--------- --  ----------
윤경민        3         102


12 행이 선택되었습니다.
```

```
// 모든 학생 중에서 4학년 학생 중, 키가 제일 작은 학생보다 키가 큰 학생의 학번, 이름, 키를 출력하라.
SQL> select studno, name, height
     from student
     where height > ANY (select height
                         from student
                         where grade = '4');


 STUDNO        NAME       HEIGHT
-------------- ---------- ------------------------
2019113022     오병택        186
2017106009     김우진        182
2017116780     강동수        181
2019113010     문종진        179
```

▌[실습 3-34] 다중 칼럼 서브 쿼리의 사용

서브 쿼리에서 여러 개의 칼럼 값을 검색하여 메인 쿼리의 조건절과 비교한다.

- **PAIRWISE** : 칼럼을 쌍으로 묶어서 동시에 비교하는 방식
- **UNPAIRWISE** : 칼럼별로 나누어서 비교한 후 AND 연산을 하는 방식

```
// 학년별로 몸무게가 최소인 학생의 이름, 학년, 몸무게를 출력하라(pairwise 방식).
SQL> select name, grade, weight
     from student
     where (grade, weight) IN (select grade, MIN(weight)
                               from student
                               group by grade);


NAME      GR   WEIGHT
--------- --  ----------
이은영        1      50
노유진        2      42
윤경민        3      70
강동수        4      62
```

```
// 학년별로 몸무게가 최소인 학생의 이름, 학년, 몸무게를 출력하라(unpairwise 방식).
SQL> select name, grade, weight
     from student
     where grade IN (select grade
                     from student
                     group by grade);
     and weight IN (select MIN(weight)
                    from student
                    group by grade);


NAME        GR  WEIGHT
----------  --  ----------
이은영        1    50
노유진        2    42
윤경민        3    70
강동수        4    6
```

▋[실습 3-35] 상호 연관 서브 쿼리의 사용

메인 쿼리절과 서브 쿼리 간에 검색 결과를 교환하는 서브 쿼리다. 성능이 저하될 우려가 있다.

```
// 각 학과 학생의 평균 키보다 키가 큰 학생의 이름, 학과 번호, 키를 출력하라.
SQL> select name, deptno, height
     from student s1
     where height > (select AVG(height)
                     from student s2
                     where s2.deptno = s1.deptno)
     order by deptno;


NAME        DEPTNO      HEIGHT
----------  ----------  ----------
오병택        101         186
이민석        101         175
김우진        101         182
김시현        102         174
문종진        102         179
김의준        201         175
강동수        201         181

7 행이 선택되었습니다.
```

여기까지 서브 쿼리에 대한 다양한 예제와 기법을 설명하였다. 서브 쿼리를 실무에서 사용하기
전 고려해야 하는 사항들이 있다.

- 단일 행 서브 쿼리에서 오류가 발생하는 경우는 다음과 같다.
  - 하나 이상의 복수 행 값을 반환하는 서브 쿼리와 단일 행 비교 연산자 사용
  - 서브 쿼리에서 반환되는 칼럼 수와 메인 쿼리에서 비교하는 칼럼 수가 일치하지 않는 경우
- 메인 쿼리와 서브 쿼리 칼럼 수가 일치하지 않는 경우, 에러가 발생한다.
- 서브 쿼리 내에서 order by 절은 사용할 수 없다.
- 서브 쿼리의 결과가 NULL인 경우, 에러가 발생한다.

▌[실습 3-36] 서브 쿼리 작성의 사례

이번에 학습한 서브 쿼리는 실무에서 많이 사용되는 기법이므로 어느 정도 익숙해질 필요가 있다. 다음 예를 통해서 서브 쿼리를 사용하는 데 익숙해지기를 바란다.

- 직원 테이블(EMP)에서 인센티브(comm)를 받는 사원과 급여가 같은 사원의 이름(ENAME), 부서 번호(DEPNO), 급여(SAL)를 구하라.

```
SELECT ENAME, DEPTNO, SAL
FROM EMP
WHERE SAL IN (SELECT SAL
              FROM EMP
              WHERE COMM IS NOT NULL)
```

- 직원 테이블(EMP)에서 급여가 평균보다 많고, 이름에 M이 들어가는 사원과 동일한 부서(DEPTNO)에 근무하는 사원의 사원 번호(EMPNO), 이름(ENAME), 급여(SAL)를 구하라.

```
SELECT EMPNO, ENAME, SAL
FROM EMP
WHERE SAL > (SELECT AVG(SAL)
             FROM EMP)
AND DEPTNO IN (SELECT DEPTNO
               FROM EMP
               WHERE ENAME LIKE '%M%')
```

- 직원 테이블(EMP)과 부서 테이블(DEPT)에서 서울(SEOUL)에 근무하는 사원과 직업(JOB)이 일치하는 사원의 이름(ENAME), 부서 이름(DNAME), 급여(SAL)를 구하라. 이때 DEPTNO는 외부 키다.

```
SELECT E.ENAME, D.DNAME, E.SAL
FROM EMP E, DEPT D
WHERE E.DEPTNO = D.DEPTNO
AND E.JOB IN (SELECT E.JOB
              FROM EMP E, DEPT D
```

```
            WHERE E.DEPTNO = D.DEPTNO
            AND D.LOC = 'SEOUL')
```

- 직원 테이블(EMP)에서 MINHO와 같은 급여(SAL) 및 인센티브(COMM)를 받는 사원의 이름 (ENAME), 입사일(HIREDATE), 급여, 인센티브를 구하라.

```
SELECT ENAME, HIREDATE, SAL, COMM
FROM EMP
WHERE SAL = (SELECT SAL
              FROM EMP
              WHERE ENAME = 'MINHO')
AND NVL(COMM, 0) = (SELECT NVL(COMM, 0)
                     FROM EMP
                     WHERE ENAME = 'MINHO')
```

- 직원 테이블(EMP)에서 직업(JOB)이 director인 직원보다 더 많은 급여를 받는 직원의 사원 번호(EMPNO), 이름(ENAME), 급여(SAL)를 구하고, 급여가 높은 순으로 정렬하라.

```
SELECT EMPNO, ENAME, SAL
FROM EMP
WHERE SAL > ALL(SELECT SAL
                 FROM EMP
                 WHERE JOB = 'director')
ORDER BY SAL DESC
```

여기까지 SQL이 제공하는 기능 중에서 가장 많이 사용하는 기능인 데이터 질의를 위한 부분을 마무리한다. 데이터의 질의는 RDBMS를 사용하는 이유이기도 하며, 섬세하고도 정확하게 자료를 찾을 수 있도록 지원하는 기능이다.

SQL이 제공하는 데이터 질의 기능을 요약하면 다음과 같다. 기본적인 질의 기능을 올바르게 사용하는 것이 가장 중요하며, 서브 쿼리를 사용하여 질의를 체계적으로 구성하는 것 역시 중요하다. 조인은 RDBMS가 제공하는 강력한 기능 중 하나지만, 성능 저하 문제가 발생할 수 있으므로 조심해서 설계해야 한다.

이번 절에서 다룬 내용은 다음과 같다.

- 기본적인 질의 기능
- 행을 대상으로 동작하는 함수
- 테이블을 대상으로 동작하는 함수
- 조인 기능
- 서브 쿼리 기능

04 데이터 조작을 위한 SQL 언어

데이터베이스의 조작을 수행하기 위하여 관계형 데이터베이스 관리 시스템(이하 RDBMS)에서 제공하는 SQL 명령어는 [그림 3-4]에서 확인할 수 있는 것과 같이 Insert, Update, Delete가 있다.

4.1 데이터 조작어 소개

데이터 조작을 수행하는 SQL 명령문은 테이블에 새로운 데이터를 입력하거나, 기존 데이터를 수정 또는 삭제하는 작업을 수행한다.

- **Insert** : 새로운 데이터 입력
- **Update** : 기존 데이터 수정
- **Delete** : 기존 데이터 삭제

데이터 조작을 수행하는 것은 데이터를 수정하는 것과 같으므로, 자료의 일치성을 보장하는 논리적인 작업 단위를 구성하여 수행한다.

자료의 일치성을 보장하는 다양한 논리적인 작업 단위가 존재한다. 이해를 위하여 쉬운 예를 제시하면 A 테이블에 데이터를 추가하는 경우, A 테이블이 B 테이블과 1:N 관계를 가진다면 A 테이블의 기본 키를 B 테이블에 추가해야 한다.

이때 논리적인 작업 단위를 트랜잭션(Transaction)이라 한다. COMMIT 명령어를 실행하면 트랜잭션을 정상적으로 종료할 수 있으며, 비정상적인 작업을 중단하려면 ROLLBACK 명령을 수행하여 작업을 처음 상태로 복구한다. 따라서 데이터 조작 결과를 데이터베이스에 영구적으로 저장하려면 COMMIT 명령문을 실행해야 한다. 6절을 참조한다.

4.2 데이터 입력

데이터 입력을 수행하는 과정을 다음 순서로 실습한다.

- 단일 행 입력
- NULL 입력
- 날짜 데이터 입력
- 다중 행 입력
- 다중 테이블에 다중 행 입력(insert all의 사용)
- 다중 테이블에 다중 행 입력(when의 사용)

▌[실습 3-37] 단일 행 입력

```
// 실습을 위하여 student 테이블의 모습을 확인한다.
SQL> desc student;

이름                              널?      유형
----------------------------------------------------
STUDNO                                   NUMBER(12)
NAME                                     VARCHAR2(10)
USERID                                   VARCHAR2(10)
GRADE                                    VARCHAR2(1)
IDNUM                                    VARCHAR2(13)
BIRTHDATE                                DATE
TEL                                      VARCHAR2(13)
HEIGHT                                   NUMBER(5,2)
WEIGHT                                   NUMBER(5,2)
DEPTNO                                   NUMBER(4)
PROFNO                                   NUMBER(4)


// STUDENT 테이블에 값을 추가한다.
SQL> insert into student
     values(10110, '홍길동', 'hong', '1', '8501011143098', '65/01/01', '055/777-7777',
     170, 70, 202, 9903);

1 개의 행이 만들어졌습니다.

// 추가한 값이 입력된 것을 확인한다.
SQL> select studno, name from student where studno = 10110;
```

```
  STUDNO        NAME
------------------------------
  10110         홍길동
```

[실습 3-38] NULL 입력

데이터를 입력하는 시점에서 해당 칼럼 값을 모르거나, 미정일 때 NULL을 입력할 수 있다.

```
// 값이 미정인 칼럼에 NULL을 넣는다.
SQL> insert into department (deptno, dname) values (300, '생명공학부');

1 개의 행이 만들어졌습니다.

//  department에 값이 추가된 것을 확인한다. 빈 칸은 NULL을 의미한다.
SQL> select * from department where deptno = 300;

 DEPTNO    DNAME                          COLLEGE         LOC
---------- --------------------------------------------------
    300        생명공학부

// 칼럼에 NULL을 명시하여 넣는다.
SQL> insert into department values (301, '환경학과', NULL, NULL);

1 개의 행이 만들어졌습니다.

SQL> select * from department where deptno = 301;

 DEPTNO    DNAME                          COLLEGE         LOC
----------------------------------------------------------
 301         환경학과
```

결과를 통하여 NULL이 갖는 의미가 값이 미정이라는 의미임을 확인한다. RDBMS의 테이블에서 빈 칸은 NULL을 의미한다. 값이 없는 것과 NULL은 다르다.

[실습 3-39] 날짜 데이터 입력

날짜 데이터를 입력하는 세 가지 방법을 다음 예를 통해 확인한다.

```
// 첫 번째로 날짜를 직접 명시하는 방법
SQL> insert into professor(profno, name, position, hiredate, deptno)
    values(9920, '최윤석', '조교수', '22/01/01', 301);

// 두 번째로 to_date 함수를 이용하여 형식을 지정하는 방법
```

```
SQL> insert into professor(profno, name, position, hiredate, deptno)
     values(9920, '최윤석', '조교수',to_date('22/01/01', 'yyyy/mm/dd'), 301);
```

1개의 행이 만들어졌습니다.

```
SQL> select * from professor where profno = 9920;

PROFNO NAME   USERID    POSITION   SAL  HIREDATE   COMM   DEPTNO
------------------------------------------------------------------
 9920 최윤석             조교수         22/01/01          301
```

// 세 번째로 SYSDATE와 같은 함수를 이용하는 방법
```
SQL> insert into professor
     values(9910, '백미선', 'white', '전임강사', 200, SYSDATE, 10, 301);
```

1개의 행이 만들어졌습니다.

```
SQL> select * from professor where profno = 9910;

PROFNO NAME   USERID    POSITION   SAL  HIREDATE   COMM   DEPTNO
------------------------------------------------------------------
 9910 백미선   white     전임강사   200  22/07/19    10     301
```

▌[실습 3-40] 다중 행 입력

// 실습을 위하여 salary 테이블을 확인한다.
```
SQL> desc salary

이름                                    널?  유형
----------------------------------------------------------
CATEG                                       NUMBER(2)
LOWLEVEL                                     NUMBER(5)
HILEVEL                                      NUMBER(5)


SQL> select * from salary;

  CATEG  LOWLEVEL  HILEVEL
-----------------------------
     1      100      300
     2      301      400
     3      401      500


SQL> insert into salary values (4, 501, 601);
```

1 개의 행이 만들어졌습니다.

```
SQL> select * from salary;

    CATEG      LOWLEVEL     HILEVEL
 ---------- ------------ ----------
        1         100        300
        2         301        400
        3         401        500
        4         501        601
```

// salary에서 categ가 2보다 작은 것을 선택해서 salary에 추가하라.
```
SQL> insert into salary
     select * from salary where categ < 2;
```

1 개의 행이 만들어졌습니다.

```
SQL> select * from salary;

    CATEG     LOWLEVEL    HILEVEL
 ---------- -------------------- ----------
        1        100        300
        2        301        400
        3        401.       500
        4        501        601
        1        100        300
```

▌[실습 3-41] 다중 테이블에 다중 행 입력

// 실습을 위하여 임시 테이블 weight_info를 만든다.
```
SQL> create table weight_info (studno number(12), name varchar2(10),
     weight number(5,2));
```

테이블이 생성되었습니다.

// 실습을 위하여 임시 테이블 height_info를 만든다.
```
SQL> create table height_info (studno number(12), name varchar2(10),
     height number(5,2));
```

테이블이 생성되었습니다.

/* 학생 테이블에서 2학년 이상인 학생을 검색하여 studno, name, height, weight 값을 가져온 다음
studno, name, height은 height_info에 입력하고, studno, name, weight은 weight_info에
입력한다. → insert all을 이용한 다중 테이블 입력 */
```
SQL> insert all
     into height_info values(studno, name, height)
```

```
    into weight_info values(studno, name, weight)
    select studno, name, height, weight
    from student
    where grade >= '2';
```

22 행이 생성되었습니다.

SQL> select * from height_info;

STUDNO	NAME	HEIGHT
2017106009	김우진	182
2019113015	박태영	170
2019113006	김시현	174
2019113009	노유진	161
2019113010	문종진	179
2019113018	송하나	171
2019113024	윤경민	171
2019113027	이민석	175
2018114078	장진홍	166
2017116780	강동수	181
2017116782	류민정	162

11 행이 선택되었습니다.

SQL> commit; // 변경 내용이 디스크에 반영된다.

커밋이 완료되었습니다.

// 앞에서 작업한 내용을 확인한다.
SQL> select * from wight_info;

STUDNO	NAME	HEIGHT
2017106009	김우진	82
2019113015	박태영	88
2019113006	김시현	68
2019113009	노유진	42
2019113010	문종진	92
2019113018	송하나	54
2019113024	윤경민	70
2019113027	이민석	82
2018114078	장진홍	51
2017116780	강동수	62
2017116782	류민정	72

11 행이 선택되었습니다.

// 다중 테이블에 데이터를 입력하는 다른 방법인 **when** 사용법을 알아보고자 앞에서 만든 테이블의 데이터를 지운다.

```
SQL> delete from height_info;
```

11 행이 삭제되었습니다.

```
SQL> delete from weight_info;
```

11 행이 삭제되었습니다.

```
SQL> select * from weight_info;
```

선택된 레코드가 없습니다. → 데이터가 지워진 것을 확인한다.

SQL> commit;

커밋이 완료되었습니다.

```
/* student 테이블에서 2학년 이상인 학생의 studno, name, height, weight을 얻는다.
키가 170 이상이면 height_info 테이블에 studno, name, height을 입력하고, 몸무게가 70 이상이면
weight_info 테이블에 studno, name, weight을 입력한다. → when을 이용한 다중 테이블 입력 */
```
SQL> insert all
      when height > 170 then into height_info values(studno, name, height)
      when weight > 70 then into weight_info values(studno, name, weight)
      select studno, name, height, weight from student where grade >= '2';

12 행이 생성되었습니다.

SQL> select * from height_info;

STUDNO	NAME	HEIGHT
2017106009	김우진	182
2019113006	김시현	174
2019113010	문종진	179
2019113018	송하나	171
2019113024	윤경민	171
2019113027	이민석	175
2017116780	강동수	181

7 행이 선택되었습니다.

4.3 데이터 수정

데이터 수정 작업을 수행하는 과정을 다음 순서로 실습한다.

- 단일 행 수정
- 서브 쿼리를 이용한 데이터 수정

▌[실습 3-42] 단일 행 수정

```
// 실습하기 전에 데이터를 확인한다.
SQL> select studno, name, idnum, birthdate
     from student
     where studno = 2017106009;

   STUDNO   NAME                 IDNUM                      BIRTHDAT
---------- -------------------- -------------------------- --------
2017106009 김우진               0104161269824              01/04/16


// 데이터에서 생일을 2016-04-01에서 2016-04-15로 수정한다.
SQL> update student
     set birthdate = '16/04/15', idnum = '1504161269824'
     where studno = 2017106009;

1 행이 업데이트되었습니다.

// 수정된 내용을 확인한다.
SQL> select studno, name, idnum, birthdate
     from student
     where studno = 2017106009;

   STUDNO   NAME                 IDNUM                      BIRTHDAT
---------- -------------------- -------------------------- --------
2017106009 김우진               1504161269824              15/04/16
```

▌[실습 3-43] 서브 쿼리를 이용한 데이터 수정

```
// 실습을 위하여 데이터를 확인한다.
SQL> select profno, name, sal, comm from professor;

  PROFNO   NAME                        SAL        COMM
---------- -------------------- ---------- ----------
    8801   조민호                       500         20
```

```
        8802      김주연              320
        8803      조현회              360            15
        8804      조현영              240
        8805      조현익              450            25
        8806      주형준              420
        8807      임정욱              210
        8808      손홍민              400            17
```

8 행이 선택되었습니다.

// 손홍민 교수의 급여와 수당을 조현익 교수와 같게 수정한다.
```sql
SQL> update professor
    set (sal, comm) = (select sal, comm from professor
                       where name = '조현익')
    where name = '손홍민';
```

1 행이 업데이트되었습니다.

// 수정된 내용을 확인한다.
```sql
SQL> select profno, name, sal, comm from professor;

    PROFNO     NAME                        SAL        COMM
    ---------- --------------------- ---------- ----------
    8801       조민호                      500         20
    8802       김주연                      320
    8803       조현회                      360         15
    8804       조현영                      240
    8805       조현익                      450         25
    8806       주형준                      420
    8807       임정욱                      210
    8808       손홍민                      450         25
```

8 행이 선택되었습니다.

4.4 데이터 삭제

데이터 삭제를 수행하는 과정을 다음 순서로 실습한다.

- 단일 행 삭제
- 서브 쿼리를 이용한 데이터 삭제

▌[실습 3-44] 단일 행 삭제

```
// 실습을 위해 데이터를 확인한다.
SQL> select studno, name from student;

   STUDNO   NAME
---------- --------------------
2017106009  김우진
2017113009  김의준
2018113008  김진수
2019113015  박태영
2018113023  이은영
2019113006  김시현
2019113009  노유진
2019113010  문종진
2019113015  김소현
2019113018  송하나
2019113022  오병택

   STUDNO   NAME
---------- --------------------
2019113024  윤경민
2019113027  이민석
2018114078  장진홍
2017116780  강동수
2017116782  류민정

16 행이 선택되었습니다.

// 입력이 잘못되었을 경우에는 삭제하지 않는다.
SQL> delete from student where studno = 2018116782;

0 행이 삭제되었습니다.

// studno가 2017116782인 학생을 삭제한다.
SQL> delete from student where studno = 2017116782;

1 행이 삭제되었습니다.

// 결과를 확인한다.
SQL> select studno, name from student;

   STUDNO   NAME
---------- --------------------
2017106009  김우진
2017113009  김의준
2018113008  김진수
2019113015  박태영
```

```
2018113023  이은영
2019113006  김시현
2019113009  노유진
2019113010  문종진
2019113015  김소현
2019113018  송하나
2019113022  오병택


    STUDNO     NAME
----------  --------------------

2019113024  윤경민
2019113027  이민석
2018114078  장진홍
2017116780  강동수


15 행이 선택되었습니다.
```

▌[실습 3-45] 서브 쿼리를 이용한 데이터 삭제

```
// 실습을 위하여 데이터를 확인한다.
SQL> select name, deptno from professor;


NAME                  DEPTNO
-------------------- ----------

조민호                   101
김주연                   201
조현희                   101
조현영                   102
조현익                   102
주형준                   101
임정욱                   101
손흥민                   202


8 행이 선택되었습니다.


// 실습을 위하여 데이터를 확인한다.
SQL> select deptno, dname from department;


    DEPTNO  DNAME
---------- ---------------------------------------

       101  컴퓨터시스템
       102  인공지능학과
       202  전기공학과
       100  컴퓨터학부
       200  전기전자학부
        10  공과대학
```

6 행이 선택되었습니다.

```
// 교수 테이블에서 인공지능학과에 소속된 교수를 모두 삭제한다.
SQL> delete from professor
    where deptno = (select deptno from department
                    where dname='인공지능학과');
```

2 행이 삭제되었습니다.

```
SQL> select name, deptno from professor;
```

```
NAME                     DEPTNO
-------------------- ----------
조민호                      101
김주연                      201
조현희                      101
주형준                      101
임정욱                      101
손흥민                      202
```

6 행이 선택되었습니다.

여기까지 데이터 조작을 위한 SQL 문법인 insert, delete, update에 대한 설명을 마친다. 예제가 완벽하지는 않지만, 실습을 수행하면서 중요한 내용을 살펴보았다.

설명하지 않은 데이터 조작 명령어로 Merge가 있으며, 두 개의 테이블을 합병하는 기능이다. 기능도 중요하지만, 잘못 사용하면 큰 문제가 될 수 있는 기능이기에 따로 다루지는 않았다. 어려운 점은 없으니 나중에 필요한 경우 간단히 배워서 사용하면 될 것이다.

05 데이터 정의를 위한 SQL 언어

관계형 데이터베이스 관리 시스템(이하 RDBMS)에서 데이터베이스의 정의를 수행하기 위하여 제공하는 SQL Plus 프로그램의 SQL 명령어는 [그림 3-4]에서 확인할 수 있듯 create, alter, drop, rename, truncate가 있다.

데이터 정의어를 사용하는 것은 RDBMS에 테이블을 생성, 변경, 삭제하는 과정이다. E-R 모델링을 통하여 관련된 데이터를 개체(entity)로 묶고, 개체 간의 관련은 관계(relationship)를 이용하여 설정한다. 이렇게 설정된 정보를 기반으로 RDBMS에 테이블을 생성하는 것이 이번에 우리가 다루려는 내용이다.

5.1 테이블 생성

테이블 생성은 테이블에 대한 구조를 정의하고, 데이터를 저장하기 위한 공간을 할당하는 과정이다.

▌[실습 3-46] 테이블을 생성하는 과정

```
// address 테이블을 생성한다.
SQL> create table address
     (id number(3),
     name varchar2(50),
     addr varchar2(100),
     phone varchar2(30),
     email varchar2(100));

테이블이 생성되었습니다.

SQL> desc address; // 생성된 테이블을 확인한다.

이름                              널?        유형
-------------------------------  --------  ------------------
ID                                          NUMBER(3)
NAME                                        VARCHAR2(50)
ADDR                                        VARCHAR2(100)
PHONE                                       VARCHAR2(30)
EMAIL                                       VARCHAR2(100)
```

▌[실습 3-47] 서브 쿼리를 이용한 테이블 생성

```
// 서브 쿼리를 사용해서 얻은 정보로 새로운 테이블을 생성한다.
// address 테이블의 칼럼으로 새로운 테이블인 second_addr을 만든다.
SQL> create table second_addr(id, name, addr, phone, email)
    as select * from address;

테이블이 생성되었습니다.

SQL> desc second_addr;

  이름                              널?             유형
  ----------------------  --------  ------------------
  ID                                              NUMBER(3)
  NAME                                            VARCHAR2(50)
  ADDR                                            VARCHAR2(100)
  PHONE                                           VARCHAR2(30)
  EMAIL                                           VARCHAR2(100)


// address 테이블의 일부 칼럼을 선택해서 새로운 테이블을 만든다.
SQL> create table third_addr
    as select id, name from address;

테이블이 생성되었습니다.

SQL> desc third_addr;

  이름                    널?            유형
  -----------------  --------  ----------------------------
  ID                                    NUMBER(3)
  NAME                                  VARCHAR2(50)

SQL> select * from third_addr;

ID NAME
---------------------------------------
 1 HongGilDong
```

[실습 3-48] 테이블 구조 변경

```
// 실습을 위하여 address 테이블의 모습을 확인한다.
SQL> desc address;

 이름                        널?        유형
 ----------------------- -------- ------------------
 ID                                  NUMBER(3)
 NAME                                VARCHAR2(50)
 ADDR                                VARCHAR2(100)
 PHONE                               VARCHAR2(30)
 EMAIL                               VARCHAR2(100)

// address 테이블에 birth 칼럼을 DATE 형으로 설정하여 추가한다.
SQL> alter table address
      add (birth date);

테이블이 변경되었습니다.

SQL> desc address;

 이름                        널?        유형
 ----------------------- -------- ------------------
 ID                                  NUMBER(3)
 NAME                                VARCHAR2(50)
 ADDR                                VARCHAR2(100)
 PHONE                               VARCHAR2(30)
 EMAIL                               VARCHAR2(100)
 BIRTH                               DATE

// adddress 테이블에 description 칼럼을 200 길이로 추가하고 기본값을 'No Description'으로 설정한다.
SQL> alter table address
      add(description varchar2(200) default 'No Description');

테이블이 변경되었습니다.

SQL> desc address;

 이름                        널?        유형
 ----------------------- -------- ------------------
 ID                                  NUMBER(3)
 NAME                                VARCHAR2(50)
 ADDR                                VARCHAR2(100)
 PHONE                               VARCHAR2(30)
 EMAIL                               ARCHAR2(100)
```

```
    BIRTHD                              DATE
    DESCRIPTION                         VARCHAR2(200)
```

```
// address 테이블에서 description 칼럼을 제거하라.
SQL> alter table address
     drop column description;
```

테이블이 변경되었습니다.

```
SQL> desc address;
```

이름	널?	유형
ID		NUMBER(3)
NAME		VARCHAR2(50)
ADDR		VARCHAR2(100)
PHONE		VARCHAR2(30)
EMAIL		VARCHAR2(100)
BIRTHD		DATE

```
// address 테이블에서 Phone의 길이를 30에서 50으로 변경하라.
SQL> alter table address
     modify phone varchar2(50);
```

테이블이 변경되었습니다.

```
SQL> desc address;
```

이름	널?	유형
ID		NUMBER(3)
NAME		VARCHAR2(50)
ADDR		VARCHAR2(100)
PHONE		VARCHAR2(50)
EMAIL		VARCHAR2(100)
BIRTH		DATE

```
// second_addr 테이블의 이름을 temp_address로 바꾼다.
SQL> rename second_addr to temp_address;
```

테이블 이름이 변경되었습니다.

```
SQL> desc second_addr;
```

```
ERROR:
ORA-04043: second_addr 객체는 존재하지 않습니다.
```

```
SQL> desc temp_address;
```

```
이름                              널?           유형
--------------------------   --------   ------------------
ID                                           NUMBER(3)
NAME                                         VARCHAR2(50)
ADDR                                         VARCHAR2(100)
PHONE                                        VARCHAR2(30)
EMAIL                                        VARCHAR2(100)
```

```
// third_addr 테이블을 지운다.
SQL> drop table third_addr;
```

테이블이 삭제되었습니다.

```
// temp_address의 데이터를 확인한다.
SQL> select * from temp_address;
```

```
ID      NAME         ADDR      PHONE         EMAIL
----------------------------------------------------------------
1     HongGilDong    SEOUL    345-9876    hongGil@naver.com
```

```
// temp_address의 데이터를 삭제한다.
SQL> truncate table temp_address;
```

테이블이 잘렸습니다.

```
// temp_address의 데이터가 지워진 것을 확인한다.
SQL> select * from temp_address;
```

선택된 레코드가 없습니다.

5.3 데이터 딕셔너리(Dictionary)

데이터 딕셔너리(Data Dictionary)는 데이터베이스 관리 시스템(DBMS)에서 데이터를 효과적으로 관리하기 위한 정보를 저장하는 시스템 테이블의 집합이다.

▌데이터 딕셔너리에서 관리하는 정보

• RDBMS의 물리적 구조와 개체의 논리적 구조
• RDBMS 사용자 이름과 스키마 개체 이름
• 사용자에게 부여된 접근 권한과 역할
• 무결성 제약 조건에 대한 정보

- 칼럼별로 지정된 기본값
- 스키마 개체에 할당된 공간의 크기와 사용 중인 공간의 크기 정보
- 개체 접근 및 갱신에 대한 감사 정보
- RDBMS 이름, 버전, 생성 일자, 시작 모드, 인스턴스 이름 등

데이터 딕셔너리는 읽기 전용 뷰로 구성되어 있으며, RDBMS 관리자와 사용자에게 저장된 정보의 조회를 허용한다.

- **USER 접두어를 가진 데이터 딕셔너리** : 개체의 소유자만 접근 가능하다.

  (예) SQL> select table_name from user_tables; → [실습 3-49] 참조
- **ALL 접두어를 가진 데이터 딕셔너리** : 자기 소유 또는 권한을 부여받은 객체만 접근 가능하다.

  (예) SQL> select owner, table_name from all_tables;

  …결과는 너무 길어서 생략함
- **DBA 접두어를 가진 데이터 딕셔너리** : 데이터베이스 관리자만 접근 가능하다.

  (예) SQL> select owner, table_name from all_tables;

  …결과는 너무 길어서 생략함

데이터베이스 관리를 위해 자주 사용하는 데이터 딕셔너리 뷰

- **dictionary, dict_columns** : 데이터 딕셔너리 테이블, 뷰, 칼럼에 대한 정보
- **dba_tables, dba_objects, dba_tab_columns, dba_constraints** : 테이블, 제약 조건, 칼럼, 사용자 객체와 관련된 정보
- **dba_users, dba_sys_privs, dba_roles** : 사용자 권한과 역할에 대한 정보
- **dba_extents, dba_free_space, dba_segments** : 데이터베이스 객체에 대한 공간 할당 정보
- **dba_rollback_segs, dba_data_files, dba_tablespaces** : 데이터베이스 내부 공간의 구조 정보
- **dba_audit_trail, dba_audit_object, dba_obj_audit_opts** : 감사와 관련된 정보

[실습 3-49] 데이터 딕셔너리 실습

```
// user_tables 정보 조회
SQL> select table_name from user_tables;
```

```
TABLE_NAME
----------
TEMP_STUD
TEMP_STUD2
PROFESSOR
STUDENT
DEPARTMENT
SALARY
ADDRESS
TEMP_ADDRESS
ORGAN_CHART
HEIGHT_INFO
WIGHT_INFO
PROFESSOR_TEMP

12 행이 선택되었습니다.

// user_tables에서 필요한 정보를 얻는 방법
SQL> select table_name, tablespace_name, min_extents, max_extents
     from user_tables
     where table_name like 'ADDR%';

TABLE_NAME      TABLESPACE_NAME    MIN_EXTENTS    MAX_EXTENTS
--------------------------------------------------------------
ADDRESS             USERS               1         2147483645

// 사용자가 생성한 테이블 정보와 인덱스, 시퀀스, 동의어 뷰 등 객체에 대한 이름, 종류, 생성 날짜 등에 대한
   정보를 얻는 방법
SQL> select object_name, object_type, created
     from user_objects
     where object_name like 'ADDR%' and object_type = 'TABLE';

OBJECT_NAME         OBJECT_TYPE              CREATED
--------------------------------------------- --------
ADDRESS              TABLE                   23/11/24

// 사용자 소유로 생성된 모든 개체 이름과 개체 종류에 대한 정보를 얻는 방법
SQL> select * from user_catalog;

….데이터가 너무 많아서 생략함
```

여기까지 데이터 정의를 위한 SQL 언어에 대하여 실습을 수행하였다. RDBMS에서 테이블을 만들고(create), 수정하고(alter), 제거하고(drop), 변경(rename)하는 작업은 RDBMS의 관리를 위한 기초적인 작업이다. 지금 단계에서 실습을 통하여 자신감을 얻는 것이 중요하다.

06 트랜잭션 처리를 위한 SQL 언어

데이터베이스가 지녀야 하는 가장 중요한 점은 데이터의 정확성이다. 데이터의 구성에 대한 설계를 마치고 실제로 활용해볼 때, 데이터베이스에 대한 모든 작업은 데이터의 정확성에 중심을 두고 진행하여야 한다.

데이터의 정확성을 위하여 '트랜잭션 처리' 개념이 도입되었으며, 트랜잭션 처리를 수행하기 위하여 SQL이 제공하는 명령어는 COMMIT, ROLLBACK, 그리고 SAVEPOINT이다. 해당 명령어에 대하여 알아보자.

6.1 트랜잭션의 개념

트랜잭션(Transaction)은 관계형 데이터베이스 관리 시스템(이하 RDBMS)에서 실행되는 여러 개의 SQL 명령문을 데이터의 일치성을 기준으로 논리적 작업 단위로 처리하는 개념이다.

즉, 하나의 트랜잭션을 구성하는 여러 SQL 실행문을 실행하면 전부 수행되거나, 혹은 전부 수행되면 안 된다. 그렇지 않으면 데이터의 정확성이 보장되지 않는다. 이를 **다른 말로 All-or-Nothing 방식으로 처리한다고 한다.**

이 책에서 사용하는 오라클에서 제공하는 SQL Plus에서는 데이터베이스 접속부터 종료까지 COMMIT이나 ROLLBACK을 실행하지 않으면 전체가 하나의 트랜잭션이 된다. SQL Plus에서 제공하는 트랜잭션 제어 명령은 COMMIT, ROLLBACK의 두 가지다. SAVEPOINT는 트랜잭션이 길어질 때 중간에 저장 작업을 수행하도록 지시하는 명령어다.

트랜잭션이 필요한 대표적인 이유는 다음과 같다.

- 같은 데이터가 여러 테이블에 중복되는 경우, 모든 데이터는 동시에 추가, 수정, 삭제되어야 한다.
- 테이블 간에 관계가 있는 경우 특정 테이블에 데이터를 추가하면, 관계되는 다른 테이블에 추가된 데이터의 기본 키를 추가해야 한다.
- 데이터 검색 및 관리 작업을 위하여 E-R 모델링에서 결정한 속성 외에 추가적인 속성을 설정하여 사용하는 경우, 데이터가 추가될 때 해당 부분도 처리되어야 한다.
- 이외에도 다양한 상황이 발생할 수 있다.

마지막으로 모든 개발자가 각자 운영 중인 RDBMS를 구석구석 정확하게 파악하여 트랜잭션을 설정한 다음 작업을 하기란 사실상 불가능하다. 그렇기에 대부분은 **RDBMS 관리자가 개발자의 요청에 대해 필요한 SQL 문을 만들어서 제공하는 것이 일반적이다.** RDBMS 관리자는 SQL 문을 제작할 때 데이터의 일치성을 보장하도록 구성하게 된다. 이를 위해서는 사용 중인 RDBMS에 대해 정확하고, 자세하게 알아야 한다. 실무에서 RDBMS를 다루는 프로그램을 제작할 때 Mybatis를 사용하는 이유가 바로 이것 때문이다.

6.2 데이터 무결성의 개념

데이터베이스에서 가장 중요한 것이 데이터의 정확성이다. 이런 점에서 데이터 정확성의 기준인 데이터 무결성에 대한 RDBMS의 관리 포인트는 다음과 같다.

- **개체 무결성(Entity Integrity)** : 테이블에서 중복된 행을 허용하지 않는 것을 말한다.
- **범위 무결성(Domain Integrity)** : 지정한 칼럼에 들어갈 값의 범위 또는 형식을 제한하여 유효한 값만 입력되도록 하는 것을 말한다.
- **참조 무결성(Referentidal Integrity)** : 다른 테이블에서 사용 중인 행을 삭제하지 못하도록 하는 것을 말한다.
- **사용자 정의 무결성(User-defined Integrity)** : 개체, 범위, 참조 무결성에 해당하지 않는 수행 규칙을 준수하도록 사용자가 정의한 무결성이다. 예로 관계를 맺기 위해 추가된 칼럼에 대한 입력을 보장하는 것을 말한다.

6.3 데이터 무결성을 위해 사용하는 알고리즘

데이터 무결성을 위하여 RDBMS에서 사용하는 3가지 기법이 있다. 이 방법은 데이터베이스의 데이터 정확성을 위해 고안된 알고리즘이다.

- 미리 쓰기 로그(write ahead logging)
- 2단계 커밋(2 phase commit)
- 가상 테이블(virtual table)

미리 쓰기 로그

RDBMS에서는 데이터의 불일치를 방지하고자 트랜잭션을 사용한다. 트랜잭션은 자료의 정확성을 보장하기 위해 반드시 처리가 완료되어야 하는 기본 단위다. 즉, 트랜잭션으로 정의된 작업 단위를 수행하던 중에 문제가 발생한다면 트랜잭션 단위로 원위치하게 된다(=roll-back).

미리 쓰기 로그는 트랜잭션 내의 데이터를 데이터베이스에 쓰기 전에 임시로 로그 파일에 저장하고, 최종 작업이 완료되면 데이터를 데이터베이스에 쓰는 것이다. 만약 트랜잭션을 마치지 못하고 문제가 발생하면, 트랜잭션의 로그 데이터를 기반으로 이전에 작업했던 내용을 지우고 원 상태로 복귀한다(=roll-back).

참고로 여러 명이 동시에 사용하는 RDBMS에서 자료의 일치성을 보장하기 위하여 사용하는 방법은 락(lock)이다. 특정 사용자가 RDBMS 테이블에 자료를 추가 및 수정할 때 테이블이나 행에 락을 걸어 다른 사람이 추가, 수정하지 못하도록 막는다. 작업을 마친 후 락을 풀면 대기하고 있던 다른 사용자가 테이블 작업을 수행할 수 있다. 이로써 여러 명이 동시에 RDBMS의 테이블을 사용할 때 데이터의 정확성을 보장할 수 있다. 데이터를 읽는 작업은 락에 해당되지 않으므로 자유롭게 수행할 수 있다.

2단계 커밋

분산된 데이터베이스나 테이블 간의 데이터 일치성을 보장하기 위한 알고리즘이다. [그림 3-13]에 미리 쓰기 로그와 2단계 커밋을 합쳐서 수행하는 과정을 정리하였다.

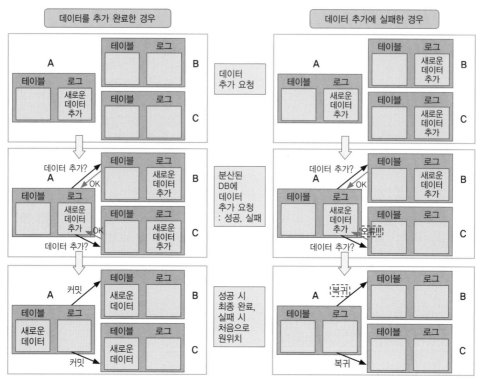

[그림 3-13] 미리 쓰기 로그와 2단계 커밋

1. 새로운 데이터를 추가하고자 한다. 데이터는 A, B, C 3개의 테이블에 모두 추가되어야 한다.
   (예) 조현희 씨가 생산직 여직원으로 신규 입사한 경우, 인사부 테이블(A), 생산직 직원 테이블(B), 여직원 테이블(C)에 조현희 씨의 정보가 동시에 입력되어야 한다.

2. 이 경우 A, B, C 3개의 테이블에 자료를 추가하는 작업이 하나의 트랜잭션이 된다.

3. 인사부 테이블(A)에 자료를 추가한다. 이때, 테이블이 아닌 로그 파일에 먼저 쓴다(=미리 쓰기 로그).

4. 동일하게 B, C 테이블에 자료를 추가한다. 이때, 테이블이 아닌 로그 파일에 먼저 쓴다(=미리 쓰기 로그).

5. 분산된 A, B, C에 대한 미리 쓰기 로그가 완료되면, 시스템별로 로그 내용을 RDBMS의 테이블에 추가한다.

6. 이로써 트랜잭션이 완료된다.

7. A, B에 대한 미리 쓰기가 완료되고, C 테이블에 대한 미리 쓰기 작업 도중 문제가 발생하면, A, B의 미리 쓰기 로그를 제거하고(=roll-back) 트랜잭션을 종료한다.

가상 테이블

최근에는 디스크, 메모리의 용량 증가와 컴퓨터 성능 향상으로 테이블을 크게 만드는 것이 일반적인 방향이지만, 과거에는 디스크의 용량이 제한되어서 데이터 중복이 컴퓨터 운영에 심각한 영향을 미치는 시절이 있었다.

그 시절에는 E-R 모델링 결과가 정규화를 수행한 정도로 세분되어 테이블이 여러 개로 분리되는 경우가 많았다. 이런 경우에 테이블 모습을 기반으로 SQL 문을 작성하면 너무 복잡하고 어려워지는 경우가 많으며, 지금도 많이 발생하는 문제이기도 하다.

이런 상황에서 사용자가 테이블에 대한 조작을 쉽게 하고자, 통합된 가상 테이블을 만들어서 사용자에게 제시하고, 사용자는 가상 테이블을 대상으로 데이터 조작을 수행한다. 이때, 가상 테이블과 실제 테이블 간 연동은 RDBMS가 제공한다. 앞의 설명을 [그림 3-14]에 요약하였다.

[그림 3-14]는 여러 개로 분리된 물리 테이블을 하나의 가상 테이블로 사용자에게 제공하는 것이다. 사용자 가상 테이블을 기반으로 SQL 문을 이용한 작업을 수행하면, 실제 물리 테이블에 대한 자료 조작은 RDBMS가 수행한다.

학생 이름	강의 번호	강의 제목	강사	강의실
프란	ARCH101	고고학개론	블랙	610
프란	HIST256	유럽사	스미스	851
수잔	MATH314	미분방정식	커비	560
에릭	MATH314	미분방정식	커비	560
루이지	HIST256	유럽사	스미스	851
루이지	MATH314	미분방정식	커비	560
빌	ARCH101	고고학개론	블랙	610
빌	HIST256	유럽사	스미스	851
로즈	HIST256	유럽사	스미스	851
로즈	ARCH101	고고학개론	블랙	610

→ 가상 테이블
(실행 시 운영함)

사용자가 실제 테이블의 형태를 모르더라도 DBMS가 제공하는 가상 테이블을 대상으로 작업을 수행하면, DBMS가 데이터 정확성을 확보하면서 실제 데이터 조작을 별도로 수행한다.

학생 이름	강의 번호
프란	ARCH101
프란	HIST256
수잔	MATH314
에릭	MATH314
루이지	HIST256
루이지	MATH314
빌	ARCH101
빌	HIST256
로즈	HIST256
로즈	ARCH101

→ 물리 테이블
(저장되어 있는 형태)

강의 번호	강의 제목	강사	강의실
ARCH101	고고학개론	블랙	610
HIST256	유럽사	스미스	851
MATH314	미분방정식	커비	560

[그림 3-14] 가상 테이블의 원리

6.4 데이터 무결성 제약 조건

데이터 무결성 제약 조건(data integrity constraint rule)은 RDBMS에서 데이터의 정확성과 일관성을 보장하기 위하여 테이블 생성 시에 각 칼럼을 정의하는 규칙을 말한다.

예를 들면 다음과 같다.

- STUDENT 테이블에서 학년 데이터는 1, 2, 3, 4 중 하나만 입력할 수 있다.
- 모든 학번은 유일하다.
- STUDENT 테이블의 지도 교수 번호는 PROFESSOR 테이블의 교수 번호 중 하나와 반드시 일치해야 한다.

데이터 무결성 제약 조건의 종류

무결성 제약 조건	설명
NOT NULL	해당 칼럼 값은 NULL을 포함할 수 없음
고유 키	테이블에서 해당 칼럼 값은 항상 유일해야 하며, NULL을 허용한다.
기본 키(중요 키)	해당 칼럼 값은 반드시 존재하며, 유일해야 함
참조	해당 칼럼 값은 참조되는 테이블의 칼럼 값 중의 하나와 일치하거나, NULL을 가짐
CHECK	해당 칼럼에 저장 가능한 데이터 값의 범위나 조건을 지정

무결성 제약 조건의 속성

- **즉시 제약 조건(Immediately constraint)** : DML 명령문을 시행할 때마다 무결성 제약 조건의 위반 여부를 검사한다.
- **지연 제약 조건(deferred constraint)** : 트랜잭션의 commit 시점에서 무결성 제약 조건의 위반 여부를 검사한다.

무결성 제약 조건은 테이블에 데이터를 먼저 입력한 다음, 무결성 제약 조건을 위반하는 명령문을 롤백하는 방식으로 작동한다.

여기까지 데이터 무결성을 정의하는 데 필요한 제약 조건의 종류를 살펴보았으며, 무결성이 적용되는 시점에 따른 분류를 수행하였다. 지금부터는 데이터 무결성 제약 조건을 생성 및 적용하는 실습을 5가지 경우로 나누어 해본다.

- 테이블 생성 시 무결성 제약 조건 생성
- 기존 테이블에 무결성 제약 조건 추가
- 무결성 제약 조건의 조회 및 삭제
- 무결성 제약 조건의 활성화 및 비활성화
- 무결성 제약 조건의 데이터 딕셔너리

[실습 3-50] 무결성 제약 조건을 포함하는 테이블 생성

데이터 무결성을 적용하여 정리한 강좌(SUBJECT) 테이블 인스턴스를 다음과 같이 설정하였다. 설정한 내용을 반영해서 테이블을 생성해보자(실무에서 테이블을 생성할 때, 거의 모든 경우에 사용한다).

칼럼 이름	데이터 타입	Key type	NotNull/unique	FK table	FK column	설명
SUBNO	number(5)	pk	NN/U			강좌번호
SUBNAME	varchar2(20)		NN			강좌이름
TERM	varchar2(20)					학기
TYPE	varchar4(4)					필수/선택구분

앞의 인스턴스를 이해하는 것이 중요하므로, 의미를 설명하면 다음과 같다.

- 강좌번호(SUBNO)는 기본 키(primary key)이며 5자리 숫자다.
  NULL을 포함할 수 없고(=NN), 유일해야 한다(=unique, U). → NULL을 포함할 수 없으므로, 반드시 값을 가져야 한다.
- 강좌이름(SUBNAME)은 NULL을 포함할 수 없다. → 강좌 이름도 반드시 값을 가져야 한다.
- term은 학기이므로, "1"과 "2" 두 값 중 하나만을 가져야 한다.
- type은 필수와 선택을 구분해야 하므로 "1"과 "2" 둘 중 하나만을 가져야 한다. "1"은 필수, "2"는 선택이다.

데이터 무결성 내용을 기반으로 테이블을 생성해보자.

```
// 다음 내용을 datacheck.sql로 저장한 후 sqlplus에서 수행한다.

---- datacheck.sql 파일 ----------------------
create table subject
      (subnonumber(5)
             CONSTRAINT subject_no_pk PRIMARY KEY
             DEFERRABLE INITIALLY DEFERRED,
      subname varchar2(20)
             CONSTRAINT subject_name_nn NOT NULL,
      term varchar2(20),
             CONSTRAINT subject_term_ck CHECK(term in '1', '2'),
      type varchar2(4),
             CONSTRAINT subject_type_ck CHECK(type in '1', '2'));
------파일의 끝 ----------------------

SQL> @datacheck.sql

테이블이 생성되었습니다.
```

실습에서 사용한 datacheck.sql 파일의 내용을 살펴보자.

- "CONSTRAINT 제약조건명 제약조건타입"으로 구성된다.

그러므로 subno의 제약 조건명은 "subject_no_pk"이고, 제약 조건 타입은 PRIMARY KEY이다. 이는 NULL을 포함할 수 없고, 유일한 특성을 가진다.

- "DEFERRABLE INITIALLY DEFERRED"는 트랜잭션을 종료하는 시점에 제약 조건을 검사하라는 의미다. "DEFERRABLE INITIALLY IMMEDIATE"는 DML 종료 시 바로 제약 조건을 검사한다는 뜻이다.
- subname의 제약 조건인 "CONSTRAINT subject_name_nn NOT NULL"의 제약 조건명은 "subject_name_nn"이고 제약 조건 타입은 NOT NULL이다.
- term의 제약 조건인 "CONSTRAINT subject_term_ck CHECK(term in '1', '2')"의 제약 조건명은 "subject_term_ck"이고, term에는 1, 2 값만 들어갈 수 있다는 의미다.
- type은 term과 같다.

▌[실습 3-51] 관계와 무결성 제약 조건을 포함하는 테이블 생성

실습에 사용하는 수강(sugang) 테이블은 학생(student) 테이블, 과목(subject) 테이블과 1:N 관계를 가진다. 학생 테이블과 과목 테이블이 N:N의 관계를 가지므로, 이를 해소하고자 수강 테이블을 생성하였다.

그러므로 학생 테이블의 기본 키(primary key)인 studno와 과목 테이블의 기본 키(primary key)인 subno가 외부 키로 포함되어 있다.

수강 테이블의 키는 studno + subno가 된다.

칼럼 이름	데이터 타입	Key type	NotNull/unique	FK table	FK column	설명
STUDNO	number(5)	PK1, FK	NN/U	student	studno	학번
SUBNO	number(5)	PK2, FK	NN/U	subject	subno	강좌번호
REGDATE	DATE					등록일
RESULT	number(3)					평가결과

```
SQL> create table sugang
        (studno number(5)
                CONSTRAINT sugang_studno_fk REFERENCES student(studno),
        subnonumber(5)
                CONSTRAINT sugang_subno_fk REFERENCES subject(subno),
        regdateDATE,
        result number(3),
                CONSTRAINT sugang_pk PRIMARY KEY(studno, subno));
```

실습에 사용한 테이블 생성 명령어를 설명하면 다음과 같다.

- studno의 제약 조건명은 sugang_studno_fk로, 학생(student) 테이블의 기본 키 (primary key)인 studno와 같다. → **칼럼 수준의 제약 조건**
- subno의 제약 조건명은 sugang_subno_fk로, 과목(subject) 테이블의 기본 키(primary key)인 subno와 같다. → **칼럼 수준의 제약 조건**
- result의 제약 조건명은 sugang_pk로, primary key는 studno + subno이다. → **테이블 수준의 제약 조건**

▌[실습 3-52] 기존 테이블에 무결성 제약 조건 추가

(예) 급여등급(salgrade) 테이블의 구조는 다음과 같다.

> **gradenumber(2),**
> **losalnumber(5),**
> **hisalnumber(5)**

grade 칼럼에 기본 키를, losal, hisal 칼럼에 NOT NULL 무결성 제약 조건을 추가하라.

```
SQL> alter table salgrade
     add constraint salgrade_pk PRIKEY KEY(grade);

SQL> alter table salgrade
     modify (losal constraint salgrade_losal_nn NOT NULL,
     hisal constraint salgrade_hisal_nn NOT NULL);
```

(예) 학생 테이블의 userid와 idnum 칼럼에 고유 키 무결성 제약 조건을 추가하고, profno 칼럼에 교수 테이블의 profno 칼럼을 참조하는 참조 무결성 제약 조건을 추가하라.

```
SQL> alter table student
     add (constraint stud_userid_uk UNIQUE(userid),
     constraint stud_idnum_uk UNIQUE(idnum));

SQL> alter table student
     add constraint stud_profno_fk
     foreign key(profno) REFERENCES professor(profno);
```

▌[실습 3-53] 무결성 제약 조건의 조회 및 삭제

무결성 제약 조건을 조회하는 예는 다음과 같다.

(예) 과목(subject), 수강(sugang) 테이블의 무결성 제약 조건 중, `constraint_name`과 `constraint_type`을 조회하라.

```
SQL> select constraint_name,constraint_type
    from user_constraints
    where table_nameIN ('SUBJECT', 'sugang');
```

무결성 제약 조건을 삭제하는 예는 다음과 같다.

(예) 강좌 테이블의 `subject_term_ck` 무결성 제약 조건을 삭제하라.

```
SQL> alter table subject
    drop constraint subject_term_ck;
```

▌[실습 3-54] 무결성 제약 조건의 활성화 및 비활성화

(예) 수강 테이블의 `sugang_pk`, `sugang_studno_fk` 무결성 제약 조건을 비활성화하라.

```
SQL> alter table sugang
    disable constraint sugang_pk;

SQL> alter table sugang
    disable constraint sugant_studno_fk;
```

(예) 수강 테이블의 `sugang_pk`, `sugang_studno_fk` 무결성 제약 조건을 활성화하라.

```
SQL> alter table sugang
    enable constraint sugang_pk;

SQL> alter table sugang
    enable constraint sugant_studno_fk;
```

▌[실습 3-55] 무결성 제약 조건의 데이터 딕셔너리

(예) student, professor, department 테이블에 정의된 모든 종류의 무결성 제약 조건을 조회하라.

```
SQL> select table_name, constraint_name, constraint_type, status
     from user_constraints
     where table_name IN ('STUDENT', 'PROFESSOR', 'DEPARTMENT');

SQL> select table_name, column_name, constraint_name
       from user_cons_columns
       where table_name IN ('STUDENT', 'PROFESSOR', 'DEPARTMENT');
```

07

데이터 제어를 위한 SQL 언어

SQL Plus가 제공하는 마지막 기능인 데이터 제어를 설명한다. 독자들의 이해를 위하여 앞에서 살펴본 [그림 3-4]를 보여준다.

유형	명령문	기능
데이터 질의어(DQL, Data Query Language)	SELECT	데이터 검색
데이터 조작어 (DML, Data Manipulation Language)	INSERT	데이터 입력
	UPDATE	데이터 수정
	DELETE	데이터 삭제
데이터 정의어 (DDL, Data Definition Language)	CREATE	개체(테이블) 생성
	ALTER	개체(테이블) 변경
	DROP	개체(테이블) 삭제
	RENAME	개체(테이블) 변경
	TRUNCATE	데이터 및 저장 공간 삭제
트랜잭션 처리어 (TCL, Transaction Control Language)	COMMIT	트랜잭션의 정상적인 종료 처리
	ROLLBACK	트랜잭션 취소
	SAVEPOINT	트랜잭션 내에 임시 저장점 설정
데이터 제어어 (DCL, Data Control Language)	GRANT	개체(테이블) 접근 권한 설정
	REVOKE	개체(테이블) 접근 권한 취소

[그림 3-4] SQL 명령문의 종류와 기능

7.1 데이터베이스 보안

데이터베이스 관리 시스템(이하 RDBMS)이 제공하는 보안 정책은 두 가지로 분리하여 생각한다.

- **시스템 보안** : 시스템 관리 차원에서 데이터베이스 자체에 대한 접근 권한을 관리하는 정책을 말한다. RDBMS 관리자는 사용자 계정, 암호 관리, 사용자별 디스크 공간 할당과 같은 시스템 보안 정책을 운용한다.
- **데이터 보안** : 사용자별로 테이블을 조작하기 위한 동작과 테이블에 대한 접근 권한을 관리하는 정책을 말한다. 예로, minho 사용자에게 테이블, 뷰, 인덱스와 같은 개체를 생성할 수 있는 권한을 부여하거나, minho가 만든 테이블을 다른 사용자가 접근하지 못하게 할 수 있다.

RDBMS가 제공하는 보안은 이와 같이 '시스템 보안'과 '데이터 보안'으로 구분할 수 있으며, **SQL
에서 제공하는 grant, revoke를 이용하여 권한, 롤, 동의어와 같은 작업을 통해 수행한다.**

7.2 권한

사용자가 RDBMS를 관리하거나 개체를 이용할 수 있는 권리를 말한다. 권한은 다음 두 가지로
분리하여 생각한다.

- **시스템 권한(System Privilege)** : 시스템 차원의 자원 관리나 사용자 스키마, 개체 관리 등을
  말한다. 구체적으로 테이블, 뷰, 롤백 세그먼트, 프로시저와 개체의 생성, 삭제, 수정과 같은
  작업을 수행한다.
- **개체 권한(Object Privilege)** : 테이블, 뷰, 시퀀스, 함수 등과 같이 개체를 조작할 수 있는 권
  한을 말한다.

▌ 시스템 권한

시스템 권한을 사용하는 예는 다음과 같다.

- RDBMS 관리자가 가지는 시스템 권한의 예
  - create user
  - drop user
  - drop table
  - query rewrite
  - backup any table …

- 일반 사용자가 가지는 시스템 권한의 예
  - create session
  - create table
  - create sequence
  - create view
  - create procedure …

▌[실습 3-56] 시스템 권한 생성

```
// query rewrite 권한을 모든 사용자에게 부여하라.
SQL> grant query rewrite to public;

// 사용자와 롤에 부여된 시스템 권한을 조회한다.
SQL> select * from user_sys_privs;

// 현재 세션에서 사용자와 롤에 부여된 시스템 권한을 조회한다.
SQL> select * from session_privs;
```

▌[실습 3-57] 시스템 권한 철회

```
// minho에게 할당한 권한을 철회한다.
SQL> revoke query rewrite from minho;
```

▌[실습 3-58] 개체 권한 생성

```
// tiger 사용자에게 scott 소유의 테이블을 select할 수 있는 권한을 부여한다.
SQL> connect system/manager

SQL> create user tiger identified by tiger123
    default tablespace users
    temporary tablespace temp; // tiger 사용자의 권한을 생성한다.

SQL> connect scott/tiger

// tiger 사용자에게 DB에 대한 접속 객체 관리 및 롤 사용 권한을 부여한다.
SQL> grant connect, resource to tiger

// scott 소유의 student 테이블을 조회하는 권한을 부여한다.
SQL> grant select on scott.student to tiger;

SQL> connect tiger/tiger123 // tiger로 로그인한다.

SQL> select * from scott.student; // scott 소유의 student 테이블을 조회한다.


// tiger 사용자에게 scott가 소유한 student 테이블의 키와 몸무게를 수정할 수 있는 권한을 부여하라.
SQL> connect scott/tiger

SQL> grant update(height, weight) on student to tiger;
```

```
SQL> connect tiger/tiger123 // tiger로 로그인한다.

SQL> update scott.student
     set height = 180, weight = 80
     where deptno = 101;

// tiger 사용자에게 부여된 사용자 개체, 칼럼에 부여된 권한을 조회하라.
SQL> connect tiger/tiger123

// tiger 사용자가 다른 사용자에게 부여한 객체 권한을 조회한다.
SQL> select * from user_tab_privs_made;

// tiger 사용자에게 부여된 개체 권한, 개체 이름을 조회한다.
SQL> select * from user_tab_privs_recd;

// tiger 사용자가 다른 사용자에게 부여한 칼럼에 대한 객체 권한과 칼럼 이름을 조회한다.
SQL> select * from user_col_privs_made;

//tiger 사용자에게 부여된 칼럼에 대한 개체 권한과 칼럼 이름을 조회한다.
SQL> select * from user_col_privs_recd;
```

▌[실습 3-59] 개체 권한 철회

```
// scott에 의해 tiger에게 부여된 student 테이블에 대한 select, update 권한을 철회하라.
SQL> connect scott/tiger

// tiger에게 부여된 student 테이블의 update 권한을 철회한다.
SQL> revoke update on student from tiger

// tiger에게 부여된 student 테이블의 select 권한을 철회한다.
SQL> revoke select on student from tiger
```

7.3 롤

롤(role)은 RDBMS에서 다수 사용자와 다양한 권한을 관리하기 위하여 서로 관련된 권한을 그룹
화한 것이다.

사전에 정의된 롤의 종류

롤의 종류	롤에 부여된 권한
connect	테이블, 뷰, 시퀀스, 동의어, 세션 생성 권한과, 다른 데이터베이스에 접속할 수 있는 권한이다. (예) alter session, create cluster, create database link, create sequence, create session, create synonym, create table, create view
resource	사용자가 자신의 테이블, 시퀀스, 프로시저, 트리거와 같은 객체를 생성할 수 있는 권한이다. (예) create cluster, create procedure, create sequence, create table, create trigger
DBA	with admin option이 있는 모든 시스템 권한

[실습 3-60] 롤 생성 및 조회

```
// 암호를 지정한 롤과 지정하지 않은 롤을 생성하여라.
SQL> connect system/manager

SQL> create role hr_clerk; // 롤을 생성한다.

SQL> create role hr_mgr
    identified by manager; // 롤에 manager 암호를 설정한다.


// hr_mgr 롤에 create session 시스템 권한을 부여하라.
SQL> grant create session to hr_mgr;

// scott 사용자의 student 테이블의 모든 칼럼에 대한 select, insert, delete 객체 권한을 hr_clerk
   롤에 부여하라.
SQL> grant select, insert, delete on scott.student to hr_clerk;

// hr_clerk 롤을 hr_mgr 롤과 tiger 사용자에게 부여하라.
SQL> grant hr_clerk to hr_mgr;

SQL> grant hr_clerk to tiger;

// 롤에 부여한 시스템 권한을 조회하라.
SQL> select * from role_sys_privs;

// 롤에 부여한 객체 권한을 조회하라.
SQL> select * from role_tab_privs;

// 사용자가 부여받은 롤을 조회하라.
SQL> select * from user_role_privs;
```

7.4 동의어

동의어는 SQL 명령문에서 사용하는 테이블이나 칼럼의 별명이다.

▌[실습 3-61] 롤 생성 및 조회, 삭제

```
// system 사용자 소유의 project 테이블에 my_project 전용 동의어를 생성하라.
SQL> connect system/manager  // system 사용자로 접속한다.

SQL> create table project (
     project_id number(5) constraint pro_id_pk primary key,
     project_name varchar2(100),
     studnonumber(5),
     profnonumber(5));  // project 테이블을 생성한다.

// 1개 행을 생성한다.
SQL> insert into project values (12345, 'portfolio', '10101, 9901');

SQL> commit;

SQL> select * from project;

// scott에게 select 권한을 부여한다.
SQL> grant select on project to scott;

SQL> connect scott/tiger  // scott로 접속한다.

SQL> select * from project;
// 에러 발생. project를 찾지 못함
// system.project라고 작성해야 찾을 수 있음 → 동의어를 생성하여 해결함
// my_project 동의어 생성
SQL> create synonym my_project for system.project;

SQL> select * from my_project  // 성공적으로 수행한다.

// 동의어를 삭제한다.

SQL> connect scott/tiger
SQL> drop synonym my_project
```

여기까지 SQL Plus가 제공하는 명령문에 대한 기능과 사용 방법에 대하여 설명하였다. SQL Plus에서 제공하는 SQL 명령어를 올바르게 사용하는 것은 곧 RDBMS를 올바르게 사용하는 것과 같다. [그림 3-4]에 설명한 SQL 명령문의 종류와 기능을 다시 한번 살펴보기를 바란다.

08 인덱스 및 시퀀스

8.1 인덱스의 개념

인덱스(Index)는 SQL 명령문의 처리 속도를 향상하기 위하여 칼럼에 대해 생성하는 것이다. 즉, 인덱스는 물리적인 데이터베이스 설계 과정에서 SQL 명령문의 처리 속도 향상을 위해 고려하는 요소다. 인덱스는 포인터를 이용하여 테이블에 저장된 데이터를 랜덤 액세스하기 위한 목적으로 사용된다. 실생활에서 인덱스와 유사한 개념은 책의 마지막에 있는 색인이며, 색인을 통해 특정 정보에 직접 접근할 수 있도록 해준다.

테이블에서 인덱스를 이용하지 않고 데이터를 검색하려면 테이블 전체를 순차적으로 조회해야 한다(=full table scan). 그러므로 소량의 데이터를 검색하는 경우, 검색 조건으로 사용하는 칼럼에 인덱스를 생성하여 랜덤 액세스하는 방법이 효율적이다.

8.2 인덱스의 구조

인덱스를 저장하는 방식으로 B-Tree 구조가 일반적으로 사용된다. 오라클의 경우에는 B-Tree 의 밸런스 수행 주기를 개선한 B* Tree를 사용한다.

▌B-Tree 구조

B-Tree는 자식을 두 개만 가지는 이진 트리를 확장하여 N개의 자식을 가질 수 있도록 고안된 것이다. 이때, 트리를 구성하는 자식들의 좌우 균형이 맞지 않으면 비효율적이므로 새로운 자료가들어오면 항상 균형을 맞추기에 균형 트리(Balanced Tree)라 부른다. [그림 3-15]는 B-Tree의예다.

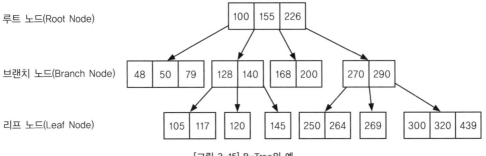

[그림 3-15] B-Tree의 예

인덱스를 이용한 데이터 조회 과정

설명을 위한 예시로, employee 테이블에 emp_no, name이 있다. emp_no가 기본 키(Primary key)이며, name에 인덱스를 적용한다(=idx_name). 이때, employee 테이블에 데이터가 들어 있다면 [그림 3-16]과 같은 구조를 가진다. 이를 통해 다음 사항을 확인할 수 있다.

- 데이터의 저장 영역은 B-Tree 인덱스 영역과 Primary Key 인덱스 영역으로 분리된다.
- 모든 영역은 키 값을 기준으로 정렬되어 있다. 인덱스의 경우 name 값을 기준으로 정렬되어 있다.
- 인덱스는 테이블과 독립적인 저장 공간을 가진다. 인덱스를 통해 Primary Key를 찾고, 이를 이용하여 데이터를 찾는다.

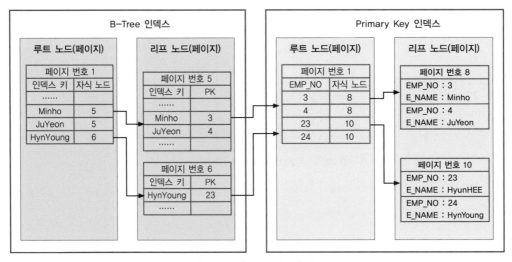

[그림 3-16] 인덱스의 사용 예

[그림 3-16]에서 처리하는 과정을 설명하면 다음과 같다.

1. 사용자는 Minho에 관련된 데이터를 찾는다. name에는 인덱스가 걸려 있다.
2. 인덱스의 루트 노드에서 Minho를 찾는다. 5번 페이지에 있다.
3. 5번 페이지에서 Minho의 기본 키(Primary Key) 값이 3임을 확인한다.
4. 이제 인덱스를 벗어나서, 기존 구성 요소인 프라이머리 인덱스로 이동한다.
5. 프라이머리 키 인덱스에서 3번을 찾는다. 자식 노드가 8번임을 확인한다.
6. 8번 리프 노드 페이지에서 필요한 데이터를 얻는다.
7. 1~6의 과정이 인덱스가 걸린 다른 곳인 JuYeon, HynYoung에 적용된다.

인덱스가 필요한 이유

인덱스를 통해 데이터를 조회하면 [그림 3-16]에서 확인할 수 있듯 두 단계를 거친다.

- **1단계 : 인덱스를 통해 Primary Key를 찾는 과정**
- **2단계 : Primary Key를 통해 레코드를 찾는 과정**

[그림 3-16]의 프라이머리 키 인덱스(Primary Key Index) 구조를 보면 DBMS에서 MangKyu에 대한 데이터를 찾기 위해서는 전체를 다 읽어보아야 한다. 하지만 name에 인덱스를 설치하면 인덱스를 통해 PK(=Primary Key)를 찾고, 이를 이용하여 레코드를 바로 읽을 수 있으므로 디스크를 읽는 데 부하가 줄어든다. 이것이 인덱스를 사용하는 이유다.

하지만 인덱스를 통해 레코드 1건을 읽는 것은 프라이머리 키 인덱스를 직접 읽는 것보다 복잡하다. 그러므로 읽어야 할 레코드 건수가 전체 테이블 레코드의 20~25%를 넘어서면 인덱스를 이용하지 않는 것이 효율적이다.

설계한 테이블에서 특정 조건에 따른 데이터를 찾는 질의가 자주 발생하는 경우, 가져와야 하는 데이터가 크지 않다면 질의를 분석해서 해당하는 칼럼에 인덱스를 설정하면 성능을 향상시킬 수 있다. 여기까지 인덱스의 원리에 대하여 설명하였다.

8.3 인덱스의 효율적 사용 방법

▌ 인덱스 사용 시 주의할 점

- 인덱스의 leaf 노드에는 기본 키(primary key) 값을 저장한다. 그러므로 기본 키 값이 클수록 한 페이지에 담을 수 있는 인덱스 정보도 줄고 메모리도 비효율적으로 사용된다.
- 인덱스는 여러 개의 칼럼으로 구성될 수 있는데, 이를 다중 칼럼 인덱스(Multi-column Index)라고 한다. 이때 **중요한 점으로, 두 번째 칼럼은 첫 번째 칼럼이 정렬된 상태에 맞추어 정렬된다.** 그러므로 두 번째 칼럼만으로 질의하는 경우에는 인덱스를 제대로 활용하지 못한다.
- 레코드를 추가하면 인덱스를 추가해야 하며, B-Tree이므로 정렬 상태도 조정되어야 한다. 그러므로 **인덱스를 사용하면 작업 내용이 약 50% 정도 추가된다.**

▌ 테이블을 설계할 때, 인덱스를 설정하는 경우 주의 사항

- 적은 양의 데이터를 다루거나, 잦은 조회에 효율적이다.
- 인덱스는 입력/수정/삭제 시에 비효율적이다.
- 인덱스는 정순으로 검색해야 효율적이다(RDBMS의 구성에 따른 제약 사항).
- 인덱스는 테이블과 다른 하드 디스크에 저장하는 것이 좋다.
- 인덱스를 사용하면 효과적인 경우의 예시는 다음과 같다.
  - where 절이나 조인 조건절에서 자주 사용하는 칼럼
  - 테이블에 저장된 데이터의 변경이 드문 경우
  - 두 개 이상의 칼럼이 where 절이나 조인 조건에서 자주 사용되는 경우

8.4 인덱스의 종류 및 생성 방법

인덱스는 성격에 따라 다양한 분류가 있다.

- 칼럼 값의 중복 여부에 따라 고유 인덱스(unique index) 또는 비고유 인덱스(non-unique index)로 구분한다.

- 칼럼의 결합 여부에 따라 단일 인덱스(single index) 또는 결합 인덱스(composite index)로 구분한다.
- 연산자 또는 함수의 적용 결과에 의해 생성되는 함수 기반 인덱스(function-based index)가 있다.

인덱스는 묵시적으로 생성되거나, 사용자가 인덱스를 생성하는 명령문을 사용하여 생성할 수 있다. 묵시적 생성은 기본 키(Primary key)나 고유 키의 무결성 제약 조건을 생성할 때 자동 생성되며, create index 명령문으로 생성할 수 있다. 참고로 고유 키는 테이블의 행을 유일하게 식별하며, 기본 키는 고유 키의 특별한 형태다.

생성된 인덱스에 대한 정보는 user_indexes, user_ind_columns 데이터 딕셔너리를 통해 조회할 수 있다.

▌[실습 3-62] 고유 인덱스

```
// 유일한 값을 가지는 칼럼에 대해 생성하는 인덱스로 모든 인덱스 키는 테이블 내 하나의 행과 연결된다.
// department 테이블의 dname에 고유 인덱스를 생성하는 명령어
SQL> create unique index idx_dept_name
            on department(dname) ;
```

▌[실습 3-63] 비고유 인덱스

```
// 중복된 값을 가지는 칼럼에 대해 생성하는 인덱스로 하나의 인덱스 키는 테이블의 여러 행과 연결될 수 있다.
// student 테이블의 birthdate에 비고유 인덱스를 생성하는 명령어
SQL> create index idx_stud_birthdate
            on student(birthdate) ;
```

▌[실습 3-64] 단일, 결합 인덱스

```
// 단일 인덱스는 하나의 칼럼으로만 구성된 인덱스이고, 결합 인덱스는 둘 이상의 칼럼을 결합하여 생성하는 인덱스다.
// 학생 테이블의 deptno, grade 칼럼을 결합 인덱스로 생성하라.
// 인덱스 이름은 idx_stud_dno_grade로 한다.
SQL> create index idx_stud_dno_grade
     on student(deptno, grade) ;
```

■ [실습 3-65] descending 인덱스의 사용

```
// 결합 인덱스에서 칼럼의 정렬 순서는 오름차순이다. 이를 내림차순으로 변경한다.
SQL> create index idx_stud_no_name on student(deptno DESC, name ASC);
```

■ [실습 3-66] 함수 기반 인덱스

```
// 칼럼에 대한 연산이나 함수의 계산 결과를 인덱스로 생성하는 것
// 학생 테이블에서 학생들의 비만도 측정을 위한 표준 체중을 구하고자 한다.
   표준 체중에 대한 함수 기반 인덱스를 생성하여라. 표준 체중은 (신장-100)*0.9이다.
SQL> create index fidx_standard_weight on student ((height-100)*0.9);
```

■ [실습 3-67] 인덱스 관리

```
// 인덱스 정보 조회•인덱스 삭제•인덱스 재구성
   학생 테이블에 생성된 인덱스를 조회하라.
  SQL> select index_name, uniqueness
       from user_indexes
       where table_name = 'student';

  SQL> select index_name, column_name
       from user_ind_columns
       where table_name = 'student';

// 인덱스 삭제
SQL> drop index idx_stud_no_name;

// 인덱스 재구성
SQL> alter index stud_no_pk REBUILD;
```

8.5 시퀀스의 개념 및 사용

RDBMS에서 테이블에 저장된 모든 행은 유일한 식별자를 가져야 한다. 그리고 식별자는 하나의 칼럼이나 여러 개의 칼럼을 결합한 **기본 키(Primary Key)**에 의해 지정된다. 그러므로 기본 키를 구성하는 칼럼 수를 최소화하는 것이 성능에 영향을 준다.

시퀀스는 기본 키를 일련 번호로 자동 생성해주는 역할을 한다. 예로, 웹 게시판에 글이 등록되

는 순서대로 번호를 할당하여 기본 키로 지정하고자 할 때 사용한다. 시퀀스 값은 오라클 내부 루틴에 의해 자동으로, 테이블과 관계없이 생성된다. 시퀀스는 여러 테이블이 공유할 수 있다.

▌[실습 3-68] 시퀀스의 개념과 사용 실습

```
// 실습을 위하여 department 테이블을 복사해서 새로운 테이블(dept_sequence)을 만든다.
SQL> create table dept_sequence
    as select * from department;

테이블이 생성되었습니다.

SQL> select * from dept_sequence;

DEPTNO    DNAME              COLLEGE       LOC
-------------------------------------------------------
  101    컴퓨터시스템          100          1호관
  102    인공지능학과          100          2호관
  202    전기공학과            200          4호관
  100    컴퓨터학부            10
  200    전기전자학부          20
   10    공과대학

6 행이 선택되었습니다.

// 시퀀스를 만든다.
SQL> create sequence seq_dept_sequence
    increment by 10
    start with 10
    maxvalue 90
    minvalue 0
    nocycle
    cache 2;

시퀀스가 생성되었습니다.

// 시퀀스를 이용하여 데이터를 삽입한다.
SQL> insert into dept_sequence(deptno, dname, loc)
    values(seq_dept_sequence.nextval, 'database','seoul');

1 개의 행이 만들어졌습니다.

SQL> select * from dept_sequence;
```

```
DEPTNO      DNAME                COLLEGE        LOC
------------------------------------------------------------
  101      컴퓨터시스템           100           1호관
  102      인공지능학과           100           2호관
  202      전기공학과             200           4호관
  100      컴퓨터학부             10
  200      전기전자학부           20
   10      공과대학
   10      databaseseoul
```

7 행이 선택되었습니다.

// 행을 추가한다. deptno가 20이 되는 것에 주목한다.
SQL> insert into dept_sequence(deptno, dname, college)
    values(seq_dept_sequence.nextval,'busan', 50);

1 개의 행이 만들어졌습니다.

SQL> select deptno, dname, college, loc from dept_sequence;

```
DEPTNO      DNAME                COLLEGE        LOC
---------- -------------------- ---------- --------------------
  101      컴퓨터시스템           100           1호관
  102      인공지능학과           100           2호관
  202      전기공학과             200           4호관
  100      컴퓨터학부             10
  200      전기전자학부           20
   10      공과대학
   10      databaseseoul
   20      busan50
```

8 행이 선택되었습니다.

09 뷰

9.1 뷰의 개념

뷰(View)는 하나 이상의 기본 테이블이나 다른 뷰를 이용하여 생성되는 가상 테이블이다(Virtual Table). 뷰는 기존에 생성된 테이블 또는 다른 뷰에서 접근할 수 있는 전체 데이터 중에서 일부만 접근할 수 있도록 제한하기 위한 기법이다.

뷰에는 디스크의 저장 공간이 할당되지 않지만, SQL 문을 이용하여 뷰를 조작할 수 있다. 예로, 오라클에서 뷰를 구성하는 칼럼의 최대 개수는 254개이며, 뷰에 대한 수정은 뷰에 연결된 테이블에 적용된다. 역으로 테이블이 변경되면 연관된 뷰도 변경된다. 뷰에 대한 정보는 user_views 테이블에서 얻을 수 있다.

뷰를 만들거나 운영하는 목적은 데이터를 보호하거나 사용자에게 편리성을 제공하기 위함이다. 뷰는 하나의 기본 테이블에 의해 정의되는 단순 뷰(simple view)와 2개 이상의 기본 테이블로 정의되는 복합 뷰(complex view)로 분리할 수 있다. 단순 뷰에서는 입력/수정/삭제가 가능하지만, 복합 뷰에서는 무결성 때문에 일부 작업이 제한된다.

뷰를 정의한 후 운영하는 과정을 예로 설명하면 다음과 같다.

- **1단계 : 뷰의 정의**

```
create view v_stud_dept101
as select studno, name, deptno
from student
where deptno = 101;
```

- **2단계 : 뷰를 통한 사용자 질의**

```
select * from v_stud_dept101 where name = '조민호';
```

- **3단계 : 뷰를 통한 사용자 질의가 내부에서 변환되는 모습** → 2단계의 질의는 뷰의 정의를 기반으로 다음과 같은 형태로 변환됨으로써 데이터를 조회하게 된다.

```
select studno, name, deptno
from student
where deptno = 101 and name = '조민호';
```

[실습 3-69] 뷰 생성

```
// 하나의 테이블(=student)에서 뷰를 생성하는 예
// 생성된 뷰의 칼럼 이름을 "학번", "이름", "학과 번호"로 지정한다.
SQL> create view v_stud_dept101(학번, 이름, 학과 번호)
    as select studno, name, deptno
    from student where deptno = 101;
```

뷰가 생성되었습니다.

```
SQL> select * from v_stud_dept101; // 뷰의 내용을 확인한다.
```

학번	이름	학과 번호
2017106009	김우진	101
2018113008	김진수	101
2019113015	박태영	101
2019113009	노유진	101
2019113018	송하나	101
2019113022	오병택	101
2019113027	이민석	101
1	이무기	101

8 행이 선택되었습니다.

```
// 두 개의 테이블(student, department)에서 뷰를 생성하는 예
// 생성된 뷰의 칼럼 이름을 "학번", "이름", "학년", "학과 번호"로 지정한다.
SQL> create view v_stud_dept102(학번, 이름, 학년, 학과 번호)
    as select s.studno, s.name, s.grade, d.dname
    from student s, department d
    where s.deptno = d.deptno and s.deptno = 102;
```

뷰가 생성되었습니다.

```
SQL> select * from v_stud_dept102;
```

학번	이름	학년	학과 번호
2019113006	김시현	2	인공지능학과
2019113010	문종진	4	인공지능학과
2019113015	김소현	1	인공지능학과
2019113024	윤경민	3	인공지능학과

```
// 함수를 이용하여 뷰를 생성하는 예
// 급여의 합과 평균을 함수로 구한 다음, 뷰의 항목에 넣는다.
SQL> create view v_prof_avg_sal
     as select deptno, sum(sal) sum_sal, avg(sal) avg_sal
     from professor group by deptno;

뷰가 생성되었습니다.


SQL> select * from v_prof_avg_sal;

    DEPTNO    SUM_SAL    AVG_SAL
---------- ---------- ----------
       101       1490      372.5
       201        320        320
       202        450        450
```

▌[실습 3-70] 인라인 뷰 생성

인라인 뷰(inline view)는 from 절에서 서브 쿼리를 사용하여 생성한 임시 뷰로, SQL 명령문의 실행 시간에 임시로 생성된다.

```
// 학과별로 학생들의 평균 키와 평균 몸무게, 학과 이름을 인라인 뷰를 사용하여 출력하라.
SQL> select dname, avg_height, avg_weight
     from (select deptno, avg(height) avg_height,
           avg(weight) avg_weight
           from student group by deptno) s, department d
     where s.deptno = d.deptno;

DNAME                                    AVG_HEIGHT AVG_WEIGHT
---------------------------------------- ---------- ----------
컴퓨터시스템                              173.285714         68
인공지능학과                                     172       74.5


// 모든 학생 중에서 몸무게가 적은 순으로 상위 5명을 출력하라. 인라인 뷰와 rank() 함수를 사용한다.
SQL> select studno, name, weight, m
     from (select studno, name, weight,
           rank() over (order by weight) m
           from student)
     where m between 1 and 5;

    STUDNO NAME                     WEIGHT          M
---------- -------------------- ---------- ----------
2019113009 노유진                        42          1
2018113023 이은영                        50          2
2018114078 장진홍                        51          3
```

```
2019113018  송하나                    54          4
2018113008  김진수                    55          5
```

[실습 3-71] 뷰와 관련된 정보를 얻기 위한 데이터 딕셔너리 조회

```
// 다음 명령어를 통해 사용자가 정의한 뷰와, 정의된 내용을 확인할 수 있다.
SQL> select view_name, text from user_views;

VIEW_NAME
---------------------------------------------------------------------
TEXT
---------------------------------------------------------------------

SQL> V_STUD_DEPT101              // 뷰의 이름
     select studno, name, deptno // 뷰의 생성 코드
     from student where deptno = 101

     V_STUD_DEPT102
     select s.studno, s.name, s.grade, d.dname
     from student s, department d
     where s.d

VIEW_NAME
---------------------------------------------------------------------
TEXT
---------------------------------------------------------------------

SQL> V_PROF_AVG_SAL
     select deptno, sum(sal) sum_sal, avg(sal) avg_sal
     from professor group by deptno
```

[실습 3-72] 뷰의 변경 및 삭제

```
// 기존 v_stud_dept101 뷰에 학년 칼럼을 추가해서 재정의한다.
SQL> create or replace view v_stud_dept101
     (학번, 이름, 학과 번호, 학년)
     as select studno, name, deptno, grade
     from student where deptno = 101;

뷰가 생성되었습니다.

SQL> select * from v_stud_dept101;
```

```
        학번    이름                      학과 번호   학년
    ----------  --------------------  ----------  --
    2017106009  김우진                       101   4
    2018113008  김진수                       101   1
    2019113015  박태영                       101   3
    2019113009  노유진                       101   2
    2019113018  송하나                       101   2
    2019113022  오병택                       101   1
    2019113027  이민석                       101   4
             1  이무기                       101

8  행이  선택되었습니다.

SQL> desc v_stud_dept101;

    이름                                      널?      유형
    --------------------------------------  --------
    학번                                              NUMBER(12)
    이름                                              VARCHAR2(10)
    학과번호                                          NUMBER(4)
    학년                                              VARCHAR2(1)


//  실습에서  생성한  뷰를  모두  삭제한다.
SQL> drop viewv_stud_dept102;

뷰가  삭제되었습니다.


SQL> drop view v_prof_avg_sal;

뷰가  삭제되었습니다.


SQL> drop view v_stud_dept101;

뷰가  삭제되었습니다.


SQL> select view_name, text from user_views;   // 뷰가  없음을  확인한다.

선택된  레코드가  없습니다.
```

여기까지 뷰에 대한 실습을 마치며, 다음 사항을 확인하기 바란다.

- 뷰는 무엇이며, 왜 필요한가?
- 뷰가 수행되는 3단계 과정을 설명할 수 있는가?
- 뷰를 생성하는 3가지 방법을 설명할 수 있는가?

- 인라인 뷰는 무엇인가?
- 뷰에 관련된 정보를 파악할 수 있는가?
- 뷰의 수정 및 삭제 작업을 수행할 수 있는가?

10 데이터 분석을 위한 함수

10.1 분석 함수의 개념

분석 함수는 대량의 데이터를 다차원적으로 분석하기 위한 함수로서, RDBMS를 기반으로 하는 업무에서 분석 기능을 제공한다. SQL 명령어를 여러 번 실행해야 얻을 수 있는 결과를 하나의 함수를 이용해서 간편하게 얻을 수 있다.

분석 함수는 많은 종류가 있으며, 그중에서 많이 사용되는 함수를 선별하여 사용 예를 제공한다.

- rank, dense_rank 함수
- Top-N 분석
- NTILE 함수
- row_number 함수
- avg, count, max, min, stddev, sum, variance 함수
- first_value, last_value 함수
- lead, leg 함수
- 그 외에 unbounded preceded, unbounded following, currentrow 등이 있다.

10.2 분석 함수의 사용

앞에서 언급한 분석 함수에 대하여 사례를 중심으로 설명한다.

▌[실습 3-73] rank 함수, dense_rank 함수

```
// 특정 칼럼 값에 의해 정렬된 결과에 순위를 부여하는 함수다. 예로, 학생들의 학점을 성적순으로 검색하여
   상위순으로 등수를 부여할 때 사용한다.
// rank 함수는 1등이 2명인 경우 다음 순위는 3등으로 부여하지만, dense_rank 함수는 다음 순위를
   2등으로 부여한다.
SQL> select studno, name, height,
```

```
        rank() over (order by height desc ) as height_rank,
        dense_rank() over (order by height desc ) as height_dense
    from student;


STUDNO      NAME                      HEIGHT   HEIGHT_RANK  HEIGHT_DENSE
----------  --------------------  ----------  -----------  ------------
         1  이무기                                      1             1
2019113022  오병택                        186            2             2
2017106009  김우진                        182            3             3
2017116780  강동수                        181            4             4
2019113010  문종진                        179            5             5
2017113009  김의준                        175            6             6
2019113027  이민석                        175            6             6
2019113006  김시현                        174            8             7
2019113018  송하나                        171            9             8
2019113024  윤경민                        171            9             8
2019113015  박태영                        170           11             9


STUDNO      NAME                      HEIGHT   HEIGHT_RANK  HEIGHT_DENSE
----------  --------------------  ----------  -----------  ------------
2018113008  김진수                        168           12            10
2018114078  장진홍                        166           13            11
2019113015  김소현                        164           14            12
2018113023  이은영                        162           15            13
2019113009  노유진                        161           16            14

16 행이 선택되었습니다.

// 학생 테이블에서 전체 학생을 학과별로 그룹화하여, 학과별로 키가 큰 사람부터 순위를 부여하여 출력한다.
SQL> select name, deptno, height,
        rank() over (partition by deptno
                 order by height desc ) length_rank,
        dense_rank() over (partition by deptno
                 order by height desc ) length_dense
    from student;


NAME                      DEPTNO      HEIGHT   LENGTH_RANK  LENGTH_DENSE
--------------------  ----------  ----------  -----------  ------------
이무기                       101                        1             1
오병택                       101         186            2             2
김우진                       101         182            3             3
이민석                       101         175            4             4
송하나                       101         171            5             5
박태영                       101         170            6             6
김진수                       101         168            7             7
노유진                       101         161            8             8
문종진                       102         179            1             1
```

```
김시현                      102         174          2            2
윤경민                      102         171          3            3


NAME                     DEPTNO      HEIGHT   LENGTH_RANK LENGTH_DENSE
-------------------- ---------- ---------- ----------- ------------
김소현                      102         164          4            4
강동수                      201         181          1            1
김의준                      201         175          2            2
장진홍                      201         166          3            3
이은영                      201         162          4            4

16 행이 선택되었습니다.
```

▌[실습 3-74] Top-N 분석

```
// Top-N 분석은 전체 칼럼 값 중에서 큰 값 혹은 작은 값 순으로 상위 N개를 출력하는 것이다.
// 전체 학생 중에서 키가 가장 큰 상위 3명의 학번, 이름, 키를 출력하라.
SQL> select studno, name, height, rank_value
     from (select studno, name, height,
           rank() over (order by height desc ) as rank_value
           from student)
     where rank_value <= 3;

   STUDNO   NAME                     HEIGHT  RANK_VALUE
---------- -------------------- ---------- ----------
         1 이무기                                     1
2019113022 오병택                      186          2
2017106009 김우진                      182          3

// 학년별로 몸무게가 가장 많이 나가는 상위 2명의 이름과 몸무게를 출력하라.
SQL> select name, weight, grade, rank
     from (select name, weight, grade,
           dense_rank() over (partition by grade
           order by weight desc) rank
           from student)
     where rank <= 2
     order by grade, rank;

NAME                     WEIGHT  GR    RANK
-------------------- ---------- -- ----------
오병택                        73   1       1
김소현                        68   1       2
김시현                        68   2       1
송하나                        54   2       2
박태영                        88   3       1
```

윤경민	70	3	2
문종진	92	4	1
김우진	82	4	2
이민석	82	4	2
이무기			1

10 행이 선택되었습니다.

▌[실습 3-75] NTILE 함수

```
// NTILE 함수는 출력 결과를 사용자가 지정한 그룹 수로 나누어 출력하는 함수다.
// 학생 테이블에서 생년월일을 오름차순으로 정렬한 결과를 4개의 그룹으로 나누어 출력하라.
SQL> select studno, name, birthdate,
        ntile(4) over (order by birthdate) class
    from student;

STUDNO      NAME                   BIRTHDAT   CLASS
----------  --------------------   --------   ----------
2017116780  강동수                  01/05/18   1
2019113010  문종진                  01/08/17   1
2019113027  이민석                  01/08/18   1
2019113015  박태영                  01/08/21   1
2019113009  노유진                  02/05/08   2
2019113006  김시현                  02/06/07   2
2019113018  송하나                  02/06/19   2
2019113024  윤경민                  02/11/09   2
2018114078  장진홍                  02/11/29   3
2019113022  오병택                  03/03/16   3
2017113009  김의준                  03/05/15   3

STUDNO      NAME                   BIRTHDAT   CLASS
----------  --------------------   --------   ----------
2018113008  김진수                  03/07/12   3
2018113023  이은영                  03/07/18   4
2019113015  김소현                  03/09/16   4
2017106009  김우진                  16/04/15   4
         1  이무기                             4

16 행이 선택되었습니다.
```

▌[실습 3-76] row_number 함수

```
// row_number 함수는 분할별로 정렬된 결과에 대해 순위를 부여한다.
// 학과별로 몸무게가 작은 사람부터 순위를 부여하여 이름 순으로 출력하라.
```

```
SQL> select deptno, weight, name,
        rank() over (partition by deptno order by weight) weight_rank,
        dense_rank() over (partition by deptno order by weight ) weight_dense,
        row_number() over (partition by deptno order by weight ) weight_row
    from student
    order by deptno, weight, name;

    DEPTNO      WEIGHT   NAME     WEIGHT_RANK WEIGHT_DENSE  WEIGHT_ROW
    ---------- ---------- -------------------- ----------- --------------
       101         42    노유진            1           1            1
       101         54    송하나            2           2            2
       101         55    김진수            3           3            3
       101         73    오병택            4           4            4
       101         82    김우진            5           5            5
       101         82    이민석            5           5            6
       101         88    박태영            7           6            7
       101               이무기            8           7            8
       102         68    김소현            1           1            1
       102         68    김시현            1           1            2
       102         70    윤경민            3           2            3

    DEPTNO      WEIGHT   NAME     WEIGHT_RANK WEIGHT_DENSE  WEIGHT_ROW
    ---------- ---------- -------------------- ----------- ------------
       102         92    문종진            4           3            4
       201         50    이은영            1           1            1
       201         51    장진홍            2           2            2
       201         62    강동수            3           3            3
       201         66    김의준            4           4            4

16 행이 선택되었습니다.
```

▌[실습 3-77] avg, count, max, min, stddev, sum, variance 함수

```
// 학생 테이블에서 학과별 학생을 학번 오름차순으로 정렬한 후, 해당 학생을 기준으로 그 앞에 있는
   학생 2명의 몸무게 합을 출력하라.
SQL> select deptno, studno, weight,
        sum(weight) over (partition by deptno
                         order by studno
                         rows 2 preceding ) as weight_sum
    from student
    order by deptno, studno;

    DEPTNO    STUDNO     WEIGHT    WEIGHT_SUM
    ---------- ---------- ---------- ----------
       101            1
       101   2017106009      82            82
```

PART 03_SQL을 이용한 관계 데이터베이스 관리 시스템의 사용 ● 209

```
        101    2018113008      55          137
        101    2019113009      42          179
        101    2019113015      88          185
        101    2019113018      54          184    // 54+88+42
        101    2019113022      73          215    // 73+54+88
        101    2019113027      82          209
        102    2019113006      68           68
        102    2019113010      92          160
        102    2019113015      68          228


     DEPTNO    STUDNO      WEIGHT    WEIGHT_SUM
  ---------- ---------- ---------- ----------
        102    2019113024      70          230
        201    2017113009      66           66
        201    2017116780      62          128
        201    2018113023      50          178
        201    2018114078      51          163

16 행이 선택되었습니다.
```

▌[실습 3-78] first_value, last_value 함수

```
// 학생의 생년월일을 기준으로 전, 후 2년간의 학생들의 평균 키와, 2년 전후의 처음과 마지막 키를 출력하여라.
SQL> select studno, birthdate, height,
        avg(height) over (order by birthdate
                       range between interval '2' year preceding
                       and interval '2' year following ) grade2,
      first_value(height) over (order by birthdate
                       range between interval '2' year preceding
                       and interval '2' year following ) first_val,
      last_value(height) over (order by birthdate
                       range between interval '2' year preceding
                       and interval '2' year following ) last_val
     from student
     order by birthdate;

    STUDNO  BIRTHDAT    HEIGHT      GRADE2    FIRST_VAL   LAST_VAL
  ---------- -------- ---------- ---------- ---------- ----------
  2017116780 01/05/18     181    173.545455     181        175
  2019113010 01/08/17     179    172.230769     181        162
  2019113027 01/08/18     175    172.230769     181        162
  2019113015 01/08/21     170    172.230769     181        162
  2019113009 02/05/08     161    171.642857     181        164
  2019113006 02/06/07     174    171.642857     181        164
```

```
2019113018  02/06/19      171      171.642857      181         164
2019113024  02/11/09      171      171.642857      181         164
2018114078  02/11/29      166      171.642857      181         164
2019113022  03/03/16      186      171.642857      181         164
2017113009  03/05/15      175      171.642857      181         164


   STUDNO   BIRTHDAT    HEIGHT      GRADE2     FIRST_VAL   LAST_VAL
---------- --------  ---------- ---------- ---------- ----------
2018113008  03/07/12      168      170.923077      179         164
2018113023  03/07/18      162      170.923077      179         164
2019113015  03/09/16      164         169.8         161         164
2017106009  16/04/15      182           182         182         182
   1

16  행이  선택되었습니다.
```

[실습 3-79] LAG와 LEAD 함수

```
/* LAG와 LEAD는 동일한 테이블에 있는 다른 행의 값을 참조하기 위한 함수다.
   LAG는 현재 행을 기준으로 이전 값을 참조하는 함수다. LEAD는 현재 행을 기준으로 이후 값을 참조하는
   함수다. */
SQL> select name, height,
       lead(height, 1) over (order by height ) as next_height,
       lag(height, 1) over (order by height ) as prev_height
     from student
     where deptno = 101;


NAME                    HEIGHT   NEXT_HEIGHT PREV_HEIGHT
-------------------- ---------- ----------- -----------
노유진                       161         168
김진수                       168         170         161
박태영                       170         171         168
송하나                       171         175         170
이민석                       175         182         171
김우진                       182         186         175
오병택                       186                     182
이무기                                               186

8  행이  선택되었습니다.
```

여기까지 rank, dense_rank 함수, Top-N 분석, NTILE 함수, row_number 함수, avg, count, max, min, stddev, sum, variance 함수, first_value, last_value, lead, leg 함수에 대한 기능과 실제 사용 예를 제시하였다.

오라클을 포함한 많은 RDBMS에서는 앞서 제시한 함수 외에도 다양한 함수를 제공하고 있다. 물론 실제로 많이 사용되는 함수는 그리 많지 않지만, 함수를 잘 사용하면 데이터를 찾는 작업을 간단/명료하게 수행할 수 있다.

10.3 스토어드 프로시저 소개

프로그램 언어에서 함수(Function)와 프로시저(Procedure)는 원래 별도로 제공되는 기능이었지만 최근의 언어에서는 함수로 통일되어 제공되고 있다.

함수는 반환 값이 있는 것을 말하고, 프로시저는 반환 값이 없는 것을 말한다. 그리고 스토어드 프로시저(Stored Procedure)는 반환 값이 없는 함수가 저장되어 사용되는 것으로, RDBMS에 프로그래밍 기능을 추가하기 위하여 특별히 개발된 것이다.

그러므로 RDBMS에서는 데이터 외에도 스토어브 프로시저를 관리할 수 있다. 스토어드 프로시저는 사전에 컴파일해둔 상태로 저장, 운영이 가능하기에 속도가 빠르고 보안성이 좋다.

[그림 3-17]과 [그림 3-18]에 함수와 프로시저의 사용 예를 제시한다. 스토어드 프로시저는 많이 사용되는 기능이지만 자세한 설명을 생략한다. RDBMS를 처음 접하는 독자들에게 부담이 될 것 같기도 하고, 필요하면 함수처럼 바로 사용할 수 있기 때문이다.

```
mysql> delimiter

// helloworld 함수의 선언, 반환값 명시
mysql> creat function helloworld() returns varchar(20)
       begin
       return "Hello World";
       end

Query OK, 0 rows affected (0.00 sec)

// helloworld 함수의 사용
mysql> select helloworld()

+--------------+
| helloworld() |
+--------------+
| helloworld() |
+--------------+
1row in set (0.00 sec)
```

[그림 3-17] MySQL에서 함수의 사용 예

```
// 스토어드 프로시저 선언
mysql> create procedure helloprocedure()
      begin
      select 'Hello Procedure 2';
      End //

// 스토어드 프로시저 사용
mysql> call helloprocedure()

+-------------------+
| Hello Procedure 2 |
+-------------------+
| Hello Procedure 2 |
+-------------------+
1 row in set (0.00 sec)

Query OK, 0 rows affected (0.00 sec)
```

[그림 3-18] MySQL에서 스토어드 프로시저의 사용 예

- RDBMS의 제품인 Oracle Express를 설치/사용하였다.
- SQL은 RDBMS에서 사용하는 데이터 조작 표준 언어다. SQL이 제공하는 기능은 다음과 같으며, 표에 있는 명령문을 자세하게 실습하였다.

유형	명령문	기능
데이터 질의어(DQL, Data Query Language)	SELECT	데이터 검색
데이터 조작어 (DML, Data Manipulation Language)	INSERT	데이터 입력
	UPDATE	데이터 수정
	DELETE	데이터 삭제
데이터 정의어 (DDL, Data Definition Language)	CREATE	개체(테이블) 생성
	ALTER	개체(테이블) 변경
	DROP	개체(테이블) 삭제
	RENAME	개체(테이블) 변경
	TRUNCATE	데이터 및 저장 공간 삭제
트랜잭션 처리 (TCL, Transaction Control Language)	COMMIT	트랜잭션의 정상적인 종료 처리
	ROLLBACK	트랜잭션 취소
	SAVEPOIN	트랜잭션 내에 임시 저장점 설정
데이터 제어어 (DCL, Data Control Language)	GRANT	개체(테이블) 접근 권한 설정
	REVOKE	개체(테이블) 접근 권한 취소

- Oracel Express에서 데이터 조작을 위해 기본적으로 제공하는 프로그램은 SQL Plus이다.
- 빠른 데이터 처리를 위한 인덱스 및 시퀀스의 개념을 설명하였다.
- 트랜잭션의 개념을 이해하고 실습하였다.
- 데이터베이스의 장점인 데이터 제어를 위한 보안, 권한, 롤, 동의어 등의 기능을 설명하고 실습하였다.
- 데이터베이스에서 가장 중요한 데이터 무결성을 위한 알고리즘 3가지를 설명하고, 무결성 제약 조건에 대하여 설명하였다.
- 뷰의 필요성과 생성 방법을 실습하였다.
- 데이터 분석을 위한 함수 중 많이 사용되는 함수를 설명하고, 스토어드 프로시저에 대한 개념을 정립하였다.

PART 04

사용자가 제작한 프로그램에서 RDBMS를 다루는 방법

[핵심 내용]

- JDBC
- JPA
- Mybatis
- 웹
- 빅데이터

01 JDBC

Part 3에서 관계형 데이터베이스 관리 시스템(RDBMS)을 조작하기 위하여 개발된 표준 언어인 SQL과, 사용자가 RDBMS에 SQL 명령문을 전달하는 프로그램인 SQL Plus에 관해 공부하였다.

RDBMS는 SQL Plus를 이용하여 사용할 수 있으며, 더 효과적인 활용을 위해 RDBMS를 다루기 위한 SQL Plus와 같은 프로그램을 개발할 필요가 있다.

이번에는 RDBMS를 더욱 효율적으로 활용하고자 개발된 2가지 기술에 대하여 설명한다.

하나는 원하는 데이터를 얻기 위해 제작된 SQL 명령문을 RDBMS에 전달하여 작업을 수행하는 것으로 JDBC, Mybatis 등이 있다(2절, 4절).

다른 하나는 RDBMS를 다루기 위하여 클래스와 테이블을 연결하는 개념으로 JPA 표준을 따르는 Hybernate, EclipseLink, DataNucleus 등이 있다(3절).

구체적이고 상세한 데이터를 원하는 국내 정서상 JPA 표준에 관련된 기술을 많이 사용하지는 않지만, RDBMS에 대한 학습이 목적이므로 시스템의 구성과 그 필요성을 설명하고자 한다.

1.1 SQL과 JDBC

SQL(Structured Query Language)은 RDBMS 스키마 생성, 데이터 검색/수정/입력, 데이터베이스에 대한 접근 통제를 수행하기 위해 고안된 언어로 표준으로 정해진 방법이다. 우리가 공부했던 SQL Plus는 SQL 문을 RDBMS에 전달하고, 결과를 받는 기능을 수행하는 프로그램이다.

JDBC(Java DataBase Connectivity)는 자바(Java) 언어로 RDBMS에 연결하며, SQL 명령문을 전달하기 위해 개발된 API(Application Programming Interface)로서 표준으로 제정되어 있다. 그러므로 JDBC API를 이용하면 어떠한 종류의 RDBMS에든 연결할 수 있으며, SQL Plus와 같은 프로그램 제작이 가능하다.

[그림 4-1]에 JDBC의 구조를 정리하였다.

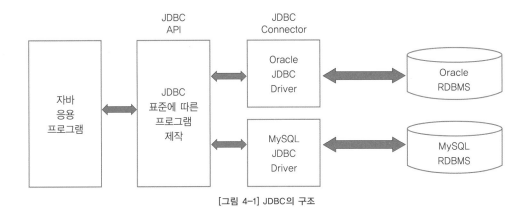

[그림 4-1] JDBC의 구조

[그림 4-1]을 설명하면 다음과 같다.

- **자바 응용 프로그램** : 자바를 이용하여 제작한 프로그램이다. 프로그램 수행 중에 데이터가 필요하면 JDBC API를 사용해서 RDBMS에 연결하여 필요한 데이터를 가져온다.
- **JDBC API** : 자바 응용 프로그램 중에서 RDBMS와 연결하고, 필요한 데이터를 가져오기 위해서 SQL 문을 보내는 부분을 담당하는 API이다. 표준으로 설정되어 있기에 API의 모양은 모든 프로그램에서 같다.
- **JDBC Connector** : JDBC API가 수행되면 연결되는 부분이다. 각 RDBMS 업체에서 제작하여 배포하는 부분으로 JDBC API가 넘겨주는 정보를 RDBMS에 연결하는 기능을 수행한다. RDBMS를 설치할 때, 업체가 제공하는 JDBC Connector를 설치한다. [그림 4-1]은 Oracle과 MySQL을 사용하는 경우 JDBC Connector의 역할을 보여준다.

결론적으로, JDBC가 표준이므로 자바 응용 프로그램 개발자는 RDBMS와 JDBC를 연결하고자 제품별로 별도의 프로그램을 제작하지 않아도 된다.

즉, 응용 프로그램 개발자가 JDBC를 이용하여 프로그램을 작성하면, 실행 시에 JDBC 라이브러리에서 RDBMS 업체가 제공하는 Connector와 연결되며 이를 통하여 자바 응용 프로그램이 RDBMS와 연결된다.

1.2 JDBC 사용 실습

JDBC를 정확하게 이해하고자, JDBC를 이용하여 자바 프로그램에서 RDBMS를 연결하는 과정을 실습한다. 실습 과정은 다음과 같다.

▌실습 과정

- 1단계 : RDBMS와 JDBC Connector 설치
- 2단계 : 자바 응용 프로그램에서 JDBC Connector 연결
- 3단계 : 자바 응용 프로그램에서 RDBMS 연결
- 4단계 : 자바 응용 프로그램에서 SQL을 사용하여 데이터 조작을 수행
  : 데이터를 읽어 오는 과정만 다루고, 추가/삭제/수정/테이블 생성 과정은 다루지 않는다.
  → 원리가 같고, 특별한 점이 없기 때문이다.
- 5단계 : 자바 응용 프로그램 종료 → 별도로 다루지 않는다.

이제 단계별로 수행하는 과정을 살펴보자.

▌[1단계] RDBMS와 JDBC Connector 설치

Part 3 1절에서 오라클 RDBMS에 대한 내용을 다루었기에, 이번에는 오픈소스로 많은 사용자를 보유한 MySQL을 대상으로 작업을 진행하며, 추후 다른 RDBMS를 이용하더라도 큰 차이점은 없다. JDBC Connector는 RDBMS 제조사에서 제공하므로 RDBMS 설치 단계에서 일반적으로 같이 설치된다.

먼저 MySQL을 설치한 후, JDBC Connector를 설치한다. 우선 MySQL에 접속하고 프로그램을 다운로드한다[그림 4-2].

www.mysql.com/downloads에 접속한다.　　　수행할 운영체제를 선택하고 다운로드한다.

[그림 4-2] MySQL을 다운로드하는 과정

MySQL을 설치했다면 그다음 JDBC Connector를 설치한다[그림 4-3].

간단한 실습용이므로 custom을 선택한다.

설치할 항목에 다음 3가지를 선택한다.
- MySQL Server
- JDBC 연결을 지원하는 Connector/J
- 대화형 작업 수행을 위한 Workbench

[그림 4-3] MySQL과 JDBC Connector 설치

다음으로 MySQL 환경과 root 계정 암호를 설정한다[그림 4-4].

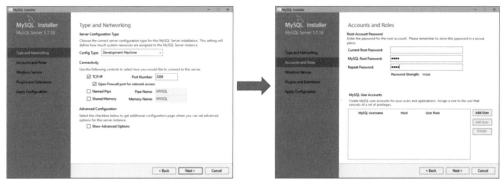

MySQL 서버의 포트와 통신 방법을 설정한다.

MySQL 서버의 root 계정 암호를 설정한다.

[그림 4-4] MySQL 환경 설정 및 root 암호 설정

마지막으로 MySQL을 윈도우 서비스로 등록하고, 설정을 적용한다[그림 4-5].

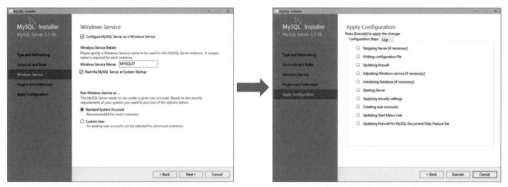

MySQL 서버를 윈도우 서비스로 등록한다.

Execute를 눌러 설정을 적용한다.
➔ 다음 화면에서 Finish를 눌러 설치를 완료한다.

[그림 4-5] MySQL 서비스 등록과 설정 적용

여기까지 수행했다면, MySQL과 JDBC Connector를 설치 완료한 것이다. 이제 MySQL을 사용할 수 있는 상태가 되었으니 자바 프로그램에서 RDBMS에 연결하여 작업해본다.

오라클에서 SQL Plus를 사용하여 Oracle을 조작했던 것처럼 MySQL에서는 WorkBench라는 프로그램을 이용해서 MySQL에 테이블을 만들거나, 데이터를 추가, 조회, 수정, 삭제하는 작업이 가능하다. 우리는 WorkBench 대신에 자바 응용 프로그램을 제작하여 데이터 추가, 조회, 수정, 삭제 작업을 수행해본다. 가능한 작업의 범위로, SQL이 지원하는 모든 기능을 수행할 수 있다.

▌[2단계] 자바 응용 프로그램에서 JDBC Connector에 연결

자바 응용 프로그램에서 JDBC를 이용하여 RDBMS에 접근하기 위해 가장 먼저 JDBC Connector를 로드한다.

MySQL의 JDBC Connector를 로드하는 명령어는 다음과 같다.

```
Class.forName("com.mysql.jdbc.Driver");
```

- `Class.forName()`은 동적으로 자바 클래스를 로딩한다.
- `Class.forName`을 이용하여 MySQL이 제공하는 JDBC Connector인 `"com.mysql.jdbc.Driver"`를 로드한다.
- JDBC Connector는 RDBMS 업체마다 다르므로, 이에 맞추어 로딩해야 한다.
- 로드된 Driver는 Driver Manager에 등록된다.

▌[3단계] 자바 응용 프로그램에서 RDBMS 연결

자바 응용 프로그램에서 MySQL DBMS에 연결한다.

```
Connection conn = DriverManager.getConnection("jdbc:mysql://localhost:3306/
sampledb", "root","");
```

- DriverManager는 자바 애플리케이션을 JDBC connector에 연결해 주는 클래스다.
- DriverMannger의 getConnection 메서드는 DB에 연결하고 connection을 반환한다.
- getConnection 내의 서술은 JDBC connector마다 다르다.
- 앞의 예는 다음 의미를 가진다.
  - jdbc:mysql → mysql에 대한 connection이다.
  - localhost → 서버가 현재 컴퓨터에 있다는 의미다.
  - 3306 → MySQL DBMS에 대한 연결 포트 번호는 3306이다.
  - sampledb → 연결할 데이터베이스 이름은 sampledb이다.
  - root → MySQL DBMS에 로그인할 사용자 이름
  - "" → root 사용자의 패스워드, 이 경우 패스워드는 없다.

여기까지 2, 3단계를 합한 자바 응용 프로그램의 모습은 [그림 4-6]과 같다. 다음 소스를 보면 앞에서 설명한 내용을 이해하기 쉬울 것이다.

```java
import java.sql.*;

public class JDBC_DBConnect {
  public static void main (String[] args) {
    try {
      Class.forName("com.mysql.jdbc.Driver");
      Connection conn = DriverManager.getConnection("jdbc:mysql://localhost:3306/
      sampledb", "root","");
      System.out.println("DB 연결 완료");
    } catch (ClassNotFoundException e) {
      System.out.println("JDBC 드라이버 로드 에러");
    } catch (SQLException e) {
      System.out.println("DB 연결 오류");
    }
  }
}
```

[그림 4-6] 2, 3단계를 합친 자바 응용 프로그램의 모습

▎[4단계] 자바 응용 프로그램에서 SQL을 사용하여 데이터 조작을 수행

3단계까지 sampledb에 연결하였다. 이제 sampledb에 있는 student 테이블의 모든 데이터를 출력하고, 이름이 '조민호'인 학생의 데이터를 출력하는 프로그램을 제작해보자.

앞 단계에서 MySQL에 sampledb를 만든 후, student 테이블을 생성하고 데이터를 입력하는 과정은 생략하였지만 이 과정을 포함하였다고 가정하고, JDBC를 이용하여 데이터에 접근하는 방법을 익히는 데 집중하도록 하자.

[그림 4-7]은 앞선 2, 3단계와 4단계를 모두 합친 자바 응용 프로그램의 소스다. 이미 많은 부분을 설명했으므로 어렵지 않은 내용일 것이다. [그림 4-8]은 실제 수행한 결과를 보여준다.

```java
import java.io.*;
import java.sql.*;
public class JDBC_DBConnect {
  public static void main (String[] args) {
    Connection conn;
    Statement stmt = null;
    try { Class.forName("com.mysql.jdbc.Driver");
      conn=DriverManager.getConnection
        ("jdbc:mysql://localhost:3306/sampledb", "root","");
      System.out.println("DB 연결 완료");

      stmt = conn.createStatement();
      ResultSet rs = stmt.executeQuery("select * from student");
      printData(rs, "name", "id", "dept");
      rs = stmt.executeQuery("select name, id, dept from student
                      where name='조민호'");
      printData(rs, "name", "id", "dept");
    } catch (ClassNotFoundException e) {
      System.out.println("JDBC 드라이버 로드 에러");
    } catch (SQLException e) {
      System.out.println("SQL 실행 에러");
    }
  }
  private static void printData(ResultSet rs, String col1, String col2, String col3)
                    throws SQLException {
    while (rs.next()) {
      if (!col1.equals(""))
        System.out.print(rs.getString("name"));
      if ((!col2.equals("")))
        System.out.print("\t|\t" + rs.getString("id"));
      if ((!col3.equals("")))
        System.out.println("\t|\t" + rs.getString("dept"));
      else
```

```
            System.out.println();
        }
    }
}
```

[그림 4-7] 2, 3, 4단계를 포함하는 자바 응용 프로그램의 모습

- **Statement stme = null;** : Statement 클래스는 SQL 문을 실행하기 위해 작성한 클래스로, 다음 메서드를 제공한다.
  - 데이터 검색을 위한 executeQuery() 메서드를 제공한다.
  - 데이터 수정, 삭제와 같은 변경 작업을 위한 executeUpdate() 메서드를 제공한다.
  - 종료를 위해 close() 메서드를 제공한다.
- **stmt = conn.createStatement();** : DBMS에 연결된 정보(conn)에 Statement를 할당하였고, 할당한 이름은 stmt이다.
- **ResultSetrs = stmt.executeQuery("select * from student");** : 주어진 sql 문을 실행한 후의 결과를 rs에 넣는다.
  ResultSet 클래스는 SQL 문의 실행 결과를 얻어오고, 결과의 데이터 행을 가리키는 커서를 관리한다. 커서의 초깃값은 첫 번째 행 이전을 가리킨다.
  - first() : 커서를 첫 번째 행으로 이동
  - last() : 커서를 마지막 행으로 이동
  - next() : 커서를 다음 행으로 이동
  - previous() : 커서를 이전 행으로 이동
  - absolute(int row) : 커서를 지정한 행(row)으로 이동

3가지 함수의 설명에 대한 사례는 [그림 4-7]의 printData에서 확인할 수 있다.

- **rs = stmt.executeQuery("select name, id, dept from student where name='조민호'");** : 동일하므로 설명 생략

```
DB 연결 완료
조민호  |  1130022  |  컴퓨터공학
김주연  |  1121212  |  컴퓨터시스템
조현희  |  1141245  |  컴퓨터공학
```

[그림 4-8] 2, 3, 4단계를 합친 자바 응용 프로그램의 수행 결과

여기까지 JDBC에 대한 설명을 마친다. 설명은 다소 길었지만, 실제 소스를 보면 그리 어렵지 않은 내용이다. JDBC가 만들어진 그 철학과 사용 방법에 대하여 다시 한번 확인하기를 바란다.

02 JPA

2.1 JPA 소개

1절에서 소개한 JDBC나 3절에서 설명할 마이바티스(Mybatis), 그 외에 스프링 **JdbcTemplate** 등을 SQL Mapper라고 한다. 이를 사용하기 위해서는 개발자가 SQL 문을 직접 작성하여야 한다. 하지만 실무 환경에서는 여러 테이블이 있고, 테이블 간의 연관 관계가 복잡하게 구성되어 있으므로 SQL 문을 작성하기 쉽지 않았기에 SQL Mapper 기술이 확산되는 데 걸림돌이 되었다.

그래서 E-R 모델의 개체(entity)와 테이블을 매핑함으로써 SQL 문을 자동으로 생성해주는 JPA(Java Persistence API)라는 새로운 기술이 도입되었다.

JPA는 개체와 테이블 간의 차이를 중간에서 해결해주는 ORM(Object Relational Mapping) 프레임워크다. JPA는 자바 진영에서 개발한 ORM 기술 표준으로, 표준 명세만 570페이지에 달하는 방대한 표준이다. JPA API를 제품으로 개발한 것이 Hibernate, TopLink, EclipseLink, DataNucleus 등이다. JPA의 개념을 정확하게 이해하기 위하여 [그림 4-9]를 참고한다.

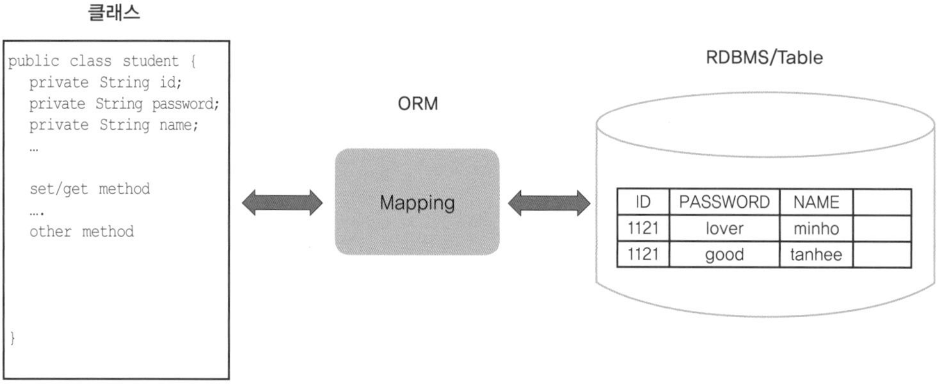

[그림 4-9] JPA의 운영 개념

[그림 4-9]는 자바 응용 프로그램에서 사용하는 `student` 클래스와 RDBMS의 STUDENT 테이블을 ORM 기술을 이용하여 매핑(Mapping)하는 작업을 보여준다. JPA는 ORM 기술을 위한 표준 규격이다.

업무용 프로그램에서 RDBMS를 다루기 위해 개발된 다양한 도구들의 시장 점유율은 다음과 같다(Zero Turnaround 전 세계 개발자 대상 통계, 2014).

- Hibernate : 67.5%
- 순수 JDBC : 22%
- Spring JdbcTemplate : 19.5%
- EclipseLink : 13%
- Mybatis : 6.5%
- 기타…

이외에 구글 트랜드(2015)를 검색해보면 다음과 같은 결과가 나온다.

- JPA, Hibernate : 94%
- iBatis, Mybatis : 6%

조금 오래된 통계이기는 하지만, JAP/Hibernate가 가장 많이 사용되는 도구임을 확인할 수 있다. 다만 한국에서는 iBatis, Mybatis가 가장 많이 사용된다. 그 이유는 다음 내용을 참고하도록 한다.

앞에서 설명한 JDBC와 JPA를 비교하면 [그림 4-10]과 같다.

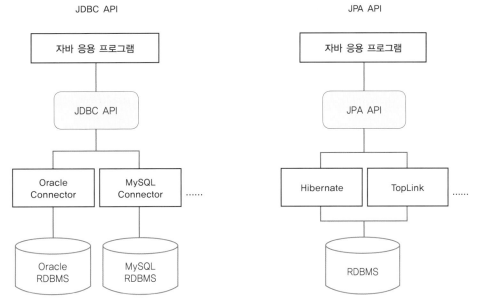

[그림 4-10] JDBC와 JPA의 운영 개념 비교

JPA는 국내에서 많이 사용되지 않는다. 이유는 JPA의 구성 양상에서 확인할 수 있듯 구성이 복잡하며 구체적인 데이터 검색이 어렵다는 점 때문이다. 만약 사용자가 원하는 데이터가 있는데, 해당 데이터를 정확하게 찾지 않고 어느 정도 큰 범위에서 찾은 후에, 엑셀로 다운로드하여 조작하는 것을 수용한다면 JPA는 좋은 방안이 될 수 있다. 하지만 JPA를 이용하여 정확한 데이터를 찾기 위한 복잡한 조건을 설정하기란 생각보다 어렵다(사실, 거의 불가능하다). 이런 점에서 국내에서는 JPA가 많이 사용되지 않는다.

비록 많이 사용되지는 않지만 RDBMS에 대한 이해를 높일 수 있고, 전 세계적으로 가장 많이 사용되는 기술이므로 JPA에 대하여 조금 더 공부해보도록 하자.

2.2 JDBC의 문제점과 JPA의 해결 방안

1절에서 공부한 JDBC는 자바에서 다양한 RDBMS에 접근할 때, 같은 API와 SQL 문을 이용할 수 있기에 많이 사용하고 있다. 그러나 개발자 및 운영자의 관점에서 문제가 다소 존재한다. 그 내용을 상세하게 알아보자.

자바를 이용하여 **JDBC로 RDBMS에 접근하는 상황을 생각해보자. 자바 응용 프로그램에서 Member 클래스를 선언하여 사용하고, RDBMS에 MEMBER 테이블을 만든 상황이다.** [그림 4-11]에 Member 클래스가 제시되어 있다.

• **1단계** : Member 클래스를 선언한다.

```
[ Member(회원) 클래스 ]
public class Member {

    private String memberId;
    private String name;
    …..
    public void setMemberId(String memberId)
    {   memberId=memberID; }

    public void setName(String name)
    {   name=name; }
}
```

[그림 4-11] Member 클래스의 모습

- **2단계** : Member 개체를 RDBMS에 연결 및 운영할 목적으로 DAO를 만든다.

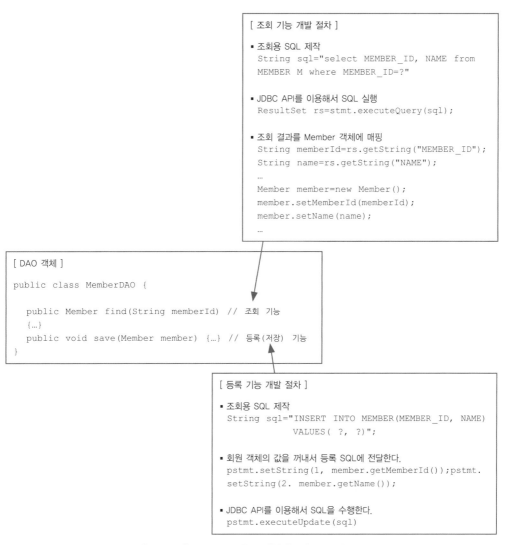

[조회 기능 개발 절차]

- 조회용 SQL 제작
  ```
  String sql="select MEMBER_ID, NAME from
  MEMBER M where MEMBER_ID=?"
  ```

- JDBC API를 이용해서 SQL 실행
  ```
  ResultSet rs=stmt.executeQuery(sql);
  ```

- 조회 결과를 Member 객체에 매핑
  ```
  String memberId=rs.getString("MEMBER_ID");
  String name=rs.getString("NAME");
  …
  Member member=new Member();
  member.setMemberId(memberId);
  member.setName(name);
  …
  ```

[DAO 객체]
```
public class MemberDAO {

   public Member find(String memberId) // 조회 기능
   {…}
   public void save(Member member) {…} // 등록(저장) 기능
}
```

[등록 기능 개발 절차]

- 조회용 SQL 제작
  ```
  String sql="INSERT INTO MEMBER(MEMBER_ID, NAME)
                 VALUES( ?, ?)";
  ```

- 회원 객체의 값을 꺼내서 등록 SQL에 전달한다.
  ```
  pstmt.setString(1, member.getMemberId());pstmt.
  setString(2. member.getName());
  ```

- JDBC API를 이용해서 SQL을 수행한다.
  ```
  pstmt.executeUpdate(sql)
  ```

[그림 4-12] Member 클래스의 활용을 위한 DAO의 생성

- DAO 클래스는 조회 기능을 위한 find 메서드와 저장 기능을 위한 save 메서드를 가진다.
- find() 기능은 조회용 SQL 문을 만들고, JDBC API인 executeQuery를 사용해 SQL 문을 RDBMS에 넘긴다. 이후, 조회된 결과를 받아서(=getString) 변수에 할당한다. 변수에 할당된 값은 자바의 Member 클래스에 대입된다.

- save() 기능은 조회용 SQL 문을 만들고, Member 객체의 값을 꺼내서 SQL 문에 할당한다. 이후에 JDBC API인 executeUpdate를 이용하여 데이터를 RDBMS에 저장한다.
- 기타 다른 기능들도 유사한 과정을 거쳐서 개발된다.

- **3단계** : Member 객체에 새로운 데이터가 추가되거나 테이블 간의 연관성이 있는 경우, 개발자가 모든 상황을 정확히 이해하고 프로그램에 반영해야 한다. 즉, 사소한 변경에도 SQL 문을 새로 제작하거나 보완해야 한다[그림 4-13].

```
[ 회원 클래스 ]
public class Member {

    private String memberId;
    private String name;
    private String tel; // 추가된 데이터
    private Team team;  // 추가된 성질
    …
    public void setMemberId(String memberId)
    {  memberId=memberID; }

    public void setName(String name)
    {  name=name; }
}


[ 팀 클래스 ]
class Team {
    …
    private String teamName;
    …
}
```

```
[ 조회 기능 개발 절차 ]
▪ 조회용 SQL 제작
  select M.MEMBER_ID, M.NAME T.TEAM_ID, T.TEAM_NAME
  from MEMBER M
  join TEAM T
       ON M.TEAM_ID=T.TEAM_ID

▪ JDBC API를 이용해서 SQL 실행
  ResultSet rs=stmt.executeQuery(sql);

▪ 조회 결과를 Member 객체에 매핑
  String memberId=rs.getString("MEMBER_ID");
  String name=rs.getString("NAME");
  String Tname=rs.getString("TEAM_NAME");
  …
  Member member=new Member();
  member.setMemberId(memberId);
  member.setName(name);
  …
```

[그림 4-13] Member 클래스 변경과 Team 클래스의 신규 도입

- Member(회원) 클래스에 tel과 team이 추가되고, team을 위한 Team 클래스가 새로 추가되었다.
- 조회용 SQL은 두 개의 테이블을 조인하도록 다시 작성해야 한다.
- 조회 결과를 다루기 위하여 Team에 대한 변수를 처리하는 부분을 새로 작성해야 한다. 사실상 새로 만드는 것과 큰 차이가 없다.

[그림 4-13]에서 보여준 변화 외에도 회원 정보 수정, 삭제 기능 등을 추가한다고 가정하면 매번 SQL 문을 새로 제작하고, JDBC API를 다루는 부분을 수정해야 한다.

더구나, 변화에 대응하여 SQL 문을 새로 만들기 위해서는 개발자가 클래스와 테이블의 구성 및 형태에 대하여 정확하게 알고 있어야 한다. 개발하는 과정에서는 큰 문제가 없겠지만, 기능 추가 개발이나 유지 보수를 위해 나중에 투입된 개발자는 데이터베이스에 관한 내용을 파악하는 작업이 쉽지 않으며, 시간도 소요된다.

이런 이유로 JPA는 SQL 문을 작성하지 않고 클래스와 테이블을 매핑하는 방식을 채택함으로써 클래스나 테이블이 변동되면 SQL 문을 재작성하는 번거로운 과정을 제거하였다. 하지만 섬세하고 복잡한 조건을 가지는 자료를 조회하는 데는 JPA를 사용하기 어려운 단점이 있다.

█ JPA의 작동 방식

JPA의 작동 방식을 요약하면 다음과 같다.

- **저장 기능** : `persist` 메서드는 `member` 객체를 RDBMS에 저장한다. JPA가 객체와 테이블의 매핑 정보를 보고 적절한 INSERT SQL 문을 생성하여 `member` 객체의 내용을 RDBMS 테이블에 저장한다.

   (예) `jpa.persist(member);`

- **조회 기능** : `find` 메서드는 객체 정보를 RDBMS 테이블에서 조회한다. JPA는 객체와 테이블의 매핑 정보를 보고 적절한 SELECT SQL 문을 생성하고, RDBMS 테이블에서 데이터를 가져와서 객체에 저장한다.

   (예) `String memberid = "helloid";`
   `Member member = jpa.find(Member.class, memberid);`

- **수정 기능** : JPA는 별도의 수정 메서드를 제공하지 않는다. 대신 객체를 조회한 결과의 값을 변경하면, 트랜잭션을 커밋(Commit)할 때 RDBMS에 Update SQL 문이 전달된다.

   (예) `Member member = jpa.find(Member.class, memberid);`
   `member.setName("이름변경");`

- **연관된 객체 조회** : JPA는 연관된 `Member`와 `Team` 테이블을 사용하는 시점에 적절한 Select SQL 문을 실행한다.

   (예) `Member member = jpa.find(Member.class, memberid);`
   `Team team - member.getTeam();`

- **상속 기능** : `Item` 클래스를 상속받아서 `Album`, `Movie`, `Book` 클래스가 생성되었다고 가정한다.

- JDBC를 이용할 경우, 각 클래스마다 SQL 문을 작성해야 한다.

  (예) Album에 값을 넣고, Item에 값을 넣는 과정을 각각 작성해야 한다.

- JPA를 이용하면 다음과 같이 작성하면 된다.

  (예)
  ```
  jpa.persist(album);// 저장하는 경우
  String albumid = 'id100';
  Album album = jpa.find(Album.class, albumid);// 조회하는 경우
  ```

- **연관 관계** : Member 클래스에서 Team 클래스형의 데이터를 가지는 경우다.
  - JDBC를 이용하면 클래스와 동일한 DB를 구성한 후, 그에 해당하는 SQL 문을 수행해야 한다.
  - JPA를 이용하면 다음과 같이 작성하면 된다.

    (예)
    ```
    member.setTeam(team);// Member와 Team 간의 연관 관계 설정
    jpa.persisit(member);
    ```

여기까지 JPA의 작동 방식에 대하여 설명하였다. 아직은 완전히 이해하기 힘들 것이라 생각한다. JPA를 정확하게 이해하고자 실제로 실습해보면서 JPA 사용법과 작동 방식을 파악해보자.

2.3 JPA의 간단한 예

JPA에 대한 이해를 높이기 위하여 실제로 JPA를 사용하는 사례를 제시한다. JPA를 사용하기 위해서는 자바, 이클립스(Eclipse), 메이븐(Maven), RDBMS, 그리고 Hybernate의 설치가 필요하다. 이들을 설치해서 JPA 실행 환경을 만드는 것은 우리의 관심사가 아니므로, JPA가 어떻게 작동하는지에 초점을 맞추어 설명한다.

▌[1단계] 환경의 구성

- 자바, 이클립스, 메이븐, RDBMS 설치 : 생략한다.
- RDBMS에 다음과 같은 MEMBER 테이블을 생성한다. 다음 테이블은 RDBMS 중 설치 과정이 필요 없으며, 가볍고 간단한 H2 RDBMS를 사용한 예다.
  → www.h2database.com에서 다운로드받은 후, 압축을 푼 곳에서 bin/h2.bat을 실행하면 된다.

실행한 후에, 웹 브라우저에서 http://localhost:8082를 입력하면 H2 데이터베이스에 연결할 수 있는 화면이 실행된다.

기본 설정을 유지하고 연결을 누르면 H2 화면이 나타난다[그림 4-14].

(예) H2 RDBMS에서 MEMBER 테이블을 만드는 명령어

```
CREATE TABLE MEMBER (
 ID VARCHAR(255) NOT NULL,
 NAME VARCHAR(255),
 AGE INTEGER NOT NULL,
 PRIMARY KEY(ID)
 )
```

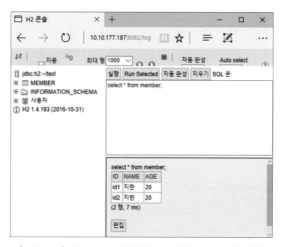

[그림 4-14] H2 RDBMS 실행 화면 : 데이터를 2개 입력한 상황

▌[2단계] 클래스와 테이블의 매핑 작업 수행

JPA를 사용하기 위하여 E-R 모델링의 개체(entity)와 RDBMS의 테이블을 매핑하는 규정을 서술한다[그림 4-15].

```
┌─────────────────────────────────────────────────────────────────┐
│ ⬛ Member.java ⬛    ⌧ persistence.xml    ⬛ *JpaMain.java         │
├─────────────────────────────────────────────────────────────────┤
│  1  package jpabook.start;                                         │
│  2                                                                 │
│  3  import javax.persistence.*;  //**                              │
│  4                                                                 │
│  5⊖ /**                                                            │
│  6   * User: HolyEyE                                               │
│  7   * Date: 13. 5. 24. Time: 오후 7:43                           │
│  8   */                                                            │
│  9  @Entity ──────────────────────────── • Entity를 선언한다.      │
│ 10  @Table(name="MEMBER") ─────────────── • 매핑할 테이블을 지정한다.│
│ 11  public class Member {                                          │
│ 12                                                                 │
│ 13⊖     @Id ────────────────────────────── • @id를 활용하여 primary key 설정 │
│ 14      @Column(name = "ID") ─────────────── • MEMBER 테이블의 ID를 Member │
│ 15      private String id;                    클래스 id에 매핑       │
│ 16                                                                 │
│ 17⊖     @Column(name = "NAME")                                     │
│ 18      private String username;                                   │
│ 19                                                                 │
│ 20      private Integer age; ──────────────── • 매핑 정보가 없으면 필드명을 │
│ 21                                             사용해서 칼럼명으로 매핑 │
│ 22⊖     public String getId() {                                    │
│ 23          return id;                                             │
│ 24      }                                                          │
│ 25                                                                 │
│ 26⊖     public void setId(String id) {                             │
│ 27          this.id = id;                                          │
│ 28      }                                                          │
│ 29                                                                 │
│ 30⊖     public String getUsername() {                              │
│ 31          return username;                                       │
│ 32      }                                                          │
│ 33                                                                 │
│ 34⊖     public void setUsername(String username) {                 │
│ 35          this.username = username;                              │
│ 36      }                                                          │
│ 37                                                                 │
│ 38⊖     public Integer getAge() {                                  │
│ 39          return age;                                            │
│ 40      }                                                          │
│ 41                                                                 │
│ 42⊖     public void setAge(Integer age) {                          │
│ 43          this.age = age;                                        │
│ 44      }                                                          │
│ 45  }                                                              │
│ 46                                                                 │
└─────────────────────────────────────────────────────────────────┘
```

[그림 4-15] 개체와 테이블의 매핑

- 클래스를 선언하는 Member.java 파일에는 @Entity를 사용해서 개체(entity)를 선언한다.
- @Table을 이용하여 개체와 매핑하는 RDBMS의 테이블 이름을 명시한다.
- @id를 이용하여 기본 키(Primary Key)를 설정한다. 예에서는 MEMBER 테이블의 ID를 Member 클래스의 id에 매핑하고, id를 기본 키로 설정한다.
- 나머지 데이터는 동일하므로 설명을 생략한다.
- 38번째 줄과 같이 매핑 정보가 없다면 필드명이 칼럼명으로 매핑된다(예: age).

▌[3단계] JPA를 사용한 입력 및 조회 작업 프로그램 작성

JPA를 이용하여 H2 RDBMS를 대상으로 데이터를 조작하는 프로그램을 제작한다[그림 4-16].

```java
Member.java ☒    persistence.xml    +JpaMain.java ☒

 1  package jpabook.start;
 2
 3⊕ import javax.persistence.*;
 5  public class JpaMain {
 6
 7⊖     public static void main(String[] args) {
 8
 9          //엔티티 매니저 팩토리 생성
10          EntityManagerFactory emf = Persistence.createEntityManagerFactory("jpabook");
11          EntityManager em = emf.createEntityManager(); //엔티티 매니저 생성
12
13          EntityTransaction tx = em.getTransaction(); //트랜잭션 기능 획득
14
15          try {
16              tx.begin(); //트랜잭션 시작
17              logic(em);  //비즈니스 로직
18              tx.commit();//트랜잭션 커밋
19
20          } catch (Exception e) {
21              e.printStackTrace();
22              tx.rollback(); //트랜잭션 롤백
23          } finally {
24              em.close(); //엔티티 매니저 종료
25          }
26          emf.close(); //엔티티 매니저 팩토리 종료
27      }
28
29⊖     public static void logic(EntityManager em) {
30
31          String id = "id2";
32          Member member = new Member();
33          member.setId(id);
34          member.setUsername("지한");
35          member.setAge(2);
36          //등록
37          em.persist(member);
38          //수정
39          member.setAge(20);
40          //한 건 조회
41          Member findMember = em.find(Member.class, id);
42          System.out.println("findMember=" + findMember.getUsername() + ", age=" + findMember.getAge());
43          //목록 조회
44          List<Member> members = em.createQuery("select m from Member m", Member.class).getResultList();
45          System.out.println("members.size=" + members.size());
46          //삭제
47          //em.remove(member);
48
49      }
50  }
51
```

[그림 4-16] JPA 프로그램 예

- [그림 4-16]은 JPA 프로그램의 전형적인 예로, 프로그램은 다음 순서로 제작한다. 우리가 살 펴볼 곳은 '필요한 로직 수행' 부분인 `logic` 함수다.
  - 개체 매니저 생성 및 트랜잭션 설정
  - 트랜잭션 시작

- 필요한 로직 수행
- 트랜잭션 종료
- 개체 매니저 종료

- `logic` 함수에서 입력값을 설정하고, 테이블에 입력하기 위하여 `em.persist()` 함수를 사용하였다.
- `logic` 함수에서 데이터 수정을 위하여 조회된 값을 변경하였다. 트랜잭션이 종료되면 변경된 값이 테이블에 자동 반영된다.
- `logic` 함수에서 데이터 조회를 위하여 `find()` 함수를 사용하였다. `find()` 함수의 결과가 [그림 4-17]의 3번째 줄에 있다.
- `logic` 함수의 마지막 작업인 목록 조회의 결과가 [그림 4-17]의 마지막에서 3번째 줄에 있다.

[그림 4-17] JPA 프로그램 수행 결과

[그림 4-17]을 보면, SQL 문으로 표현된 JPA의 `persist()` 함수가 SQL 문으로 표현되어 수행된 것을 확인할 수 있다. 마찬가지로 수정이 발생한 경우와, `find()` 함수도 적절한 SQL 문으로 표현되어 수행되었다.

이제 JPA의 작동 원리를 파악했을 것이다. 하지만 JPA는 앞에서 제시한 수준에서 머무르지 않고, 다양한 상황에 대응할 수 있도록 많은 기능을 제공하고 있다. 그러나 이 책에서는 JPA를 더 깊게 다루지 않는다. 관심이 있는 독자는 별도의 책을 통해서 공부하면 될 것이다. 단, 국내에서는 거의 사용되지 않는 기술이므로 이 정도면 충분할 것으로 본다.

▌JPA가 제공하는 기능의 간략한 정리

- 개체(entity)와 테이블 매핑 기능
- 데이터베이스 스키마 자동 생성 기능
- 테이블 간의 연관 관계 매핑 기능
  - 일대일
  - 일대다
  - 다대다의 경우를 모두 지원하고 단방향, 양방향 관계를 모두 지원한다.

- **상속 관계 매핑 기능** : 클래스의 상속 관계를 데이터베이스에 매핑하는 방법
- **복합 키와 식별 관계 매핑 기능** : 데이터베이스의 식별자가 하나 이상일 때 매핑하는 방법
- **조인 테이블 지원** : 연결 테이블을 매핑하는 방법
- JPQL(Java Persistence Query Language) **지원** : SQL이 데이터베이스 테이블을 대상으로 하는 데이터 중심의 쿼리라면, JPQL은 개체(entity)를 대상으로 하는 개체 지향 쿼리다. JPQL을 사용하면 JPA는 JPQL을 분석한 다음, 적절한 SQL을 만들어 데이터베이스에서 작업을 수행한다. 결과는 개체를 생성하여 반환한다.

03 마이바티스(Mybatis)

3.1 마이바티스 소개 및 특징

마이바티스(Mybatis)는 JDBC를 보완하는 개발 프레임워크다. 2001년 Clinton Begin이 개발한 아이바티스(iBatis)를 개선 및 보완한 것이다.

마이바티스의 특징은 다음과 같다.

- JDBC를 보완하는 개발 프레임워크다.
- 자바 응용 프로그램 개발자가 RDBMS를 크게 신경 쓰지 않아도 되는 환경을 제공한다.
- SQL 문을 사용하지만, SQL 문의 제작자와 사용자를 분리하는 환경을 제공한다.
- 스프링과 연동할 수 있고, 외부의 트랜잭션 관리자를 사용할 수 있다.
- 스칼라, 닷넷, 자바 등의 언어를 지원하며, 스프링, 구글 주스, OsCache, EnCache, Haxelcast 등과 연동할 수 있다.

3.2 마이바티스 프로그래밍 개요

마이바티스는 JDBC를 이용하는 자바 응용 애플리케이션 개발 환경이 가지는 문제점을 개선하기 위하여 개발되었다.

- 자바 응용 애플리케이션 개발자가 SQL 문을 직접 만드는 JDBC 방식은 개발자가 응용 프로그램 외에도 RDBMS에 대하여 파악해야 하므로, 개발에 전념하기 어렵고 개발 시간이 오래 걸린다.
- 자바 응용 애플리케이션 개발자마다 SQL 문을 직접 만들기 때문에 SQL 문을 통일된 형태로 유지하기 어려워서 유지 보수가 어렵다.
- RDBMS가 변동되는 경우 각 개발자가 만든 SQL 문을 수정해야 하며, 이를 위하여 프로그램 별로 소스를 분석해야 한다.
- 자바 응용 애플리케이션 개발자가 RDBMS를 완전하게 파악하고 있으므로 데이터 보안에 문제가 발생할 수 있다.

- 자바 응용 애플리케이션 개발자가 SQL 문을 직접 작성하므로, RDBMS에 문제가 발생할 가능성이 높고, 문제가 발생하여도 추적하기 어렵다.
- 운영 중인 시스템을 확장하거나 수정 작업을 수행하는 경우, 투입된 자바 응용 애플리케이션 개발자는 RDBMS에 관하여 공부하여야 한다. 당연히 개발 효율이 떨어지고 문제가 발생할 가능성이 높다.

3.3 마이바티스 환경의 개요

마이바티스는 [그림 4-18]과 같이 앞서 설명한 문제를 해결하기 위한 구조를 가지며, 별도의 개발 프로세스를 제공한다(=개발 프레임워크라는 의미).

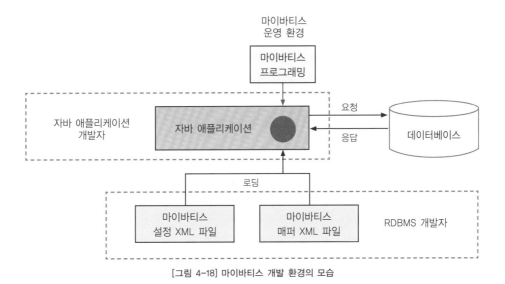

[그림 4-18] 마이바티스 개발 환경의 모습

- 마이바티스는 자바 애플리케이션 개발자와 RDBMS 개발자를 분리하는 구조를 가진다.
- RDBMS 관련 개발자가 '마이바티스 설정 XML 파일'과 '마이바티스 매퍼 XML 파일'을 개발하여 공유 도구에 등록한다.
- 자바 애플리케이션 개발자는 공유 도구에 등록된 '마이바티스 설정 XML 파일'과 '마이바티스 매퍼 XML 파일'을 이용하여 RDBMS에 대한 작업을 수행하고, 가져온 자료를 이용하여 나머지 프로그램을 제작한다.

- 자바 애플리케이션 개발자가 필요한 SQL 문이 공유 도구에 없는 경우 개발 프레임워크 개발자(=SQL 개발자)에게 개발을 요청하고, 요청을 받은 프레임워크 개발자가 개발한 SQL 문을 공유 도구에 등록함으로써 자바 애플리케이션 개발자가 사용할 수 있도록 한다.

3.4 마이바티스 프로그래밍 사례

마이바티스 프로그래밍을 수행하려면 자바, 이클립스, Mybatis 등의 라이브러리를 설치해야 하며, 개발 환경에 따라 필요한 라이브러리가 다르므로 여기에서는 상세 과정을 설명하지 않는다. 다만, 우리의 목적인 마이바티스 프로그래밍의 구조를 파악하는 데 집중한다.

[그림 4-18]을 보면 마이바티스 프로그래밍은 3개의 파일로 구성된다.

- 자바 애플리케이션
- 마이바티스 설정 XML 파일(config-mybatis.xml 파일)
- 마이바티스 매퍼 XML 파일(ShopMapper.xml 파일)

먼저 '자바 애플리케이션'의 모습을 확인해보자[그림 4-19].

```java
import java.io.IOException;
import java.io.Reader;

import org.apache.ibatis.io.Resources;
import org.apache.ibatis.session.SqlSession;
import org.apache.ibatis.session.SqlSessionFactory;
import org.apache.ibatis.session.SqlSessionFactoryBuilder;

public class Executor {
    private static SqlSessionFactory sqlSessionFactory;
    static {
        try {
            // 마이바티스 환경 설정 XML 파일 경로
            String resource = "resources/mybatis/config-mybatis.xml";
            Reader reader = Resources.getResourceAsReader(resource);
            sqlSessionFactory = new SqlSessionFactoryBuilder().build(reader);
        } catch (IOException e) {
            e.printStackTrace();
        }
    }
    public static void main(String[] args) {
        // 세션 및 트랜잭션 시작
        SqlSession sqlSession = sqlSessionFactory.openSession();
        try {
            // 조회 매핑 구문 실행
            sqlSession.selectList("org.mybatis.persistence.ShopMapper.list");
        } catch (Exception e) {
            e.printStackTrace();
        } finally {
            // 세션 및 트랜잭션 종료
            sqlSession.close();
        }
    }
}
```

> config-mybatis.xml 파일의 정보를 이용해서 데이터베이스에 대한 연결을 설정한다.

> sqlSessionFactory를 이용하여 데이터베이스 연결을 수행한다.

> id가 list인 SQL 문을 수행한다.

[그림 4-19] 자바 애플리케이션의 모습

[그림 4-19]에서 확인할 사항은 다음과 같다.

- 자바 애플리케이션은 네 부분으로 구성된다.
  - 필요한 라이브러리를 import하는 부분
  - RDBMS에 대한 연결을 설정하는 부분
  - RDBMS에 대한 연결을 수행하는 부분
  - 원하는 SQL 문을 수행하는 부분

- 자바 애플리케이션 개발자는 RDBMS에 연결하기 위하여 설정 정보를 가진 config-mybatis.xml을 이용하지만, 구체적으로 RDBMS의 이름이나 사용자 ID, 패스워드를 알지 못한다. 즉,

애플리케이션 개발자는 자신이 원하는 데이터를 얻기 위해서 config-mybatis.xml을 사용할 뿐, 그 외의 사항은 알지 못한다.

- 자바 애플리케이션 개발자는 RDBMS로부터 자신이 원하는 데이터를 가져오기 위하여 ID가 `list`인 SQL 문을 수행한다. 하지만 SQL 문이 어떻게 구성되는지에 대해서는 알지 못한다.
- 원하는 자료를 얻은 애플리케이션 개발자는 자료를 사용자에게 보여주거나, 조작하는 작업에 집중하여 프로그램을 제작한다. 애플리케이션 개발자는 RDBMS에 대한 정보를 알지 못하며, 아는 정보는 RDBMS에 연결하기 위하여 사용하는 config-mybatis.xml 파일 이름과 사용할 SQL 문의 ID뿐이다.
- 가져온 데이터를 화면에 보여주거나, 리포트 형태로 변형하여 출력하는 등의 작업이 애플리케이션 개발자가 수행하는 중요 업무다. 즉, RDBMS에 관련된 부분은 애플리케이션 개발자가 다루지 않는다.

다음으로 확인할 것은 '마이바티스 설정 XML 파일'의 모습이다[그림 4-20].

```
[ 마이바티스 설정 XML 파일 작성 ] config-mybatis.xml  파일
<?xml version="1.0" encoding="UTF-8"?>
<!DOCTYPE configuration PUBLIC "-//mybatis.org//DTD Config 3.0//EN"
"http://mybatis.org/dtd/mybatis-3-config.dtd">

<configuration>
    <!-- 환경 스택 -->
    <environments default="default">          environments에는 여러 개의 환경이 존재한다.
        <!-- 환경 -->
        <environment id="default">            환경을 선언한다. dataSource는
            <!-- 트랜잭션 관리자 -->                  UNPOOLED, POOLED,JNDI의
            <transactionManager type="JDBC" />        세 가지가 있다.
            <!-- 데이터 소스 -->
            <dataSource type="UNPOOLED">
                <property name="driver" value="oracle.jdbc.driver.OracleDriver" />
                <property name="url" value="jdbc:oracle:thin:@localhost:1521:XE" />
                <property name="username" value="mybatis" />
                <property name="password" value="mybatis$" />
            </dataSource>
        </environment>
    </environments>

    <mappers>
        <!-- 마이바티스 매퍼 XML 파일 -->
        <mapper resource="resources/mybatis/ShopMapper.xml" />
    </mappers>
</configuration>
```

[그림 4-20] 마이바티스 설정 XML 파일의 모습

[그림 4-20]에서 확인할 사항은 다음과 같다.

- 설정 XML 파일에는 여러 RDBMS에 대한 연결을 통합하여 저장할 수 있다. [그림 4-20]에 서는 1개의 RDBMS에 연결하는 경우를 보여주고 있다. 1개만 있으므로 연결 환경의 ID는 "default"로 설정하였다.
- default ID를 가지는 RDBMS 연결 환경으로 JDBC를 사용하며, JDBC connector는 OracleDriver이고, 아이디와 패스워드는 mybatis/mybatis$이다.
- default ID를 가지는 RDBMS에 대한 SQL 문은 ShopMapper.xml에 저장되어 있다.
- 설정 XML 파일을 사용함으로써 RDBMS에 대한 정보가 애플리케이션 개발자에게 공개되지 않게 되므로 개발자도 편하고, 보안 관련 문제도 사라진다.
- 설정 XML 파일은 여러 RDBMS에 대한 연결 정보를 가질 수 있다. 이때, 각 RDBMS의 데이터 조작을 위해 사용하는 SQL 문은 각각 별도의 xml 파일에 저장되며, RDBMS별로 SQL 문을 저장한 파일의 이름이 설정 XML 파일에 명시된다. [그림 4-20]의 ShopMapper.xml과 같은 형태를 가진다.

마지막으로 확인할 것은 마이바티스 매퍼 XML 파일의 모습이다[그림 4-21].

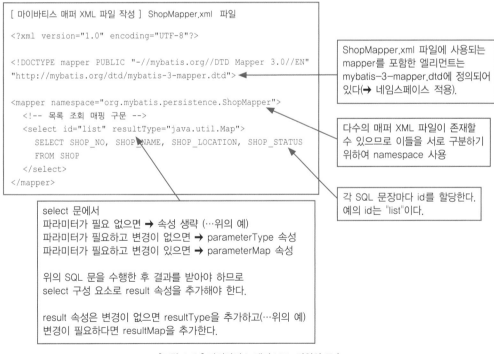

[그림 4-21] 마이바티스 매퍼 XML 파일의 모습

[그림 4-21]에서 확인할 사항은 다음과 같다.

- 매핑 XML 파일인 ShopMapper.xml 파일은 설정 XML 파일에 명시되어 있다.
- 매핑 XML 파일은 네임스페이스를 적용하여 용도에 맞게 그룹화하고, 필요 시 동일한 이름을 사용할 수 있다.
- 동일 네임스페이스 내에 ID로 구분되는 다양한 SQL 문이 존재한다. 그러므로 자바 애플리케이션에서는 네임스페이스.ID로 필요한 SQL 문을 사용한다(ShopMapper.list와 같은 형태로 사용한다).
- SQL 문은 자바 애플리케이션 개발자의 요구에 따라 다양한 형태로 개발될 수 있다. 개발된 SQL 문은 성격에 따라 네임스페이스와 ID로 구분하여 관리된다.

3.5 마이바티스를 이용한 데이터베이스 프레임워크의 개념

JDBC 대신에 마이바티스를 이용하면 다음과 같은 장점이 있다.

- 자바 애플리케이션 프로그램과 SQL 문을 분리하여 관리할 수 있다. 즉, SQL 문에 매퍼 XML 파일에 네임스페이스와 id를 부여하여 별도로 생성/관리할 수 있다.
- 자바 애플리케이션 프로그램과 RDBMS 연결을 분리하여 관리할 수 있다. 즉, RDBMS 연결을 위한 정보를 설정 XML 파일에 통합하여 관리할 수 있다.
- 이 과정을 통하여 자바 애플리케이션 프로그램과 데이터베이스에 대한 연결을 분리할 수 있다. 즉, 데이터베이스 연결은 개발을 위한 기업의 데이터베이스 프레임워크 역할을 하게 되고, 애플리케이션 개발자는 제공된 설정 XML 파일과 매퍼 XML을 통해 데이터베이스에 대한 지식이 없어도 필요한 데이터를 얻을 수 있다.
- 연결하고자 하는 RDBMS가 여러 개 있는 경우, 설정 XML 파일에서 연결을 통합 관리한다.
- 마찬가지로, 연결된 RDBMS에서 자료를 얻기 위한 SQL 문을 매퍼 XML 파일에서 네임스페이스와 ID를 통해 통합 관리할 수 있다.

결론적으로 업무용 프로그램을 개발할 때, 개발자를 애플리케이션 개발자와 프레임워크 개발자로 분리하여 업무를 진행할 수 있다. 이를 통하여 다음 장점을 얻을 수 있다.

- 애플리케이션 개발자는 데이터에 대한 부분을 제외한 나머지 작업에 집중할 수 있기에 양질의 프로그램 개발이 가능하다.

- 프레임워크 개발자는(=설정 XML, 매퍼 XML 개발자) RDBMS에 관한 개발에 전념할 수 있으므로 양질의 SQL 문 개발이 가능하다.
- 다양한 RDBMS에 대한 연결을 통합 관리할 수 있다.
- 다양한 SQL 문을 통일된 형식으로 통합하여 관리할 수 있다.
- 향후 수정/보완/추가 개발을 수행하는 경우, 애플리케이션 개발자의 업무 수행이 쉬워지고 통일된 형태의 개발이 가능하다. 이유는 RDBMS에 연결하고 데이터를 얻어오는 모든 과정이 같기 때문이다.
- JPA와 달리 마이바티스에서는 SQL 문을 직접 개발하여 사용하므로 복잡한 조건을 가진 데이터 조작이 가능하다.

04 웹에서 RDBMS 사용

이번에는 웹에서 RDBMS를 사용하는 방법을 설명한다. 국가행정전산망을 통해 웹에서 주민등록등본을 발급하는 과정이 웹에서 RDBMS를 사용하는 예라고 할 수 있다. 우리가 배운 RDBMS가 웹과 어떻게 연결되어 서비스되는지 확인해보자.

4.1 웹의 개념

웹을 정의하면 다음과 같다.

- 인터넷을 이용하는 서비스다.
- HTML 형식으로 구성된 데이터를 공유하는 서비스다.

이해를 위해 웹과 관련된 단어를 정의한다.

- 인터넷은 Inter-connect Network의 약자다.
- 네트워크(Network)는 컴퓨터 간의 통신을 말한다. 즉, **인터넷은 컴퓨터 간의 통신망이 상호 연결된 것을 말한다.**

웹은 인터넷에서 데이터를 공유하기 위하여 3가지 기술을 사용한다.

- **HTML** : 데이터를 구성하고 저장하는 형식
- **CSS** : HTML 형식의 데이터를 화면에 보여주는 형태를 지정
  (예) 글자 크기, 색, 폰트의 종류, 배경색…
- **JavaScript** : 화면에 보이는 정보에 실시간으로 반응하는 동작을 지정
  (예) 마우스를 누르면 반응하는 것…

4.2 웹의 동작 : 2 tier

웹은 HTML 형식으로 저장된 데이터를 공유하기 위한 환경이다. 정의에서 설명했듯 웹은 다음 구성 요소를 가진다.

- 정보를 요청하는 웹 클라이언트
- 요청받은 정보를 찾아서 제공하는 웹 서버
- HTML 문서 형태로 제작된 정보를 웹 서버에서 관리한다.
- 웹 클라이언트/서버는 인터넷으로 연결한다.

상황을 그림으로 표현하면 [그림 4-22]와 같다.

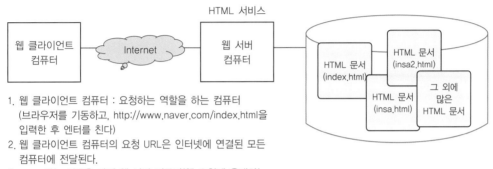

1. 웹 클라이언트 컴퓨터 : 요청하는 역할을 하는 컴퓨터
   (브라우저를 기동하고, http://www.naver.com/index.html을
   입력한 후 엔터를 친다)
2. 웹 클라이언트 컴퓨터의 요청 URL은 인터넷에 연결된 모든
   컴퓨터에 전달된다.
3. naver라는 이름을 가진 웹 서버 컴퓨터(웹 요청에 응대하는
   역할을 하는 컴퓨터)가 요청을 받아 디스크에서 index.html이라는
   파일을 찾는다. 파일이 있으면 클라이언트 컴퓨터로 전달하며,
   없으면 에러를 전달한다.

[그림 4-22] 2 tier(계층) 웹의 동작

[그림 4-22]에서 알 수 있듯, 웹이 클라이언트와 서버로 구성되어 있기에 2 tier(계층) 웹이라고 한다. HTML로 이루어진 정보를 받아서 웹 클라이언트 컴퓨터에 설치된 웹 브라우저 프로그램(예: 크롬, 익스플로러)을 통해 화면에 보여준다.

HTML 문서를 보여줄 때, 이용자를 위하여 다양한 색과 폰트 및 버튼 동작 등을 추가함으로써 사람이 정보를 쉽게 인식할 수 있도록 한다.

4.3 웹의 동작 : 3 tier

웹은 HTML 형식으로 저장된 데이터를 공유하기 위한 환경이므로 2 tier 구조를 가지도록 구성되었다. 이후에 웹이 가지는 플랫폼 독립성의 장점이 두드러지면서 웹을 HTML 정보 공유 외에 기존 RDBMS의 사용에도 적용하려는 요구가 많이 발생하였다.

이에 따라 웹 서버 컴퓨터가 HTML 문서를 찾아서 제공하는 기능 외에 별도의 프로그램을 수행하는 CGI(Common Gateway Interface)라는 기능이 추가되었다. **이때 수행하는 프로그램은 Perl, PHP, Servlet, JSP와 같은 언어로 제작된다.**

CGI 기능 구현을 위해 제작된 프로그램을 별도로 관리하는 서버를 WAS(Web Application Server)라고 하며, 일반적으로 웹 서버에서 분리하여 별도의 서버를 운영한다. 앞의 설명을 [그림 4-23]에 정리하였다.

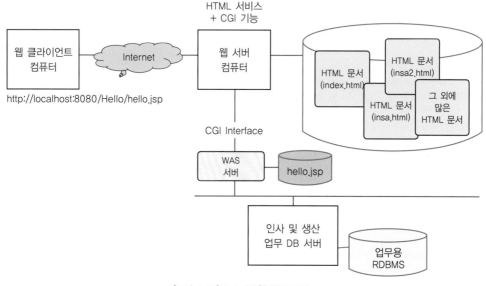

[그림 4-23] 3 tier(계층) 웹의 동작

[그림 4-23]은 웹 클라이언트 컴퓨터와 웹 서버 컴퓨터 외에도 WAS 서버를 가지는 구조로, 웹 3 tier 아키텍처라고 한다.

웹 3 tier 아키텍처가 동작하는 과정은 웹에서 RDBMS를 사용하는 방법을 이해하기 위해 중요하다. 과정을 단계별로 설명하면 다음과 같다.

1. 사용자는 웹 클라이언트 컴퓨터에서 웹 브라우저를 기동하고, URL 입력란에 http://localhost:8080/Hello/hello.jsp라고 입력한 후 엔터를 친다.
2. 사용자의 요청은 인터넷에 연결된 모든 컴퓨터에 전달된다. 그중에서 localhost에 해당하는 웹 서버 컴퓨터가 입력을 받는다. 만약 http://www.naver.com을 입력했다면 네이버의 웹 서버가 받았을 것이다.

3. 웹 서버 컴퓨터는 요청을 통해 원하는 html 파일을 찾아서 서비스한다. 예시에서는 hello.jsp 파일을 원하므로 CGI 인터페이스를 통해 WAS 서버로 넘긴다.

4. WAS 서버는 hello.jsp 프로그램을 수행하고 결과를 받아서 웹 서버 컴퓨터로 넘긴다. 이때, hello.jsp 프로그램은 JSP 언어로 제작된 프로그램이다. 이를 통해 연결된 RDBMS의 자료를 JDBC를 이용하여 가져올 수 있다.

5. 웹 서버 컴퓨터는 받은 데이터를 웹 클라이언트 컴퓨터로 넘긴다.

이로써 3 tier 아키텍처의 동작 원리를 설명하였다.

3 tier 구조를 가지는 웹에서 WAS 서버에 등록된 프로그램을 제작할 때, JDBC를 이용하여 업무용 RDBMS의 데이터에 접근할 수 있다. 따라서 RDBMS를 웹 환경에서 사용할 수 있는 기반이 된다.

3 tier 웹 환경은 일반적으로 업무용 RDBMS를 연결하여 사용하기에 항상 HTML로 이루어진 고정적인 데이터를 보여주는 2 tier 웹과는 달리, 매번 다른 데이터를 보여주게 되므로 **동적인 웹 (Dynamic Web)**이라고도 부른다.

[그림 4-23]에서 WAS 서버에서 구동하는 프로그램을 JSP로 제작하였으며, Perl, PHP, Servlet 등 다양한 언어를 사용할 수 있다. 동적인 웹에 대한 이해를 위하여 hello.jsp 프로그램의 소스를 [그림 4-24]에 제시한다.

```
<html>
<head>
<title>Hello World</title>
</head>
<body>
안녕하세요? 현재 시각은 <%=new java.util.Date()%>입니다.
</body>
</html>
```

[그림 4-24] hello.jsp의 소스

프로그램 언어마다 나름의 특색이 있다. [그림 4-24]에 있는 JSP 프로그램은 HTML 문서에 필요한 부분에 넣은 <%~ %>에 자바 프로그램을 넣는 형태로 제작된다.

즉, 웹 클라이언트가 "http://localhost:8080/Hello/hello.jsp" 요청을 하면, WAS 서버는 [그림 4-24]의 hello.jsp를 수행한다. 수행 결과는 [그림 4-24]의 소스에서 나머지는 동일하고, <body> 부분이 "안녕하세요? 현재 시각은 11시 40분입니다"와 같이 표현될 것이다. 이때, 11시 40분은 new java.util.Date()의 실행 결과다.

이것이 웹 서버를 거쳐서 웹 클라이언트로 전달되면, 웹 클라이언트의 웹 브라우저 프로그램 화면에 "안녕하세요? 현재 시각은 11시 40분입니다"가 출력될 것이다.

마지막으로, JSP 프로그램에서는 JDBC를 이용하여 RDBMS에 접근하는 소스를 제공한다. WAS에 저장된 JSP 프로그램인 [그림 4-25]는 dbtest 데이터베이스에 minho/1234로 로그인하는 과정을 수행하는 것이다. 물론 입력/수정/삭제/조회 등의 작업도 수행할 수 있다. 각 작업 내용에 대한 소스는 생략한다.

프로그램을 만들려면 두 절차가 필요하다.

- Java 프로그램을 <%~ %> 사이에 넣는다.
- JDBC를 이용한 프로그램 제작은 이미 앞에서 설명한 내용과 같다.

```
<%@ page language="java" contentType="text/html; charset=UTF-8" pageEncoding="UTF-8"%>
<%@ page import="java.sql.*"%>
<meta name="viewport" content="width=device-width,initial-scale=1.0"/>

<h2>JDBC 드라이버 테스트 </h2>
<%
    Connection conn=null;

    try{
        String jdbcUrl = "jdbc:mysql://localhost:3306/dbtest"; // 데이터베이스명
        String dbId = "minho";          // 사용자 계정
        String dbPass = "1234";   // 사용자 패스워드

        Class.forName("com.mysql.jdbc.Driver");
        conn = DriverManager.getConnection(jdbcUrl,dbId ,dbPass );
        out.println("제대로 연결되었습니다.");
    }   catch(Exception e){
        e.printStackTrace();
    }
%>
```

[그림 4-25] RDBMS를 다루는 JSP 소스

여기까지 RDBMS를 웹에서 사용하는 원리에 대하여 설명하였다. 이미 대부분의 프로그램이 웹에서 수행되고, RDBMS를 다루는 기능을 제공하고 있다. 대표적인 예가 국가 행정 전산망이며, 중원대에서 학생들이 수강 신청하는 프로그램도 웹에서 RDBMS를 조작하는 형태로 되어 있다. 그러므로 이번에 배운 3 tier 웹 구조는 RDBMS를 활용하는 측면에서 중요한 의미를 가진다.

05 빅데이터의 사용

이번에 설명하는 내용은 RDBMS와는 성격이 다른 DBM인 빅데이터에 대한 것이다. 이번 장을 통하여 빅데이터에 대한 개념을 파악함으로써, RDBMS에 대한 용도와 개념에 대한 이해가 깊어질 것이다.

5.1 빅데이터의 정의 및 특징

RDBMS는 기업에서 컴퓨터를 사용하면서, 기업에서 다루는 데이터에 적합하도록 개발된 것이다. 기업에서 다루는 데이터의 특징을 정리하면 다음과 같다.

█ 기업에서 다루는 데이터의 특징

- 기업이 운영하는 데 필요한 데이터다. 예로, 매출 데이터, 생산 데이터, 직원 데이터, 각종 보고서와 관련 자료 등을 말한다.
- 데이터는 자동으로 생성되는 것은 아니고, 기업 활동을 하면서 발생하는 데이터다.
- 기업에서 생성되는 데이터가 누적됨에 따라 데이터의 가치가 높아진다.
- 기업의 데이터는 다양한 형태의 요구 사항에 대응할 수 있도록 구성되어야 하며, 데이터의 형태도 다양하고, 데이터 타입도 복잡하다.
- 기업 데이터는 실시간 처리가 기본으로, 대체로 빠른 처리 속도가 중요하다.
- 기업 데이터는 24시간 지원이 필요하기는 하지만, 꼭 해야 하는 것은 아니다.
- 기업 데이터는 보안이 중요하며, DBMS에 대한 권한 관리가 필수 요소다.

이러한 특징을 수용 가능하도록 개발된 DBMS인 RDBMS가 현재 가장 많이 사용되는 DBMS이다.

그런데 2000년을 넘어서면서 환경 변화가 추가로 발생하였다. 바로 사물 인터넷(Internet on Things, IoT)으로, 웹 서핑 기록, 스마트폰으로 통화한 기록, 길에 있는 CCTV 영상 파일 등이 대표적인 경우다.

▌사물 인터넷에서 생성되는 데이터의 특징

- IoT 장비에서 무한정 계속 생성된다.
- 생성되는 데이터의 형태가 장비에 따라 정해지며, 데이터의 형은 간단하지만 양은 무제한으로 늘어난다.
- 분석을 목적으로 생성되는 데이터가 아니다.
- 보안이나 권한 관리가 중요하지 않으며, 데이터 자체에 대한 보안도 중요하지 않다.

사물 인터넷에서 생성되고, 해당 특징을 가지는 데이터를 '빅데이터'라 한다. 아마도 무한정 커지는 데이터이기 때문에 '빅데이터'라는 이름이 붙은 것 같다.

빅데이터는 계속 생성되기 때문에 양이 많고, 시계열적인 요소가 강한 데이터다. 그러므로 빅데이터를 다루고 분석하기 위해서는 기존에 사용하는 통계나 데이터마이닝 기법과는 다른 방식이 필요하다.

이를테면, 생성된 데이터를 분석하려면 형식 변환과 정제 과정을 거쳐야 한다는 것과 시계열 분석이 대표적인 분석 기법이라는 점이 대표적인 특징일 것이다. 추가로 데이터가 무제한 늘어나게 되므로 분산 시스템을 조합한, 확장성이 뛰어난 데이터 처리 구조가 필요하다.

5.2 ▐ 빅데이터, 데이터 웨어하우스, 데이터 마트, 데이터 레이크

기존의 기업에서 다루는 데이터는 RDBMS를 기반으로 하므로 데이터 처리를 위한 파이프라인은 [그림 4-26]과 같다. 기업에서 생성하는 데이터를 ETL 과정을 거쳐서 표준 형태로 처리한 다음 데이터 웨어하우스에 저장한다. 데이터 웨어하우스에 저장된 데이터는 여러 부서의 사용자에 의해 표준 DBMS로 사용된다. 이때, 각 사용자는 데이터 분석을 위한 도구를 사용하는 것이 일반적이다.

중역정보시스템과 같이 특수한 경우 필요한 데이터만을 모아서 **특수 목적을 가진 데이터 웨어하우스를 만들어서 운영할 수 있으며, 이를 "데이터 마트(Data Mart)"라 한다.**

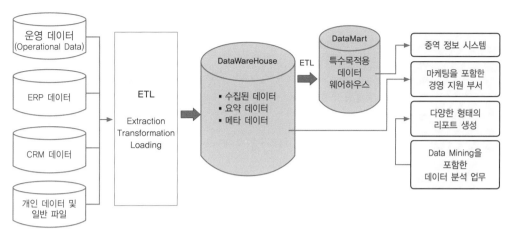

[그림 4-26] 기업의 데이터 처리 파이프라인

빅데이터 시대에 수집된 데이터를 데이터 처리를 위한 파이프라인에 그대로는 넣을 수 없다. 데이터의 타입도 다르고, 종류도 다양하며, 양도 많고 지속해서 생성되기 때문이다. 더욱 중요한 것은 **IoT에서 생성된 데이터 대부분은 분석 대상이 아니다. 예로 CCTV 데이터의 경우, 대부분 데이터는 분석에 사용되지 않고 폐기되며, 범죄가 발생하는 경우에만 분석의 대상이 된다.**

이런 경우에는 IoT에서 생성되는 데이터를 원래의 형태로 일정 기간 저장하고, 일정 기간이 지나면 자동 폐기하는 것이 일반적이다. 저장된 데이터의 분석이 필요한 경우에는 데이터를 ETL 처리를 거쳐서 분석 가능한 환경으로 옮기면 된다.

이때 IoT에서 생성된 데이터를 일정 시간 저장하는 장소를 데이터 레이크(Data Lake)라고 한다. 데이터 레이크에 저장되는 형태는 일반적으로 CSV나 JSON 형태를 가진다. 호수가 일정 시간 동안 물을 저장하는 기능을 수행한다는 점을 생각하면 데이터 레이크라는 용어의 의미를 쉽게 이해할 수 있을 것이다.

데이터 레이크에 있는 데이터를 추출해서 ELT 처리를 수행한 후에 적절한 데이터 마트나 데이터 웨어하우스에 넣으면 빅데이터에 대한 데이터 처리 파이프라인이 완성된다.

5.3 빅데이터에서 사용되는 기술

빅데이터를 처리하기 위하여 사용하는 기술을 두 가지로 분류하여 생각할 수 있다.

- **데이터 파이프라인(Data Pipeline)** : 데이터 수집에서 분석, 관리에 이르는 일련의 시스템을 말하며, 워크플로우 관리를 포함한다.

데이터 파이프라인은 두 가지 모델이 있다.

    – ETL 모델 : Extract – Transformation – Load

    – ELT 모델 : Extract – Load – Transformation

- **데이터 수집과 전송** : 데이터 파이프라인의 첫 번째 단계다. 여러 장소에서 발생하고, 각각 다른 형태를 가진 데이터의 수집과 전송에 관련된 기술을 포함한다.

    데이터 전송 방법으로 벌크(Bulk)형과 스트리밍(Streaming)형이 있다.

앞의 설명을 정리하여 빅데이터의 데이터 파이프라인을 [그림 4–27]에 요약하였다.

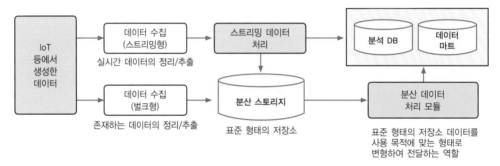

[그림 4–27] 빅데이터의 데이터 처리 파이프라인

[그림 4–27]을 보면 IoT 데이터는 스트리밍과 벌크형, 두 가지를 통하여 표준 형태의 저장소인 분산 스토리지에 모이게 된다. 이때 스트리밍 데이터는 처리를 위하여 분산 스토리지에 맞게 형태가 변형된다.

분산 스토리지의 데이터 분석이 필요한 경우 분산 데이터 처리 모듈을 통하여 데이터를 데이터 마트나 데이터 웨어하우스로 이동시킨 후, 기존에 사용하는 분석 도구를 이용하여 분석을 수행하게 된다.

이제 기업용 DBMS로 RDBMS가 사용되는 것처럼, 빅데이터용 DBMS로 사용되는 하둡과 NoSQL에 대하여 알아보자.

▌하둡(Hadoop)에 대하여

하둡은 다수의 컴퓨터에서 대량의 데이터를 처리하기 위해 개발된 DBMS이다. 하둡은 구글에서 개발한 분산 처리 프레임워크인 MapReduce를 참고하여 개발되었다. 하둡에서 사용하는 쿼리 언어는 하이브(Hive)로 2009년에 출시되었다. 하이브가 도입되면서 프로그래밍 없이 데이터를 처리할 수 있게 됨으로써 하둡 기반의 분산 시스템이 확대되었다.

▌NoSQL에 대하여

NoSQL은 Not Only SQL(=SQL만 있는 것이 아니다)의 약자로, 일반 기업에서 범용으로 사용되는 RDBMS를 대신하여 특정 업무에 최적화된 DBMS를 총칭하는 개념이다.

RDBMS를 대신하는 NoSQL의 대표적인 예는 다음과 같다.

- 다수의 키와 값을 관련 지어 저장하는 키 밸류 스토어(Key-Value Store, KVS) 계열
- JSON과 같은 형태의 데이터 구조를 이용하여 데이터를 저장, 관리하는 도큐먼트 스토어(Document Store, Mongo) 계열
- 여러 키를 사용하여 높은 확장성을 제공하는 와이드 칼럼 스토어(Wide-Column Store) 계열

NoSQL DBMS는 RDBMS보다 빠르게 읽기, 쓰기가 가능하고 분산 처리가 뛰어나다는 특징이 있지만, 보안이나 섬세한 자료의 탐색 및 조작 기능이 부족하다.

하둡은 모인 데이터를 나중에 집계 및 분석하는 것이 목적이고, NoSQL은 온라인으로 데이터를 처리하는 것이 목적이다. 즉, 하둡은 분산된 데이터 처리가 중심이고, NoSQL는 특수한 형태의 데이터를 온라인으로 처리한다. RDBMS는 기업에서 필요한 다양한 데이터를 관리하는 것이 목적이다.

2013년 이후에는 빅데이터의 처리 기술이 발전하여 아파치 스파크(Apache Spark)와 같은 새로운 분산 시스템 프레임워크가 보급되고 있다.

하둡과 NoSQL의 관계를 정리하면 [그림 4-28]과 같다.

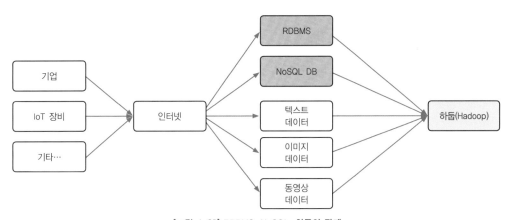

[그림 4-28] RDBMS, NoSQL, 하둡의 관계

이제 마지막 주제로 데이터 웨어하우스와 하둡의 공존 모델에 대하여 알아보자.

데이터 웨어하우스는 섬세하고도 다양한 자료 검색이 가능해야 하므로 일반적으로 RDBMS를 사용한다. 하지만 RDBMS는 디스크의 확장과 같은 시스템 변경 시에 시스템 정지 및 재부팅 과정이 필요하다. 따라서 사물 인터넷에서 발생하는 데이터를 데이터 웨어하우스에 넣어 관리할 경우 문제가 된다.

그렇기에 사물 인터넷이나 기타 환경에서 발생하는 데이터는 하둡에서 관리하고, 분석이 필요한 데이터만 데이터 웨어하우스로 보내는 방식이 최근의 데이터 관리 방식이다[그림 4-29].

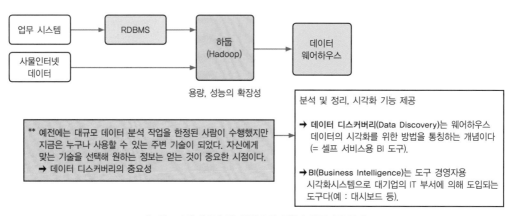

[그림 4-29] 데이터 웨어하우스의 역할과 하둡과의 관계

여기까지 빅데이터에 대한 설명을 마친다.

- 오라클에서 제공하는 SQL Plus와 같은 프로그램을 제작하고자 자바 언어에서 RDBMS를 조작하기 위한 라이브러리인 JDBC에 대하여 공부하였다.

- JDBC에서 SQL 문을 만들어야 하는 번거로운 과정을 덜고자 자바 진영에서 만든 새로운 표준인 JPA를 공부하였고, JPA를 구현한 Hybernate를 이용하여 개념과 사용 사례를 공부하였다.

- JDBC를 발전시켜서, RDBMS를 다루는 사람과 응용 프로그램 개발자를 분리하는 IT 개발 프레임워크를 제공하는 Mybatis의 개념을 정리하였다. Mybatis는 실무에서 검증된 솔루션으로, 이번 장을 통하여 Mybatis가 필요한 이유와 실무에서 Mybatis를 사용하는 장점을 구체적으로 설명하였다.

- 자바와 같은 프로그램 제작 외에도, RDBMS를 사용하는 방법으로 웹에서 CGI를 이용한 사용 방법을 웹 3tier 아키텍처를 기반으로 설명하였다. 현 시점에서 RDMS를 사용하는 대부분의 프로그램은 웹에서 동작하므로 웹과 RDBMS를 연결하는 동적 웹(Dynamic Web)의 구조와 CGI 프로그래밍을 위한 PHP, perl, Servlet, JSP 등을 소개하고 개념을 정리하였다.

- RDBMS 외에 NoSQL 및 빅데이터 계열의 DBMS에 대해 설명함으로써 RDBMS가 가지는 장점과 단점을 파악하였고, NoSQL과 Hadoop의 특징을 설명하였다. 빅데이터라는 개념이 도입된 이유와, 이것이 RDBMS가 사용된 환경과 어떻게 다른지를 파악하는 것이 핵심이다.

PART 05

관계형 데이터베이스 관리 시스템의 성능 향상 기법

[핵심 내용]

- 기본 키와 인덱스 사용 가이드
- 기본 키 및 인덱스 칼럼의 순서에 주의
- 기본 키를 식별자와 비식별자로 분리
- 누적되는 데이터에 대한 처리
- 테이블 통합 및 분리
- 테이블 모습을 결정하는 방법
- 개체의 관계가 가지는 의미
- 용어 사전의 활용
- 데이터 독립성의 실무 적용
- 트랜잭션 관리의 실무 적용
- 정규화의 실무 적용
- 반정규화의 실무 적용

01 개요

앞에서 관계형 데이터베이스 관리 시스템(RDBMS)에 대한 다음 내용을 공부하였다.

- 파일 시스템과 데이터베이스 관리 시스템(DBMS)의 정의 및 필요성
- DBMS의 종류 및 RDBMS 소개
- 데이터 모델링
- RDBMS 모델링(E-R 모델링)
- SQL 및 Oracle/MySQL 설치
- 트랜잭션
- 인덱스
- 뷰
- JDBC / JPA / Mybatis

지금까지 배운 내용은 RDBMS에 초점을 맞추어 환경을 구성하고 디자인 및 구현을 수행한 다음, 프로그램을 이용하여 활용하는 방법에 대한 것이었다. **이번 장에서는 구축된 RDBMS의 성능 향상을 위하여 알아야 하는 내용을 설명한다.**

RDBMS의 기술적 특성을 고려할 때(=테이블 구성, 조인, 인덱스 체계 등) 성능 개선을 위한 노력이 필요하다. 잘 보완된 RDBMS는 그렇지 않은 RDBMS보다 수백, 수천 배의 성능 향상을 보인다. 더구나 데이터가 많은 경우에는 성능 개선의 효과가 명확하다.

RDBMS의 성능 향상을 위한 기법은 전문가의 영역이다. 업무 특성과 사용 기술, 데이터 모습 간의 고려가 필요한 분야이므로 RDBMS 초보자는 쉽게 접근할 수 없다. 그렇지만 RDBMS 엔지니어라면 기본적으로 알아야 하는 분야이므로 성능 향상을 위해 고려할 기본적인 부분에 중점을 두어 설명하며, 여기에서 설명하는 기법을 잘 적용하기만 해도 충분히 성능 개선 효과를 볼 수 있다.

기본적이고 중요한 성능 개선 고려 사항을 이해하고 실습해보자. 이 과정을 통하여 RDBMS에 대한 이해의 폭이 넓어지고, 업무와 RDBMS를 함께 고려하는 컨설턴트의 시각을 가지게 될 것이다.

02 기본 키와 인덱스 사용 가이드

RDBMS의 기본 키와 인덱스의 역할을 Part 2 5-2와 Part 3 8절에서 자세하게 설명하였다. 이번 절에서는 테이블을 만들 때 기본 키를 생성하는 경우와 인덱스를 생성하는 경우의 차이점과 사용 가이드를 설명한다.

기본 키(Primary Key)를 사용하는 경우

- 데이터를 인덱스(index)하여 검색 속도를 빠르게 한다.
- NULL을 허용하지 않으므로 데이터의 무결성에 도움이 된다.
- 기본 키(Primary Key) 및 외부 키(Foreign Key)의 관계를 활용할 수 있다.
- 데이터베이스 관리자(DBA)가 데이터베이스를 분석하기 용이해진다.
- 개발자도 데이터베이스를 다루기 더 쉬워진다.
- 한 개의 테이블에 한 개의 기본 키를 가진다.

인덱스(Unique Index)를 사용하는 경우

- 데이터를 인덱스하여 검색 속도를 빠르게 한다.
- 기본 키(Primary Key) 및 외부 키(Foreign Key)가 없으므로 데이터베이스를 관리하기 쉽고, 성능이 향상되며, 개발자가 신경 쓸 사항이 줄어든다.
- NULL을 허용하므로, 이 점을 염두에 두며 데이터베이스를 다루어야 한다.
- 하나의 테이블에 여러 개의 인덱스를 사용할 수 있다.

테이블에서의 기본 키와 인덱스 사용 가이드

- 별도 또는 소규모의 테이블을 운영하도록 설계하였으면 인덱스를 사용하여도 큰 문제가 없다. 특히, 여러 테이블에 흩어진 자료를 조회하는 작업을 하지 않을 경우에는 인덱스가 유용하다.
- 테이블이 많고, 여러 테이블에 흩어진 자료를 조회하는 경우가 많다면 기본 키를 사용하는 것이 좋다. 기본 키와 외부 키를 사용하면 데이터 무결성과, 테이블 간의 연관성에 대한 정보를 파악하거나 관리하기 쉽다.

03 기본 키 및 인덱스의 칼럼 순서에 주의

RDBMS에서 기본 키는 한 개만 사용할 수 있다. 하지만 기본 키가 여러 개의 칼럼으로 이루어진 복합 키인 경우 여러 칼럼이 하나의 기본 키를 이루게 된다. 이때, 복합 키를 구성하는 칼럼의 순서가 RDBMS의 성능에 많은 영향을 미친다.

E-R 모델링을 통하여 기본적인 테이블을 구성한 다음, 사용자들이 원하는 정보를 얻을 수 있게끔 JDBC나 MySQL에서 사용하는 SQL 문을 분석하여 복합 키의 사용 순서를 조정해야 한다[그림 5-1].

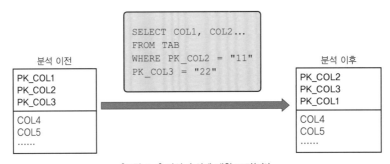

[그림 5-1] 키의 순서에 대한 고려(1/3)

[그림 5-1]을 설명하면 다음과 같다.

- RDBMS 모델링을 수행하였다. 이때, 테이블 간의 관계나 데이터 특성을 고려하여 테이블의 기본 키로 복합 키를 설정하였다.
  [그림 5-1]에서 복합 키는 PK_COL1, PK_COL2, PK_COL3로 구성된다.
- 사용자가 원하는 자료를 얻기 위하여 사용하는 SQL 문을 분석하였는데, WHERE 절에서 PK_COL2와 PK_COL3가 많이 사용된다는 사실을 발견하였다.
- 이 경우 테이블을 구성하는 복합 키를 SQL 문의 순서에 맞추어 PK_COL2, PK_COL3, PK_COL1로 재배치하면 성능 개선에 도움이 된다.

[그림 5-1]이 복합 키로 구성된 기본 키가 아닌, 인덱스를 설정하는 경우라 가정하더라도 인덱스 순서를 SQL 문에 맞추어 조정하면 성능 개선에 도움이 된다.

학습을 위해 동일한 상황에서 인덱스를 사용하는 상황을 가정해서 여러 개의 칼럼이 인덱스로 적용되는 사례를 제시한다[그림 5-2].

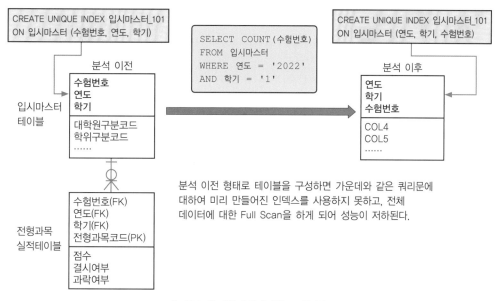

[그림 5-2] 키의 순서에 대한 고려(2/3)

[그림 5-2]를 설명하면 다음과 같다.

- RDBMS를 설계하면서 입시 마스터 테이블의 인덱스로 '수험번호', '연도', '학기'를 설정하였다. 이를 위한 명령어는 [그림 5-2]를 참조한다.
- 입시 마스터 테이블은 전형과목실적 테이블과 1:N 관계를 가진다.
- 사용자가 원하는 자료를 얻기 위하여 개발자가 제작한 프로그램에서 자주, 중요하게 사용하는 SQL 문을 분석하였다. WHERE 절에서 '연도'와 '학기'를 이용하여 질의를 수행 중임을 발견하였다.
- 입시 마스터 테이블의 인덱스를 '연도', '학기', '수험번호' 순으로 재정렬하였다. 이를 위한 명령어는 [그림 5-2]를 참조한다.

지금까지 E-R 모델링 단계에서 만들어진 테이블의 키는 실제 개발이 수행되는 과정에서, JDBC 나 MySQL에서 사용하는 SQL 문이 좋은 성능을 낼 수 있도록 수정 작업이 필요하다는 것을 설명하였다.

이번에는 키의 순서를 정할 때 고려할 다른 사례를 제공한다[그림 5-3].

```
SELECT 건수, 금액
FROM 현금출급기실적
WHERE 거래일자 BETWEEN '20210701' AND '20210702'
AND 사무소코드 = '000368'
```

[그림 5-3] 키의 순서에 대한 고려(3/3)

[그림 5-3]을 설명하면 다음과 같다.

- RDBMS를 설계하면서 테이블을 만들었다. 인덱스는 '거래일자', '사무소 코드', '출급기 번호', '명세표 번호'로 구성하였다.
- 자주, 중요하게 사용하는 SQL 문을 분석하였다. WHERE 절에서 '거래일자'와 '사무소 코드'를 이용하여 질의를 수행하고 있다는 것을 발견하였다.
- 데이터의 모양을 생각해보면, 이미 정해진 '사무소 코드'는 변화되지 않지만 '거래일자'는 계속 생성되므로 양이 많다.
- 이런 경우에 변화하는 '거래일자'를 인덱스의 처음으로 위치시키기보단 정해진 값에 분량도 적은 '사무소 코드'를 처음 인덱스로 설정하면 데이터의 검색 범위가 좁아지므로 성능이 향상된다.

[그림 5-3]의 SQL 문을 보면 어떤 사무소에서 언제부터 언제까지 거래한 내역에 대한 정보를 조회하고 있다. 이때 '사무소 코드'를 먼저 적용하면 검색할 범위가 줄어들기에 성능이 향상된다.

04 기본 키를 식별자와 비식별자로 분리

RDBMS에서는 기본적으로 테이블에 대한 식별자로 기본 키(Primary Key)를 사용하지만, 복잡해진 E-R 모델링으로 일대다(1:N) 관계가 여러 층에 걸쳐서 진행되면, 마지막에 있는 테이블에는 자신의 기본 키와 앞의 기본 키(외부 키, Foreign Key)가 합쳐져서 기본 키가 여러 칼럼을 합친 모양이 된다(복합 키). 이런 경우에 SQL 문을 작성하면 너무 복잡해지며 내용을 파악하기도 쉽지 않다.

이때는 테이블의 데이터를 확인해서, 데이터를 반드시 관계된 테이블과 연관 지어야 하는 특별한 경우가 아니라면 기본 키를 새로 설정하고, 기존에 연결된 외부 키를 비식별자로 설정하면 SQL 문을 작성하기 쉬워지며, 전체 시스템에 대한 관리도 편해진다.

앞의 상황에 대한 예를 제시한다[그림 5-4].

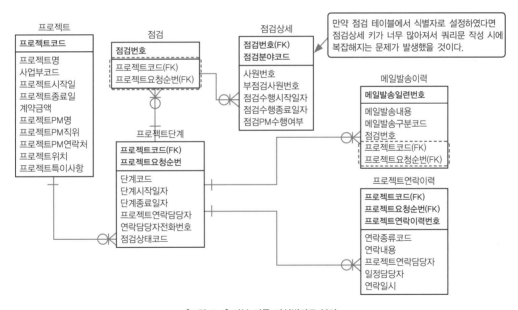

[그림 5-4] 기본 키를 비식별자로 분리

[그림 5-4]를 설명하면 다음과 같다.

- RDBMS를 설계하면서 테이블을 만들었다. 만들어진 테이블이 1:N 관계가 여러 번 반복되는 상황이 발생하였다. 프로젝트와 프로젝트 단계의 관계, 프로젝트 단계와 점검의 관계, 프로젝트 단계와 메일 발송 이력의 관계, 그리고 프로젝트 단계와 프로젝트 연락 이력의 관계가 여기에 해당한다.
- '점검' 테이블은 일반적인 경우라면 '프로젝트코드'와 '프로젝트요청순번' 외에 다른 항목을 포함하는 인덱스나 기본 키를 설정해야 한다. 그러나 '점검' 테이블의 특성상 '프로젝트코드'와 '프로젝트요청순번'보다는 '점검번호'를 이용하여 조회하여도 문제가 되지 않는다.
  이 경우 '프로젝트코드'와 '프로젝트요청순번', 그리고 '점검번호'를 키로 하는 테이블을 구성하기보단, '점검번호'를 기본 키로, '프로젝트코드'와 '프로젝트요청순번'을 비식별자로 하여 일반 데이터로 테이블을 구성하면 SQL 문을 작성하기 쉬워지며, '점검 상세' 테이블의 구성도 간단해지는 효과가 있다.
- '메일발송이력' 테이블의 경우 테이블의 관계로 보면 '프로젝트코드'와 '프로젝트요청순번', 그리고 '메일발송이력번호'를 복합 키로 해야 한다. 하지만 '메일발송이력' 테이블은 '메일발송이력번호'를 기본 키로 하여도 검색에 문제가 되지 않고, 테이블에 있는 정보가 메일 발송 이력에 대한 것이므로 '프로젝트코드'나 '프로젝트요청순번'을 이용하는 경우가 거의 없을 것이다.
- 그러므로 '메일발송이력번호'를 기본 키로, '프로젝트코드'와 '프로젝트요청순번'을 비식별자로 하여 일반 데이터로 테이블을 구성하면 SQL문을 작성하기 쉬워지며 관리도 용이해진다.
- '프로젝트연락이력' 테이블은 테이블 내용으로 볼 때, '프로젝트코드'와 '프로젝트요청순번'에 '프로젝트연락이력번호'를 추가해서 복합 키를 구성하는 것이 바람직하다고 판단된다. 그러므로 '프로젝트연락이력' 테이블에 정상적인 과정을 거쳐서 복합 키를 적용한다.

이와 같이 E-R 모델링을 구성하는 데이터의 모습과 내용에 따라 그 결과를 조정하는 과정을 거치는 것이 좋다. [그림 5-4]에서 복합 키를 구성하면 SQL 문을 작성하기 무척 복잡해지고 읽기도 어려워져서 개발된 시스템의 유지/관리가 어려울 것이다. 그러므로 앞에서 설명한 내용을 자세히 읽고, 높은 성능과 편리한 관리를 위해 데이터의 모습에 따라 테이블을 조정해야 한다.

05 누적되는 데이터에 대한 처리

RDBMS에서 로그나 고장 접수와 같은 데이터를 관리하는 테이블을 설계하는 경우가 있다. 이런 테이블은 데이터가 계속 누적되는 특징을 가진다. 이런 경우에는 테이블을 어떤 형태로 만들 것인지를 결정해야 한다[그림 5-5].

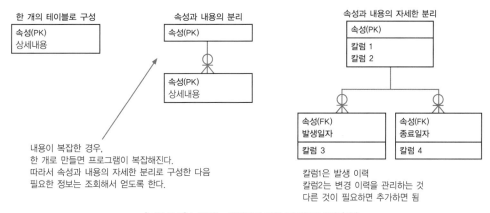

[그림 5-5] 누적되는 데이터에 대한 테이블의 구성(1/2)

[그림 5-5]를 설명하면 다음과 같다.

- 로그나 고장 접수와 같이 모습이 동일한 데이터가 반복적으로 쌓이는 경우, 데이터 저장을 위한 하나의 테이블로 구성하는 경우가 있다. 데이터의 모습이 단순하고, 건수가 많지 않으면 이처럼 구성해도 무방하다.
- 데이터가 단순하지만 건수가 많고, 새로 발생되는 데이터가 많은 경우에는 하나의 테이블로 구성하기보단, 기본 키가 되는 속성을 가진 테이블과 기본 키가 되는 속성과 상세 내용을 가진 테이블을 분리하여 구성하는 것이 성능 면에서 좋은 결과를 보인다.
- 데이터가 다소 복잡하고, 건수가 많은 경우 [그림 5-5]의 3번째와 같이 저장되는 데이터의 특성에 맞추어 별도로 테이블을 만들고 연관시켜 구성하는 것이 좋은 성능을 보인다.

이렇게 구성하는 경우, 일반적인 속성은 기본 테이블(위에 있는 테이블)에서 찾고, 발생일자에 대한 데이터는 다른 테이블에서 찾는 형태로 구성하면 좋은 성능을 기대할 수 있다.

여기까지 누적되는 데이터를 빠르게 처리하기 위해 테이블의 모습을 고려해야 하는 상황을 설명하였다. **이번에는 누적되는 데이터를 빠르게 처리하기 위해 특정 칼럼을 추가하는 경우를 설명한다. 실무에서 많이 사용되는 기법이다.**

[그림 5-6]의 예는 2023년 12월 25일 이전에 적용되던 기관 코드와 기관 거래 등급을 알고자 하는 경우다. 기관 정보에는 오늘(2024년 1월 10일)까지의 모든 정보가 들어 있다. 현재 진행 중에 있는 기관 코드와 기관 거래 등급을 알고자 한다(여기에서 기관 코드와 기관 거래 등급은 2023년 12월 25일 이전에 적용된 것이다).

[그림 5-6] 누적되는 데이터에 대한 테이블의 구성(2/2)

'기관정보' 테이블이 '기관코드', '적용일자', 그리고 '기관거래등급'으로 구성되어 있는 경우에는 다음 절차에 따라 SQL 문을 작성한다.

1. 기관 정보에서 기관 코드별로 묶는다.
2. 적용 일자가 20231225보다 작은 것을 고른다.
3. 기관 코드와 가장 큰 적용 일자를 구한다.
4. 이를 기관 정보와 비교한다.
5. 마지막으로, 기관 거래 등급을 구한다.

이와 같은 절차를 거쳐서 제작한 SQL 문은 [그림 5-6]의 왼쪽에 있다. 매우 복잡한 절차로 구성된 SQL 문은 이해하기 어렵다.

이 경우 기관 정보 테이블에 적용 종료 일자 칼럼을 추가함으로써 원하는 정보를 쉽게 얻을 수 있다. 수정한 SQL 문은 [그림 5-6]의 오른쪽에 있다. 수정된 SQL 문은 읽기도 쉽고, 작성하는 데도 어렵지 않다.

06 테이블 통합 및 분리

RDBMS에서 테이블 통합 및 분리 여부는 기본적으로 E-R 모델링에 의해 결정될 것이다. 그러나 개발을 진행하면서 프로그램에서 사용하는 SQL 문의 복잡도나 이해의 편리성 여부에 따라 테이블의 통합과 분리 여부가 2차로 결정된다.

테이블의 통합과 분리에 대한 가이드는 [그림 5-7]과 같다.

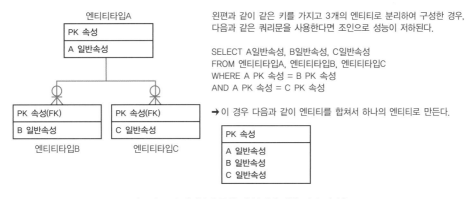

엔티티타입A

| PK 속성 |
| A 일반속성 |

| PK 속성(FK) |
| B 일반속성 |
엔티티타입B

| PK 속성(FK) |
| C 일반속성 |
엔티티타입C

왼편과 같이 같은 키를 가지고 3개의 엔티티로 분리하여 구성한 경우, 다음과 같은 쿼리문을 사용한다면 조인으로 성능이 저하된다.

SELECT A일반속성, B일반속성, C일반속성
FROM 엔티티타입A, 엔티티타입B, 엔티티타입C
WHERE A PK 속성 = B PK 속성
AND A PK 속성 = C PK 속성

→ 이 경우 다음과 같이 엔티티를 합쳐서 하나의 엔티티로 만든다.

| PK 속성 |
| A 일반속성 |
| B 일반속성 |
| C 일반속성 |

[그림 5-7] 테이블의 통합 및 분리에 대한 가이드(1/2)

[그림 5-7]에서 확인할 수 있듯 테이블이 너무 분리되어 있으면 데이터 조작을 위한 SQL 문을 작성하기 어려워진다. 일반적으로 정규화를 수행하면 테이블이 분리되는 경우가 많은데, 이런 경우에 사용자가 원하는 데이터를 얻고자 작성하는 SQL 문이 너무 복잡해지면 데이터베이스 활용 면에서 제약을 받는다.

이런 상황이 되면, 어느 정도 디스크 낭비를 감수하더라도 테이블을 통합하는 것을 고려해보면 좋다. [그림 5-7]과 같은 경우에는 테이블을 분리하기보단 합쳐서 운영하는 것이 바람직하다.

테이블을 합친 것이 [그림 5-7]의 오른쪽에 있다. 테이블을 통합함으로써 SQL 문을 작성하기 쉬워지며 관리도 편리하다.

다음으로 일반적인 E-R 모델링을 수행하면 발생하지 않지만, 한 개의 테이블에 서로 다른 속성이 포함되어 있으면 이를 별도의 테이블로 분리하는 것이 바람직하다. 이런 경우가 정규화가 적용되는 경우로, [그림 5-8]을 참고한다.

[그림 5-8]처럼 한 개의 테이블에 성격이 다른 3가지 속성이 존재하는 경우, 속성별로 별도의 테이블을 구성하고 이들의 관계를 설정하면 좋은 성능을 보이는 경우가 많다. 이런 경우가 발생하면 2-8에서 배운 정규화를 적용하면 쉽게 분리할 수 있다.

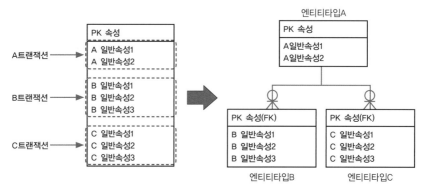

[그림 5-8] 테이블의 통합 및 분리에 대한 가이드(2/2)

하나의 테이블에 있는 데이터는 하나의 구체적인 목적에 연관된 것이어야 한다. 예로, 학생에 대한 데이터로 하나의 테이블을 구성할 때, 학교에서 학생 데이터를 관리한다는 관점에서 학생이 연관된 데이터를 모으는 기준이 된다.

일반적으로 하나의 테이블에 있는 데이터는 하나의 입력이나 출력 화면에 보이는 데이터라 생각하면 쉽게 판단할 수 있을 것이다.

07 테이블 모습을 결정하는 방법

RDBMS에서 테이블의 구성은 중요하다. 테이블을 구성하는 첫 번째 단계는 개체(entity)를 구성하는 것이다.

▌개체 구성 단계

- **개체의 이름과 속성을 확정한다.** 개체는 연관된 속성을 묶어주는 것이다. 연관된 속성을 확인하는 방법은 다음과 같다.
  - 프로토타입의 한 화면을 구성하는 데이터를 연관된 속성으로 본다.
  - 기존에 운영하던 프로그램을 참고하여 한 번에 처리되는 데이터를 찾아서 연관된 속성으로 본다.
  - 프로그램의 클래스를 구성하는 데이터를 연관된 속성으로 본다.

- **개체 간의 관계를 설정한다.** 사용자가 원하는 데이터가 무엇인지를 파악하고, 데이터를 하나의 테이블에서 구할 것인지, 아니면 여러 테이블을 연결하여 구할 것인지를 결정한다.
  하나의 테이블에서 구하고자 하면 테이블을 합병하는 과정이 필요할 것이다. 여러 테이블을 연결하여 구하고자 하면 테이블 간의 관계를 설정해야 할 것이다.

- **관계를 설정한 후, 각 개체에 들어갈 데이터를 찾아서 보완한다.** 이때, 기존 프로그램, 문서, 보고서, 업무 기술서, 현장 조사 등의 작업을 수행하여 개체에 추가할 속성을 찾는다.

- **만들어진 개체가 업무 처리 과정에서 어떻게 사용되는지 CRUD 테이블을 만들어서 확인한다.** 이 과정을 통하여 미처 발견하지 못한 개체와 사용되지 않는 개체에 대한 식별이 수행된다[그림 5-9].

Key C : Create R : Read U : Update D : Delete	Entity								
Process	(1) Local Student	(2) Professor	(3) Course	(4) Circle Activity	(5) Graduate Student	(6) Foreign Student	(7) employee		
(1) Course Registration (코스 등록)	R	C/R/U/D			R	R	R		
(2) 동호회 등록	R	R		C/R/U/D			R		
(3) b 수강신청	R/U/D	R			R/U/D	R/U/D	R		
(4) 수강가능 과목 조회			R						
(5) 수강신청 현황 보고서 작성	R	R	R						
......									

[그림 5-9] CRUD 테이블의 예

- 앞의 과정을 거쳐서 확정된 개체는 테이블로 변환된 후, SQL 문 작성 및 운용 과정에서 성능 상 또는 SQL 문 작성 면에서 편의를 위해 별도의 속성이 추가되거나 변경될 수 있다. 이에 대한 내용은 앞에서 공부하였고, 이어지는 부분에서도 공부할 것이다.

08 개체의 관계가 가지는 의미

RDBMS에서 자주 사용하는 SQL 문의 데이터는 성능상 한 테이블에 있어야 유리하다. 하지만 금융의 정보계와 같이 특수한 상황에서 가끔 사용하는 복잡한 데이터(=마케팅 데이터, 중역 정보 시스템 데이터 등)를 찾으려면 하나의 테이블에 모든 데이터를 위치시키지 못하므로, 테이블 간의 관계를 구성해서 데이터를 찾는다.

▌개체 또는 테이블의 구성과 관계 가이드

- 모델링 시점에서 개체(테이블) 간의 모든 관계를 1:1 또는 1:N으로 만든다.
- 개체(테이블) 간의 관계가 N:N으로 구성되면 두 개체의 중간에 양쪽 기본 키(Primary Key)로 구성되는 개체(=중간 개체)를 생성해서 개체와 중간 개체의 관계를 1:N으로 만든다.
- 하나의 개체(테이블)가 너무 많은 속성을 가지는 경우 이것을 1:1로 분리한다. 이때, 개체 분리는 SQL 문의 모습을 보고, SQL 문이 가장 빠르게 수행될 수 있는 형태로 수행한다.

RDBMS에서 관계의 의미는 '고객' 개체와 '주문' 개체를 1:N 관계로 설정하면 이는 "고객이 여러 개를 주문한다."라는 업무의 흐름을 표현하게 된다. 그러므로 개체 간의 관계는 구조적 모델링의 DFD와 함께 업무의 흐름을 보여주는 좋은 표현이다.

구조적 모델링의 DFD는 업무 단위의 작업(모듈) 간 연관성을 보여주기에 수행해야 하는 업무의 큰 흐름과 단위 작업을 표현한다. 반면 RDBMS에서 개체 간의 관계는 연관된 데이터의 모임인 개체가 다른 개체와 어떻게 연결되는지를 보여준다.

09 용어 사전의 활용

RDBMS를 설계할 때 사용되는 테이블 이름, 칼럼 이름에 대한 용어 사전을 정의해야 한다.

- 개발자, 운영자, 고객, 관리자 간의 원활한 의사소통을 위하여
- 개발하는 프로그램의 에러와 성능 저하 문제를 방지하기 위하여
- 개발되는 시스템의 중복 및 오용을 방지하고, 유지/보수를 편하게 하기 위하여

용어 사전은 RDBMS를 활용하는 데 큰 역할을 수행한다. 예로, 테이블 이름이 '학생'이라면 테이블에 학생에 대한 정보가 들어 있을 것이라 짐작할 수 있다. 즉, 테이블에 어떤 정보가 있는지를 테이블 이름만으로도 알 수 있다.

다른 예로, 테이블 이름을 '조민호'라고 했다고 가정해보자. 관리자는 '조민호'라는 테이블이 어떤 데이터를 가지는지를 확인하기 위하여 테이블의 정의서를 보아야 한다.

테이블이 많은 경우를 생각해보면 관리자 및 유지/보수를 담당하는 엔지니어는 해야 할 일이 매우 많아지게 되며, 업무 효율도 떨어진다.

추가로 용어 사전에 '학생 = 학번 + 이름 + 주소 + 생년월일'이라 정의하였다면, '학생'이라는 테이블에 어떤 정보가 들어 있는지를 테이블 정의서를 보지 않아도 정확하게 파악할 수 있다. 이것이 용어 사전을 정의해야 하는 이유다.

용어 사전의 필요성을 깨달았다면 한 가지 더, 용어 사전에 도메인을 설정한다. 예를 들어 같은 '학생'이어도 대학생과 대학원생이 다루어야 하는 정보가 서로 다르다. 이런 경우 '대학:학생' 또는 '대학원:학생' 등으로 표시하는 것이 일반적이며, 이때 대학, 대학원을 용어의 도메인이라고 한다. 현실 세계에서 국내 지역을 말할 때 '경기도:광주', '전라도:광주'라고 표현하는 것과 같다.

10 데이터 독립성의 실무 적용

데이터 독립성은 프로그램과 데이터가 독립성을 유지하는 것을 말하며, 개발해야 하는 프로그램의 화면이나 기능 변화에 따라 데이터베이스를 변경하는 작업이 필요한 상황을 최대한 방지한다. RDBMS에서 데이터 독립성을 위해 제시한 3단계 스키마 구조를 [그림 5-10]에 정리하였다.

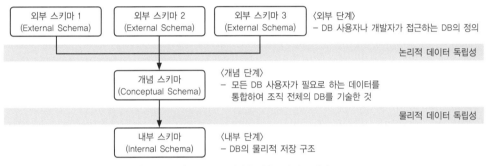

[그림 5-10] 데이터 독립성을 위한 3단계 스키마 구조

[그림 5-10]은 데이터를 3단계 구조로 나눈 것이다.

- **내부 스키마** : DBMS에 의해 물리적으로 저장된 형태로, 일반적으로 파일의 형태를 가진다.
- **개념 스키마** : E-R 모델링에 의해 만들어진 디자인을 말한다.
  → 물리적 데이터 독립성을 제공한다.
- **외부 스키마** : 개발자가 사용하는 View를 말한다.
  → 논리적 데이터 독립성을 제공한다.

RDBMS에서는 개발자가 사용하기 쉽게 View를 제공한다. View는 테이블과 같은 모습이지만, 개발자가 SQL 문을 이용하여 사용하기 편리하도록 설계된 것이다.

반면 개념 스키마는 E-R 모델링에 의해 설계된 것으로, 개체(테이블)와 관계로 구성된다. 외부 스키마가 제공하는 View는 E-R 모델링의 개체와 1:1 매칭이 된다.

RDBMS 개발자가 데이터가 View와 같은 형태로 되어 있다고 생각하고 작성한 SQL 문을 전달하면, RDBMS는 이를 개념 스키마가 이해할 수 있도록 변형하여 전달한다. 개념 스키마에 전달된 요청은 내부 스키마에서 원하는 데이터를 가져오며, 이 데이터는 개발자에게 View의 형태로 보인다.

View의 정의와 생성 방법은 3-9에서 자세하게 설명하였으니 필요할 경우 참고하도록 한다.

데이터 독립성을 위하여 3단계 스키마 구조를 구성하고 이용하는 것은 '사용자의 편리성' 외에도 '데이터의 정확성'을 보장하려는 의도가 있다. 데이터의 정확성을 '데이터 무결성'이라고 하며, 이에 대한 내용을 3-6에서 자세히 다루었다.

설명에 대한 이해를 위하여 [그림 5-11]에 3대 스키마를 연결하는 시스템의 예를 제시하였다.

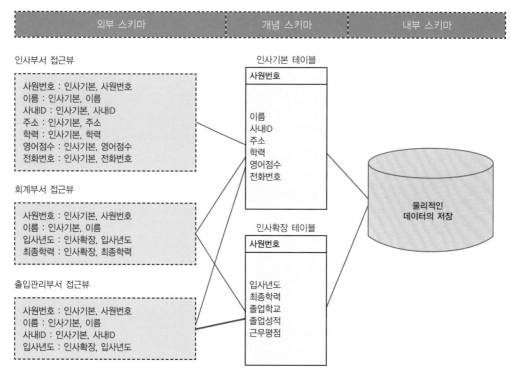

[그림 5-11] 데이터 독립성을 위한 3단계 스키마 구조의 예

[그림 5-11]을 설명하면 다음과 같다.

- 내부 스키마는 물리적인 데이터의 저장을 말한다.
- 개념 스키마는 E-R 모델링 결과 '인사기본 테이블'과 '인사확장 테이블'로 구성된다.
- 인사 부서에서는 '인사부서 접근뷰'를 사용하며, '인사기본 테이블'의 속성을 가진다.
- 회계 부서에서는 '회계부서 접근뷰'를 사용하는데, '인사기본 테이블'에서 '사원번호'와 '이름'을, '인사확장 테이블'에서 '입사년도'와 '최종학력'을 속성으로 가져와 구성했다.
- 출입관리 부서에서는 '출입관리부서 접근뷰'를 사용하는데, '인사기본 테이블'에서 '사원번호', '이름', '사내ID'를, '인사확장 테이블'에서 '입사년도'를 가져와 속성으로 구성했다.

11 트랜잭션 관리의 실무 적용

RDBMS에 대한 작업을 수행할 때 데이터의 일치성이 보장되도록 트랜잭션을 구성하여야 한다. 트랜잭션은 데이터의 일치성 보장을 위하여 반드시 수행되어야 하는 단위 작업을 말한다. 트랜잭션은 3-6에서 자세하게 다루었으므로 여기에서는 트랜잭션의 특징과 적용 사례를 설명한다.

트랜잭션의 특징은 [표 5-1]에 정리하였다. 특징과 의미를 정확히 이해해야 한다.

특징	의미
Atomicity(원자성)	트랜잭션은 분해가 불가능한(=데이터의 일치를 위해 분해하면 안 되는) 최소 단위로서 연산 전체가 처리되거나 혹은 처리되지 않아야 함(All or Nothing) – Commit, Rollback 연산
Consistency(일치성)	성공적인 트랜잭션은 데이터의 무결성을 보장함
Isolation(고립성)	트랜잭션 실행 중에 생산하는 연산의 중간 결과에 다른 트랜잭션이 접근할 수 없음
Durability(영속성)	성공한 트랜잭션의 결과는 영속적으로 데이터베이스에 저장됨

[표 5-1] 트랜잭션의 특징

트랜잭션의 이해를 위하여 간단한 사례를 [그림 5-12]를 기준으로 설명한다. 여기에서 설명하는 것 외에도 데이터의 일치성을 위해서 수행해야 하는 모든 작업이 트랜잭션에 포함된다.

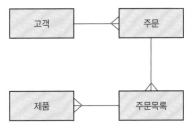

[그림 5-12] 트랜잭션의 설명을 위한 예

[그림 5-12]와 같은 상황에서 데이터의 입력을 수행하는 과정은 다음과 같다.

1. 고객 테이블에서 고객을 확인하고, 고객이 있는 경우 주문 테이블에 주문 상황을 입력한다.

　(용어 사전) 고객 = 고객번호 + 고객명

　　　　　　　 주문 = 주문번호 + 주문일자 + 고객번호

2. 주문 테이블에 데이터를 입력한 후, '주문목록' 테이블에 주문 상황을 입력한다.

여기까지가 하나의 트랜잭션이다. 앞의 과정 중에서 하나라도 실패하게 되면, 입력한 데이터를 제거해서 데이터의 일치성을 보장해야 한다.

3. 주문 목록에 데이터가 입력되면, 제품 테이블을 조회하여 재고를 파악한다.
4. 재고가 있으면 프로그램을 마치고, 재고 없으면 제품 생산을 주문한다.

개발자나 환경에 따라서 여기까지를 하나의 트랜잭션으로 볼 수도 있다.

12 정규화의 실무 적용

앞에서 정규화의 정의와 필요성, 수행 방법에 대하여 설명하였다. 이번에는 성능 개선 관점에서 정규화를 설명한다. 기본적으로 정규화는 정상적인 E-R 모델링이 수행되는 경우 거의 불필요한 과정이라는 점을 기억하고, 성능 개선을 위해 고려할 사항을 중심으로 살펴보자.

▌ 정규화의 정의

테이블을 구성하는 칼럼(속성) 간의 종속성을 분석해서, 하나의 테이블을 구성하는 속성들은 하나의 속성에 종속성을 가지도록 분해하는 과정을 말한다.

▌ 정규화의 적용 가이드

* 쓰기가 발생하는 테이블은 올바른 정규화 작업이 필요하다. → 3차 정규화까지 적용을 추천한다.
* 읽기가 발생하는 테이블은 정규화를 적용하지 않고, 큰 테이블로 가져가도록 한다. → 비정규화 또는 1차 정규화를 추천한다.

▌ 정규화의 종류

Part 2 8절에서는 실무 가이드이므로 3차 정규화까지만 설명했지만, 정규화의 모든 종류를 정리하면 [표 5-2]와 같다. 3차 이상의 정규화는 사용할 경우가 거의 없으므로 설명하지 않는다. 다만, 정규화가 5차까지 있다는 정도는 확인하기를 바란다.

정규화	내용
1차 정규화	복수의 속성값을 갖는 속성을 분리함
2차 정규화	주식별자에 종속적이지 않은 속성을 분리함
3차 정규화	속성에 종속적인 속성을 분리함
보이스-코드 정규화	다수의 주식별자를 분리함
4차 정규화	여러 식별자에 종속적인 속성 분리
5차 정규화	결합 종속(Join Dependency)인 경우, 둘 이상의 N개로 분리함

[표 5-2] 정규화의 종류

▌정규화의 적용 사례

정규화를 적용할 때, 일반적으로 조회 중심의 테이블에는 적용하지 않지만 예외는 있다. 대표적인 경우가 다음 두 가지다.

첫 번째는

- 다른 성질을 가지는 칼럼을 섞어서 하나의 테이블로 구성하는 것과,
- 하나의 테이블 칼럼 중에서 같은 성질을 가지는 것을 별도의 테이블로 분리하고 관계를 설정한 다음, 각 테이블을 기본 키와 인덱스를 설정하여 관리하면 성능 저하가 최소화된다(=성능 저하가 거의 없다). [그림 5-13]을 참조한다.

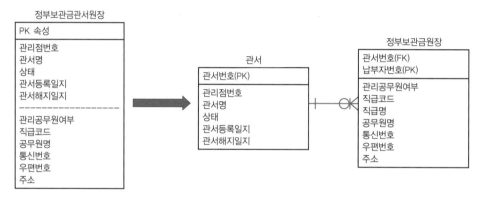

[그림 5-13] 조회 작업에서 정규화를 적용하는 예

[그림 5-13]은 '정부보조금관서원장' 테이블의 칼럼이 성격상 두 개의 다른 테이블로 분리될 수 있음을 파악하였다. '정부보조금관서원장'은 조회 중심 테이블이지만, 1차 정규화를 적용하여 '관서'와 '정부보조금원장'으로 분리하여 구성하였다. 이렇게 하면 조회 시 성능 저하를 감소시키며, 테이블의 역할을 파악하기도 쉬워지기에 데이터베이스 관리에 큰 도움이 되는 사례다.

두 번째는

- 하나의 테이블에 여러 개의 인덱스를 가지는 경우 조회 성능이 향상되지만, 데이터의 입력, 수정, 삭제 성능은 저하된다(= Part 3 8절 참조).
- 그러므로 여러 개의 인덱스를 가지는 부분은 별도의 테이블로 분리한다.

두 번째 원칙에 대한 예로 [그림 5-13]의 '정부보조금관서원장' 테이블을 '관서'와 '정부보관금원장' 테이블로 분리하였다. 이에 따르면 '정부보조금관서원장' 테이블의 칼럼 중에서 '관서번호', '납부자번호'를 키로 가져야 하는 '정부보관금원장' 테이블을 별도의 테이블로 분리한 예라 할 수 있다(여러 개의 인덱스를 가져야 하는 '정부보관금원장' 테이블을 별도로 분리한 예다).

13 반정규화의 실무 적용

데이터의 무결성이 깨질 위험을 무릅쓰고 데이터를 중복하여 반정규화를 수행함으로써 성능 향상을 추구하는 경우가 많다. 반정규화는 테이블과 칼럼을 대상으로 수행한다.

▌테이블을 대상으로 하는 반정규화 방법

기법 분류	기법	내용
테이블 병합	1:1 관계 테이블 병합	1:1 관계인 테이블을 통합하여 성능 향상
	1:N 관계 테이블 병합	1:N 관계인 테이블을 통합하여 성능 향상
	슈퍼/서브타입 테이블 병합	슈퍼/서브 관계를 통합하여 성능 향상
테이블 분할	수직 분할	디스크 입출력을 분산 처리하기 위하여 칼럼 단위의 테이블을 수직 분할
	수평 분할	로우(행) 단위로 집중 발생하는 트랜잭션을 디스크 입출력 및 데이터 접근성을 위해 수평 분할
테이블 추가	중복 테이블 추가	동일 테이블을 중복하여 원격 조인을 제거
	통계 테이블 추가	SUM, AVG 등을 미리 수행하여 조회 성능 개선
	이력 테이블 추가	이력 테이블에 마스터 테이블의 내용을 중복하여 성능 개선
	부분 테이블 추가	특정 테이블의 칼럼(열) 중에서 자주 사용되는 칼럼을 모아놓은 테이블 추가

[표 5-3] 테이블 대상 반정규화의 종류

▌칼럼을 대상으로 하는 반정규화 방법

- **중복 칼럼 추가** : 조인의 성능 저하 예방을 위해 별도의 인덱스 칼럼을 추가한다.
- **파생 칼럼 추가** : 미리 중간값을 계산한 파생 칼럼을 추가한다.
- **이력 테이블에 칼럼 추가** : 이력 테이블에 사용자 SQL 문을 간단하게 만드는 칼럼을 추가하여 성능을 개선한다.
- **PK에 대한 칼럼 추가** : PK가 여러 의미를 가져 복잡한 형태일 때, 이를 분리하여 구성함으로써 성능을 개선한다.
- **응용 시스템 오작동을 위한 칼럼 추가** : 응용 시스템에 의해 생성되는 데이터를 임시로 저장하는 칼럼을 추가하여 오작동 시 복구에 사용한다.

반정규화에 대한 이해를 위하여 [그림 5-14]에 예를 제시한다.

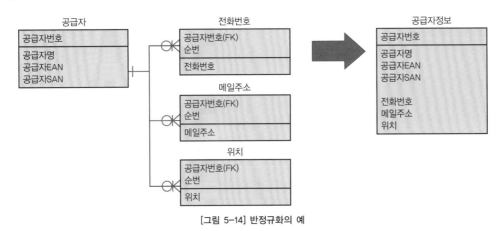

[그림 5-14] 반정규화의 예

[그림 5-14]는 '공급자'와 '전화번호', '메일주소', '위치' 테이블로 구성된 것을 '공급자정보' 테이블로 통합하는 반정규화의 예다.

[그림 5-14]에서 공급자번호 1001~1005에 해당하는 공급자번호, 공급자명, 전화번호, 메일주소, 위치에 대한 정보를 조회하고자 한다.

비정규화된 상황에서 조회를 위한 SQL 문은 다음과 같다.

```
SELECT A.공급자명, B.전화번호, C.메일주소, D.위치
FROM 공급자A,
   ( SELECT X.공급자번호, X.전화번호
     FROM 전화번호 X,
     ( SELECT 공급자번호, MAX(순번) 순번
       FROM 전화번호
       WHERE 공급자번호 BETWEEN '1001' AND '1005'
       GROUP BY 공급자번호) Y
     WHERE X.공급자번호 = Y.공급자번호
     AND X.순번 = Y.순번 ) B,

   ( SELECT X.공급자번호, X.메일주소
   FROM 메일주소 X,
     ( SELECT 공급자번호, MAX(순번) 순번
     FROM 메일주소
     WHERE 공급자번호 BETWEEN '1001' AND '1005'
     GROUP BY 공급자번호) Y
   WHERE X.공급자번호 = Y.공급자번호
   AND X.순번 = Y.순번 ) C,

   ( SELECT X.공급자번호, X.위치
   FROM 위치 X,
```

```
     ( SELECT 공급자번호, MAX(순번) 순번
     FROM 위치
     WHERE 공급자번호 BETWEEN '1001' AND '1005'
     GROUP BY 공급자번호) Y
  WHERE X.공급자번호 = Y.공급자번호
  AND X.순번 = Y.순번 ) D,

WHERE A.공급자번호 = B.공급자번호
AND A.공급자번호 = C.공급자번호
AND A.공급자번호 = D.공급자번호
AND A.공급자번호 BETWEEN '1001' AND '1005'
```

- 정규화된 상황에서 조회를 위한 SQL 문은 다음과 같다.

```
SELECT 공급자명, 전화번호, 메일주소, 위치
FROM 공급자
WHERE 공급자명 BETWEEN '1001' AND '1005'
```

앞의 두 SQL 문을 통하여 비정규화가 필요한 경우에 대하여 파악하였을 것이다. 비정규화는 이미 구성된 RDBMS에서 사용자의 상황을 파악해서 진행하는 과정이다. [그림 5-14]의 경우처럼 RDBMS가 구성되면 사용자의 상황을 파악해서 비정규화를 진행해야 한다.

추가로 앞에서 제시한 SQL 문을 공부할 것을 추천한다. 비정규화된 상황에서 원하는 데이터를 얻고자 서브 쿼리를 사용하는 개념을 파악할 수 있을 것이다. 실무에서 사용되는 대부분의 SQL 문은 서브쿼리로 구성되므로, 앞의 SQL 문을 이해하는 것은 SQL 문을 활용하는 능력을 기르는 데 유용하다.

14 모델 개선을 통한 성능 향상

RDBMS의 성능을 향상시키려면 다음 사항을 고려해야 한다. 새로운 내용이 아닌 이미 앞에서 설명한 내용을 정리한 것으로, 일종의 복습이라 보면 된다.

- E-R 모델링 결과에 테이블의 용도에 맞는 정규화/비정규화를 적용한다.
- 사용자가 수행하는 업무를 파악하여 트랜잭션을 파악하고, 여기에 맞추어 테이블의 분리, 통합을 수행한다.
- 기본 키를 포함한 다양한 형태의 키 설정, 인덱스 설정 등의 작업을 수행한다.
- 작성 중인 SQL 문을 분석한 후, 개발자는 사용자의 요구 사항에 맞추어 RDBMS의 구성을 조절한다.
- 현재의 테이블과 관계 구성을 검토하여 중복된 칼럼, 분리된 데이터 등을 식별하고 여기에 맞추어 테이블 구성을 단순화한다.
- RDBMS의 용량 산정을 수행하여, 테이블의 분리 및 통합을 결정한다.

15 테이블 수직/수평 분할에 의한 성능 향상

특정 테이블에 트랜잭션이 많이 발생할 때, 테이블을 수직 또는 수평으로 분할함으로써 성능 저하 문제를 막을 수 있다.

- 특정 테이블에 칼럼 수가 너무 많아서 트랜잭션이 많이 발생하는 경우 테이블을 수직으로 분할하면 성능 저하 문제를 막을 수 있다.
- 특정 테이블에 데이터가 너무 많다면 파티셔닝을 사용하거나, 기본 키를 중심으로 테이블을 수평으로 분할한다.

파티셔닝(Partitioning)은 'Range', 'List', 'Hash'의 3가지가 있다. 여기에서는 Range 파티션에 대하여 설명하고, 나머지는 생략한다.

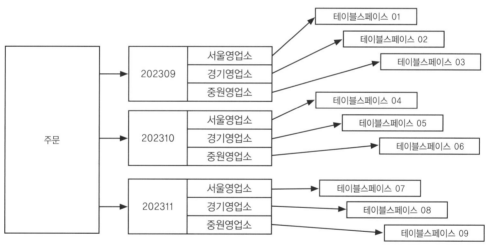

[그림 5-15] 파티셔닝의 개념

특정 테이블에 많은 데이터가 있는 경우 테이블을 작은 단위로 나누어서 성능을 높이거나, 데이터를 편리하게 관리하기 위하여 도입된 개념이다. [그림 5-15]는 '영업' 테이블이 너무 크므로, 테이블을 1차로 월별로 분리하고 2차로 영업소별로 구현한 것이다. 데이터는 영업소별로 별도의 테이블 스페이스에 저장된다.

Range 파티션은 칼럼값의 범위를 기준으로 하여 행을 분할하는 방법이다. 파티셔닝을 수행하는 명령어를 [그림 5-15]에 맞추어 작성해보자.

```
// Range 파티션에서 table은 단지 논리적인 구조를 보여준다.
CREATE TABLE SALES_DATA
(       COLUMN_1 NUMBER            NOT NULL,
        COLUMN_2 VARCHAR2(4),
        COLUMN_3 VARCHAR2(4),
        COLUMN_4 VARCHAR2(2),
        COLUMN_5 VARCHAR2(2),
        COLUMN_6 NUMBER
)
// SALES_DATA의 실질적인 데이터 저장소인 테이블 스페이스를 선언하는 부분
TABLESPACE TABLE_SPACE_DATA_01
PCTFREE 5
PCTUSED 40
INITRANS 11
MAXTRANS 255
STORAGE
(   INITIAL 2048K
    NEXT 1024K
    PCTINCREASE 0
    MINEXTENTS 1
    MAXEXTENTS 121
)

// 파티션을 선언하는 부분
PARTITION BY RANGE ( COLUMN_3, COLUMN_4, COLUMN_5 )
(   PARTITION P_202301 VALUES LESS THAN ('2023', '09', '01'),
    PARTITION P_202302 VALUES LESS THAN ('2023', '10', '01'),
    PARTITION P_202303 VALUES LESS THAN ('2023', '11', '01'),
    PARTITION P_4            VALUES LESS THAN (MAXVALUE)
    // 파티션의 실질적인 데이터 저장소인 테이블 스페이스를 선언하는 부분
    TABLESPACE TABLE_SPACE_DATA_2
    PCTFREE 5
    PCTUSED 40
    INITRANS 11
    MAXTRANS 255
    STORAGE
    (
        INITIAL 1M
        NEXT 1M
        PCTINCREASE 0
        MINEXTENTS 1
        MAXEXTENTS 121
    )
);
```

앞의 사례를 통하여 **Range 파티션은 테이블을 단순한 범위로 분리한다는 것을 확인할 수 있다.**
이외에도 특정 방법에 따라 테이블을 분리하는 방법으로 리스트(List)와 해시(Hash) 파티션이 있다. 두 방법 모두 특정 방법에 따라 테이블을 분리하므로 삭제 기능이 제공되지 않는다.

앞의 사례에서 여러 파라미터에 대한 설명은 일단 생략하였다. 독자들에게 필요할 것 같지도 않고, 흥미를 느낄 주제도 아니기 때문이다. 실무에서는 RDBMS 엔지니어에 의해 수행되는 작업이므로 테이블의 수직, 수평 분할이 성능 향상을 위한 방안이며, 어떠한 기법이 있는지를 아는 것으로 충분하다.

- RDBMS의 성능을 높이기 위해서는 기본 키와 인덱스를 상황에 따라 올바르게 사용해야 한다.
- 키가 복합 키로 구성되는 경우 개발자가 사용하는 SQL 문을 확인하여 복합 키의 순서를 결정해야 한다.
- 테이블의 키가 너무 복잡한 경우 테이블의 상황에 따라 별도의 키를 선언하고 복합 키에 해당하는 칼럼을 비식별자로 처리하면 SQL 문이 간단해지고, 관리 작업도 편해진다.
- 로그나 유사한 데이터와 같이 누적되는 데이터는 데이터의 모양과 종류에 따라 테이블을 어떻게 가져가야 할지 결정해야 한다. 통합과 분리를 결정하는 것이 성능에 많은 영향을 미친다.
- 하나의 테이블에 연관되지 않은 속성이 섞여 있다면, 연관된 속성만을 가지도록 분리하여야 한다.
- RDBMS는 데이터의 독립성을 위해 3단계 스키마 구조를 가진다는 점을 기억하자.
- 데이터의 무결성이 RDBMS가 가져야 하는 가장 중요한 특징이다. 무결성을 위하여 트랜잭션의 적용이 필요함을 이해해야 한다.
- 정규화와 비정규화는 테이블의 상태에 따라 결정한다. 일반적으로 1차 이상의 정규화를 적용하는 경우는 많지 않다.
- E-R 모델링을 개선(예: 테이블 통합, 분리, 키의 구성, 검색을 위한 별도의 칼럼 추가 등)하는 작업은 RDBMS의 성능에 큰 영향을 미친다.

찾아보기